신유로 고질병을 기적같이 치유받을 분의 책

신유은사와 고질병 순간치유

강요셉지음

KB191563

이 책은 필자가 16년 신유사역의 임상을 망라한 책이다.

성령

신유은사와 고질병
순간치유

성령

들어가는 말

하나님은 질병을 치유하여 주시기를 원한다. 고로 교회는 환자를 치유해야 천국이 되는 것이다. 나는 예수 이름으로 치유사역을 십년을 넘게 했다. 참으로 많은 환자들을 질병으로부터 해방을 받도록 인도 했다. 병원전도를 다니면서 환자가 예수 이름으로 기도하면 순간 치유되는 것도 수없이 보았다. 예수님은 지금도 살아서 역사하신다. 치유는 지난날의 부산물이 아니다. 현재 진행형이다. 나는 지난 세월 신유사역을 하면서 체험한 것을 종합하여 한 권의 책으로 완성했다. 내가 체험한 치유사역의 비결을 치유를 갈망하는 분들에게 전수하기 위함이다. 나는 초기 치유사역을 할 때 마땅한 멘토가 없어서 고생을 했다. 이 책은 치유사역을 갈망하는 분들의 좋은 멘토가 될 것이다. 세상에는 병원에서도 치유 받지 못하는 지긋지긋한 불치의 질병으로 고생하는 사람들이 많다. 예수님의 말씀에는 불치의 병이 없다. 누구나 이 책을 통하여 치유의 원리를 바르게 알고 사역하면 불치의 병들을 치유하는 사역자가 될 것이다. 치유사역을 하고 싶은가? 두려워말고 도전하라. 그러면 당신은 고질병을 순간 치유하는 사역자가 될 것이다. 불치의 질병으로 고생하며 나날을 살아가고 있는가? 예수님에게 나오라! 예수를 만나면 불치의 질병도 순간치유 받는다. 치유사역은 내가 하는 것이 아니다. 사역자와 환자의 믿음을 보시고 예수님이 하신다. 예수님은 당신에게 기적을 체험하게 하실 것이다. 이 책을 통하여 믿음을 길러라. 그리고 담대하게 행하라. 당신이 예상하지 못하는 기적 같은 역사가 눈 앞에서 일어나는 것을 볼 것이다. 이 책을 통하여 많은 치유사역자들이 양성되어 능력 치유전도 하기를 바란다. 세상에 예수를 모르는 사람들에게 치유의 능력으로 예수님의 살아 역사하심을 눈으로 보게 하라. 그리고 불치병과 난치병으로 고생하는 분들이 치유의 기적을 체험하게 하라. 치유를 담대하게 행하라. 예수님이 치유하신다. 절대로 내가 한다는 생각을 하지 말고, 나는 못하지만 예수님이 하신다는 믿음으로 기도하라. 예수님은 못하시는 것이 없으시다. 믿음이 중요하다. 이 책을 통하여 치유은사를 갈망하는 분들이 치유은사가 나타나고, 질병으로 고생하는 분들이 순간적으로 치유받고 간증하며 예수를 증거 하는 계기가 되기를 소원한다.

주후 2017년 01월 03일

충만한 교회 성전에서

저자 강요셉목사

세부적인목 차

1장 고질병이 순간적으로 치유되는 길

(출 15:26)"이르시되 너희가 너희 하나님 나 여호와의
말을 들어 순종하고 내가 보기에 의를 행하며 내 계명에
귀를 기울이며 내 모든 규례를 지키면 내가 애굽 사람에
게 내린 모든 질병 중 하나도 너희에게 내리지 아니하리
니 나는 너희를 치료하는 여호와임이라"

하나님께서는 예수를 믿고 성령으로 거듭난 성도들의 고질병
을 가지고 고통당하는 것을 매우 안타까워하신다. 하나님께서는
크리스천들을 통하여 하나님의 일을 하셔야 하기 때문이다. 고
질병을 가지고 고생하는 크리스천을 통하여 일하실 수가 없기
때문에 치유해 주려고 하시는 것이다. 고질병을 순간적으로 치
유 받으려면 이러한 하나님의 뜻을 알아야 한다. 분명하게 하나
님은 치유하시는 분이다. 어떠한 고질병을 가지고 있더라도 하
나님께 나오면 치유된다는 믿음이 중요하다.

그러나 예수를 믿으면서도 고질병을 세상 의술로만 해결하려
는 불신앙이 있기 때문에 예수를 믿으면서 30년 동안 고생하는
것이다. 분명하게 하나님은 만병의 의사이시다. 하나님은 하나
님의 사람을 통하여 고질병을 치유하신다. 고질병을 치유 받으
려면 하나님을 뜻을 바르게 알아야 한다. 질병으로 고생하는 환

자가 치유를 받으려면 이렇게 해야 한다.

첫째, 하나님께서 사역자를 통하여 치유하신다는 것을 믿어야 한다. 필자가 16년 동안 질병을 순간적으로 치유하는 사역을 했다. 그동안 많은 고질병 환자들을 치유하여 새로운 삶을 살도록 인도했다. 모두 하나님께서 저와 함께 하시면서 저를 통하여 치유의 권능을 분출해 주셨기 때문이다. 고질병을 순간적으로 치유를 받는 분들의 믿음은 하나같이 순수했다는 것이다. 사람의 능력으로 치유되는 것이 아니고, 사역자를 통하여 하나님께서 치유하신다는 것을 믿고, 말씀 듣고, 스스로 기도하고, 안수 받은 분들은 12가지 고질병도 모두 순간적으로 치유가 되었다. 단 치유되는 일에 시간은 걸렸다. 어떤 분은 6개월을 다니니까, 완치가 되었고, 어떤 분은 10개월 다니니까, 고질병이 치유가 되었다. 하나님께서 자신의 고질병을 고쳐주신 것이라는 믿음과 의지가 있으니까, 치유가 된 것이다. 생각해보라, 어머니 배속에서부터 가지고 나온 영육의 문제가 단번에 해결될 수가 없는 것이다. 나이가 많으면 많을수록 시간은 많이 걸리게 되어있다. 시간이 걸리는 이유는 하나님께서 환자의 전인격을 장악하는 시간이다.

문제는 자신의 고질병을 필자(사역자)가 치유하는 것으로 아는 분들이 있다. 그래서 목회자가 능력이 있느니 없느니 하면서 분별하고 따지고 하는 분들이 있다. 이런 분들은 치유가 되지를 않는다. 물론 사역하는 필자도 너무나 힘이 든다. 차라리 오지 말기를 바라면서 사역할 때도 있다. 이런 환자는 마음이 하나님께 향하지 않았기 때문이다. 영적인 기본이 되지 않는 분들이기 때문에 믿음의 자세부터 고쳐야 한다. 어떻게 고치는가 하나님께서 강 목사를 통하여 직접 치유하신다는 믿음으로 바뀌어야 한다. 절대로 필자가 고질병을 치유하지 못한다. 하나님께서 나를 통하여 치유하신다. 필자는 순수한 마음으로 고질병 한자를 섬긴다는 믿음으로 사역을 한다. 하나님께서 고질병을 필자를 통하여 치유해 주려고 보냈으니 최선을 다하여 섬기는 것은 당연한 것이다.

어떤 목회자는 이렇게 말하고 행동하는 목회자가 있다. 강 목사는 자신보다 목사안수를 늦게 받았으니 자존심이 허락하지 않아서 가서 말씀 듣고 안수 받지 못하겠다. 이런 믿음을 가진 분은 절대로 하나님께 치유 받지 못한다. 고질병을 순간적으로 치유 받으려면 어린아이의 신앙이 되어야 한다.

둘째, 낫고자 하는 애절한 마음이 있어야 한다. 어떤 사람은 자신의 질병을 삶의 일부분으로 받아들이고 살아가는 자들이 있다. 질병을 받아들여 죽을 때까지 가지고 가야 할 짐으로 그냥 받아들인 자들, 자신의 병은 고침을 받을 수 없다고 포기해 버린 자들, 이제까지 모든 것 다 해 보았는데 이제 되겠는가? 라고, 회의적인 생각을 하는 자들, 의사의 무의식적인 암시에 걸려 있는 자들, 조급한 마음과 치유사역에 대한 무지로 성령사역에 대하여 거부하는 자들, 이러한 자들에게는 치유가 일어날 수 없다. 낫고자 하는 의지를 가진 자에게 하나님께서 역사하신다. 하나님은 반드시 나의 질병을 치유하신다는 믿음이 중요하다. 예수님께서도 마가복음 10장 51절에서 "네게 무엇을 하여 주기를 원하느냐?" 하셨고, 요한복음 5장 1-8절에서는 "네가 낫고자 하느냐?" 질문하시면서 병자에게서 낫고자하는 강한 열망이 있을 때에는 즉각적인 응답이 언제나 주어지는 것을 볼 수 있다. "예수께서 한 동네에 계실 때에 온 몸에 문둥병 들린 사람이 있어 예수를 보고 엎드려 구하여 가로되 주여 원하시면 나를 깨끗케 하실 수 있나이다 하니 예수께서 손을 내밀어 저에게 대시며 가라사대 내가 원하노니 깨끗함을 받으라 하신대 문둥병이 곧 떠나니라(눅5:12-13)"

왜 이러한 마음이 필요한가? 실제로 병자 쪽에서는 첫째, 질병이 오래되면 그냥 그대로 용납하고, 안주해 버리려고 한다. 방안에 있는 가구처럼, 늘 상 있는 것으로 취급해 버린다. 특히 우울증, 분노, 열등감 같은 정신적인 문제가 있을 때에는 더욱 그렇다. 둘째, 도전에 대한 두려움도 있다. 셋째, 자기 증오 때문에 스스로 벌을 받는다고 생각한다. 질병은 그 자체가 많은 주의를 안으로 쏟게 하기 때문에 대개 자기중심적인 성향을 갖도록 조장한다. 이러한 내적 성향은 자기 연민을 유도하여 치유를 받는

데 더 큰 장애물이 되고 더 큰 위험에 빠질 수 있다.

시편기자가 병에 걸렸을 때 시편 102편 1-7절과 또 그 기자가 치유되었을 때의 시편103편 1-5절 말씀을 서로 비교해 보라. 시편 102편에서는 '나'라는 말이 무려 19번씩 나올 정도로 자기가 중심이 되는 반면, 시편103편에서는 하나님께 초점이 맞춰져 찬양과 경배를 드리고 있다.

치유를 받고 싶은 강렬한 마음은 병자 자신뿐 아니라, 주변에 있는 가까운 사람들, 즉 친척(왕의 아들/요4:46),(가나안 여자의 딸/마15:21-28), 친구(중풍병자를 위한 네 사람/막2:1-12), 심지어는 고용한 사람(백부장의 종/눅7:2-10)에게도 요구된다. 지금도 마찬가지이다. 가족이 하나가 되었을 때 치유가 잘 되는 것을 보게 된다. 가족이 하나가 되었다는 것은 마음이 하나가 되었다는 것이다. 하나님의 은혜로 치유 받겠다는 생각으로 하나가 되었다는 것이다. 고로 성령으로 하나가 된 것이기 때문에 치유가 되는 것이다.

누가복음 5장 17-26절에 보면 중풍병자 한 사람을 침상채로 메고 예수님께로 나아오는 사람들이 있었다. 그러나 너무 많은 사람들이 예수님께서 계시는 곳에 몰려들었기 때문에 예수님께로 가까이 갈 수가 없었다. 그들은 들어갈 곳을 찾았다. 지붕으로 올라가서 기와를 벗기고 병자를 침상채로 무리 가운데 계시는 예수님께로 달아 내렸다. 예수님은 저들의 믿음을 보시고 그

병자를 고쳐 주셨다.

　이처럼 질병은 가족들이나 주위 사람들의 믿음으로 인해서 고쳐지기도 한다. 내가 지금까지 신유사역을 하면서 체험한 바로는 가족이 하나가 되었을 때 불치의 질병들이 순간적으로 치유가 되었다. 하나가 되었다는 것은 가족이 성령으로 하나 되었고, 성령으로 충만하다는 뜻이 된다. 질병이란 우리의 어떤 기능을 마비시키거나 우리의 의지적인 기능을 약화시킨다.

　그래서 생각이나 감정, 의지가 제 기능을 감당하지 못할 때가 있다. 이를테면 질병에 대해서 낫고자하는 의지를 가지지 못할 수도 있다. 특히 중풍병자들은 자신의 생각, 기억력, 의지가 약화된다. 이러한 경우 가족들이나 주위 사람들의 믿음이 요구되기도 한다. 여기 나오는 중풍병자는 주위에 좋은 사람들을 친구로 둔 자로 보인다. 이들의 열심, 이들의 믿음이 얼마나 큰가! 꼭 낫게 하고자하는 그들의 믿음이 중풍병자를 구원했다.

　실제로 우리가 병자를 위해 기도하지만, 치유가 늦어진다든지, 또는 아무런 효과가 없는 경우는 우리 가운데 치유에 대한 갈망이 부족하거나, 인내를 가지고 대가를 지불하려는 마음이 없기 때문인 경우가 많다(막7:24-30). 수로보니게 여인을 두고 예수님께서 칭찬하신 것은 바로 응답이 될 때까지 모든 인간적인 자존심을 버리고 예수님의 은혜를 받기를 기다렸다는 끈기 때문이었다. "여자야, 네 믿음이 크도다. 네 소원대로 되리라(마15:28)"

셋째, 성령님의 인도를 받아야 한다. 내가 지금까지 신유사역을 하다가 보면 환자들이 안수한번 받아서 나으려는 생각을 가지고 있다. 우리는 바르게 알아야 한다. 질병의 발생은 영. 혼. 육. 순으로 나타나게 되는 것이다. 그래서 질병이 육체로 나타났다면 이미 상당한 기간이 흘렀다는 것이다. 시간이 흐른 만큼 치유가 되는 시간도 길어지는 것이 당연한 것이다. 신유는 성령께서 전인격을 사로잡을 때 치유가 되는 것이다. 영의 사람으로 변해야 하나님의 은혜를 받을 수 있다. 하나님이 영이시기 때문이다. 그러므로 질병이 치유가 되려면 성령으로 장악되는 시간이 필요한 것이다. 성령이 자신을 장악할 때까지 한곳에서 인내하며 기다려야 한다. 시간과 노력을 투자해야 한다. 그런데 기다리지 못하고 능력이 있다는 사역자를 찾아서 이곳저곳으로 돌아다니면서 안수만 받는다. 그런데 우리가 바르게 알아야 할 것은 자신의 성령으로 충만하지 못한 상태에서 이곳저곳에서 안수를 받을 때 악한 것이 침입을 할 수가 있다는 것도 알아야 한다. 자신이 약하기 때문에 악한 영이 잘 침입을 한다. 그래서 이곳저곳을 돌아다니다가 보니까, 질병이 더 악화되는 경우가 대다수이다. 절대로 순간 치유되는 경우는 극소수이다. 현장에서 즉각 치유되는 분들은 그만큼 기도를 많이 해서 성령으로 장악이 된 상태이기 때문에 순간적으로 치유가 되는 것이다.

자신이 성령으로 장악이 되어 순간적으로 치유될 수 있는 영적인 수준이 되었기 때문에 치유가 되는 것이다. 그래서 환자는 순간 치유 받으려는 요행을 버리는 것이 좋다. 시간 여유를 가지고 자신이 말씀과 성령으로 변화되어 영적인 사람으로 다시 태어나려는 의지가 중요하다. 내가 지금까지 체험한 바로는 질병은 치유될 수 있는 영적인 수준이 되었을 때 치유가 된다.

불치병이나 난치병이 있는 분은 한곳에서 말씀과 성령으로 장악을 당하려고 집중해야 더 빨리 치유의 기적을 체험할 수가 있다. 나의 그간 신유사역 간 체험으로 보면 말씀과 성령으로 장악만 되면 어떠한 불치의 질병도 순간적으로 치유가 된다. 하나님이 자신을 장악하도록 마음을 열고 시간을 투자해야 불치병이 치유된다. 질병이 문제가 아니라, 자신이 변하는 것이 문제이다.

넷째, 전인격이 하나님을 향해야 한다. 질병을 치유 받으려면 무엇보다도 중요한 것은 마음이 하나님에게 온전하게 집중되어 있어야 한다는 것이다. 하나님은 우리의 온전한 마음을 받기를 원하신다. 질병을 치유 받으려면 마음에 하나님을 채워야한다. 마음에 하나님이 채워지면 질병은 떠나가야 한다. 하나님은 초자연적으로 역사하는 분이시기 때문이다. 초자연적인 하나님이 자신을 장악하니, 초인적으로 역사하는 질병의 마귀가 떠나가는 것이다. 질병의 마귀가 떠나가면 영육이 강건해지는 것이다. 그러므로 질병을 치유 받으려면 마음으로 하나님을 집중적으로 찾으라. 나는 우리 교회에 치유 받으러 오시는 분들에게 지속적으로 주님을 찾으라고 한다. 기도할 때도 호흡을 들이쉬고 내쉬면서 주여! 주여! 하면서 기도를 하라고 한다.

이렇게 기도를 하다가 보면 영의 통로가 열리게 된다. 영의 통로가 열리면 성령이 역사하기 시작하므로 상처가 치유되고, 질병이 순간적으로 떠나가는 것이다. 질병을 치유 받으려면 마음에 하나님이 채워지는 것이 중요한 것이다. 나는 우울증 환자와 정신적인 문제가 있는 분들에게 지속적으로 주여! 주여! 를 하면서 기도하라고 한다.

이렇게 주여! 주여! 하는 기도가 권능이 나타나는 기도이기 때문이다. 질병은 자신의 안에서 성령의 권능이 올라올 때 치유가 되는 것이다. 그러므로 질병을 치유 받을 분들은 자신 안에 하나님으로 채우면 되는 것이다. 질병 치유를 그렇게 어렵게 생각할 필요가 없다. 내 안에 하나님이 채워지면 치유되는 것이다.

다섯째, 원인을 바르게 알고 치유 받아야 한다. 내가 그동안 신유사역을 하다가 내린 결론은 질병이 있으면 반드시 원인이 있다는 것이다. 많은 신유사역자들과 환자들이 병만 고치고, 귀신만 떠나보내려고 한다. 나는 이렇게 사역을 하는 사람들을 가리켜 삼차원의 사역을 한다고 한다. 우리는 바르게 알아야 한다. 질병이 생기고, 귀신이 침입하게 한 원인을 해결하지 않는 한,

질병은 치유되지 않는다. 질병이 생기게 된 원인을 성령의 임재 하에 찾아야 한다.

원인을 해소한 다음에 질병이 순간적으로 치유가 된다. 이렇게 신유사역을 하는 것이 5차원의 신유사역이다. 질병이 발생한 원인은 상처로 인하여 생기기도 한다. 조상의 죄악으로 대물림되며 질병이 생기기도 한다. 하나님의 하시는 일을 나타내기 위해서 질병이 생기기도 한다. 하나님이 사람을 만든 창조섭리를 어길 때 질병이 생기기도 한다. 자신의 몸을 무리하게 사용하여 과로로 질병이 생기기도 한다.

이런 원인들을 찾아서 내적치유도 해야 한다. 조상의 죄악을 회개도 해야 한다. 대물림되는 질병의 줄을 끊는 사역도 해야 한다. 먹는 것을 조심하여 소식하고, 자연식을 섭취해야 한다. 몸을 과하게 사용하여 무리를 했다면 쉬어야 한다. 몸이 허약해졌다면 적당한 운동과 체력을 보강하며, 건강식을 섭취해야 한다. 그리고 신체의 일부분이나 장기가 손상이 되었다면 병원에 가서 수술도 받아야 한다. 장기가 완전하게 망가진 다음에 아무리 신유기도해도 치유가 안되는 것이다. 장기가 완전하게 망가지기 전에 치유를 해야 한다. 발견된 원인에 따라 적절한 조치를 취한 후에 질병을 치유하는 안수를 해야 한다. 귀신도 축귀해야 한다. 무조건 예수 이름으로 명하노니 떠나가라! 떠나가라! 하면서 기도한다고 질병이 치유되지 않는 다는 것을 알아야 한다.

우리 신유사역자는 전문가가 되어야 한다. 아니 세상 의사들보다 더 박식해야 한다. 왜냐하면 세상의사들은 육체만 다루면 되지만, 신유사역자는 귀중한 인간의 영을 다루기 때문이다. 공부를 열심히 하고 깊은 영성을 개발하여 성령님과 인격적인 관계를 가지면서 교통해야 한다. 5차원의 사역을 하려고 부단하게 노력해야 한다. 5차원의 사역이란 보이는 것, 보이지 않는 영적인 것 모두를 종합 진단하여 결정하고 치유하는 방법이다.

여섯째, 영적인 사고로 바뀌어야 한다. 질병을 치유 받으려면 영적인 세계를 알아야 한다. 인간의 모든 문제는 보이는 면만 가지고 해결이 되지 않다. 인간 세계에 일어나는 모든 문제는 영적인 세계와의 관계에서 일어나기 때문이다. 하나님과의 관계가 깊어지지 아니하면 보이는 곳에서 문제가 발생하는 것으로 알고 인간적인 조치 만을 한다. 그러므로 인간의 질병을 치유하려면 반드시 한 단계 더 깊은 영적 차원을 고려해야한다. 내가 지금까지 신유사역을 하면서 체험한 바로는 스트레스와 영적인 문제로 인하여 질병이 발생하는 경우가 70-80%가 되더라는 것이다.

그래서 육체의 질병의 배후에는 악의 세력이 역사한다는 것이다. 질병을 치유하려면 배후의 악의 세력을 제거해야 되기 때문에 악의 세력보다 강한 성령이 장악을 해야 치유가 되는 것이다. 그래서 환자가 질병을 치유하려면 성령으로 세례를 받고 성령으로 장악이 되어야 치유가 되는 것이다.

경우에 따라서는 예수 이름으로 기도한번만 하면 치유되는 경우도 있지만, 대다수는 배후의 영적인 세력을 떠나보낼 때 질병이 치유가 되더라는 것이다. 나의 체험으로는 환자가 의지를 가지고 성령으로 충만 받으니, 15가지 불치의 질병도 모두 치유가 되더라는 것이다. 문제는 환자가 의지를 가지고 성령으로 장악이 되는 것이 문제이다. 인간의 모든 질병은 배후의 영적인 문제를 해결하고 기도하면 모두 순간적으로 치유가 된다. 질병은 그림자에 불과한 것이므로 환자가 말씀을 들으면서 영적으로 변하면 그림자인 질병은 떠나가는 것이다.

일곱째, 치유 받은 후 관리를 잘해야 한다. 지속적으로 믿음의 행위를 유지해야 한다. 감사의 마음, 생활을 반드시 회복해야 한다. 간증하며 복음을 증거 하는 삶이 필요하다. 나가서 질병으로 고통당하는 자들에게 복음을 전하라.

그러나 많은 성도들이 성령의 역사로 질병을 치유 받고 영육으로 게을러져서 재발하는 경우가 다수 있다. 암으로 몇 년 동안 고생하다가 치유가 되니 세상으로 놀러 다니다가 제발하여 아까운 생명을 잃은 성도들도 있다. 2005년에는 세 사람이 병원에서 암의 치유를 포기한 상태로 나를 찾아왔다.

몇 주 동안 치유를 받았다. 몸이 가벼워져서 병원에 가서 검사를 해보니 암이 없었다. 그러니까, 너무 좋아서 세상으로 놀러 다니다가 세 명이 세상을 떠났다. 모두 젊은 여성들이다. 나는 이렇게 생각을 한다. 암이나 간경화를 하나님이 치유하여 주시는 것은 받은 치유를 하나님에게 영광을 돌리고 복음을 전하라고 치유하여 주신 것이다. 그런데 그것을 이해하지 못하고 병에 걸려서 놀러 다니지 못한 마음을 달래기 위해서 세상으로 향했다가 아까운 생명을 잃은 것이다. 우리는 반드시 이런 불치의 환자들에게 병 치유에 대한 하나님의 뜻을 바르게 알려주어서 하나님에게 영광을 돌리게 해야 한다.

여기에서 각종 암 병을 치유하는 것에 대하여 알려드린다. 보통 암에 걸린 환자는 인내력이 없다. 그래서 안수한번 받아서 치유를 받으려는 마음을 가지고 있다. 그래서 능력이 있다는 목사에게 안수를 받으려고 한다. 그런데 안수를 받고 치유가 되지 않으면 또 다른 사역자에게 안수를 받는다. 이는 잘못된 생각이다. 필자가 지금까지 성령치유 사역을 하고 체험한 바로는 암 병은 성령이 완전하게 장악을 해야 치유가 되더라는 것이다. 그러므로 자신의 암 병을 성령님이 완전하게 장악을 할 때까지 인내력을 가지고 한곳에서 기다려야 한다는 것이다. 성령이 완전하게 장악을 해야 암이 없어지는 것이다. 질병을 치유하는데 절대로 요행이란 없다는 것을 알려주어야 한다.

암 병은 세포가 굳어서 생기는 병이다. 그러므로 굳은 세포가 풀리려면 성령이 장악을 해야 하는 것이다. 성령이 장악하는 데는 시간이 걸린다. 그래서 인내력을 가지고 성령으로 충만 하려고 노력을 해야 하는 것이다. 절대로 이곳저곳으로 돌아다니면서 순간에 치유 받으려는 생각은 버려야 한다. 암 병은 성령의 불로 달구어진 다음에 치유가 된다.

간증: 허리디스크를 치유 받고 신유은사 나타난다. 저는 허리디스크로 15년 이상 고생을 하다가 치유 받고 신유의 은사를 받은 서석재 목사입니다. 허리 디스크로 사람노릇을 못하고 살았습니다. 어느 기도원장이 목회자가 되어야 하는데 사명을 감당하지 않아서 허리가 치유되지 않는다고 하여 신학을 시작했습니다. 그래서 목사가 되어 지금 교회를 개척하여 목회를 하고 있습니다. 우연한 기회에 인터넷에서 충만한 교회를 알게 되었습니다. 홈페이지에 기록되어있는 간증을 읽고 나도 치유를 받을 수 있다는 감동이 강하게 와서 신유집회에 참석하게 되었습니다.

신유집회에 참석하여 그동안 체험하지 못한 강한 성령의 불이 임하는 것을 체험을 했습니다. 내안에서 역사하는 악한 영들이 수없이 떠나갔습니다. 집회 마지막 날 강 목사님이 뼈와 신경 치유에 대한 강의를 마치시고 시범을 보이셨습니다. 뼈와 신경과 근육에 있던 질병들이 그 자리에서 치유가 되었습니다. 나도 저렇게 순간 치유를 할 수 있는 은사를 주셨으면 좋겠다는 말이 저절로 나왔습니다. 허리 디스크로 고생하는 분 나오라고 해서 나갔습니다. 누우라고 하시더니 양발을 잡으시더니 오른 발이 길다는 것입니다. 그러고는 양발을 잡고 성령이여 임하소서, 하시면서 기도를 하셨습니다. 머리와 어깨에 임하시고 사로잡아 주옵소서, 그리고 허리도 사로잡아 주옵소서, 골반도 사로잡아 주시고, 온몸 약한 부위를 사로잡아 주셔서 치유하여 주옵소서, 하고 임재를 요청하셨습니다. 그다음에 허리 골반을 강하게 사로잡아 주시고 치료하여 주옵소서, 허리도 돌려주시고, 완전하게 치유하여 주옵소서, 하고 기도를 하니 내 다리가 한쪽씩 올렸다 내렸다 합니다.

골반이 나도 모르게 돌려집니다. 이제 허리를 만지시는데 목을 뒤로하여 머리가 땅에 닿게 하시는데 꼭 허리가 부러지는 것 같았습니다. 투두둑 투두둑 하며 뼈가 만져지는 소리를 요란하게 냈습니다. 저는 순간 이러다 허리 부러지면 어떡하나 하고 걱정을 하기도 했습니다. 그러다가 이제는 다리를 쭉 펴더니 손으로 발을 잡고 으으으 하면서 일어섰다, 앉았다, 하게하면서 진동을 하더니 서서히 진동이 약해졌습니다.

목사님이 다리를 잡고 허리를 돌리면서 "지금까지 괴롭혔던 허리 디스크를 일으키던 병마는 떠나갈지어다" 하시는 것입니다. 내가 기침을 한동안 막 합니다. 그러더니 휴우! 휴우! 소리가 나옵니다. 목사님이 일어나서 허리한번 만져 보세요. 아픈가, 일어서서 허리에 손을 잡고 허리를 돌려보았더니 하나도 아프지 않습니다. 10년을 괴롭히던 허리디스크가 깨끗하게 치유되었습니다. 할렐루야! 주님께 영광 돌립니다. 정말 나에게도 이런 은사가 나타나게 해달라고 기도를 쉬지 않고 했습니다. 주일날이 되었습니다. 오후 예배를 마치고 성령께서 뼈와 신경과 근육이 성도를 불러내어 안수를 하라고 감동을 하십니다. 그래서 선포를 했습니다. 뼈와 신경과 근육에 질병이 있는 분들은 종이에 병명을 써놓고 앞에 나와서 기도를 하라고 했습니다. 그랬더니 7명이 나왔습니다. 그래서 목사님이 가르쳐 준대로 안수 기도를 했습니다.

　막 성령의 역사가 일어나 기침을 하고 울고 했습니다. 모두 안수를 해주었습니다. 끝난 다음에 일일이 물어보았습니다. 아픈 부위에 통증이 사라지지 않고 그대로 있느냐고 질문했습니다. 그러자 신기하다는 것입니다. 조금 전만 해도 그렇게 통증이 심하다가 안수 받고 나니 모두 시원해 졌다는 것입니다. 어디서 능력을 받아 왔느냐는 것입니다. 충만한 교회에 가서 십오년 묶은 질병을 치유 받고 신유의 은사도 받은 것입니다. 하나님! 감사합니다.

2장 나는 왜 고질병이 치유되지 않을까?

(마 13:57-58)"예수를 배척한지라 예수께서 그들에게 말씀하시되 선지자가 자기 고향과 자기 집 외에서는 존경을 받지 않음이 없느니라. 하시고, 그들이 믿지 않음으로 말미암아 거기서 많은 능력을 행하지 아니하시니라."

하나님은 예수를 믿고 성령으로 거듭난 하나님의 자녀들이 영육의 고질병을 가지고 살아가는 것을 원하시지 않는다. 고질병을 치유하여 주시기를 안달 난분이시다. 그런데 왜 예수를 믿고 나름대로 성령으로 거듭났다는 크리스천들의 고질병이 치유가 되지 않을까? 필자가 분명하게 원인이 있다고 생각한다. 왜냐하면 성령의 인도를 받고 필자에게 찾아온 크리스천들은 아무리 심한 고질병도 모두 치유를 받았기 때문이다.

하나님을 찾고 기도하여 성령의 인도하심 따라 하나님의 방법으로 해결하면 고질병이 순간에 해결이 되는 것이다. 그런데 왜 치유를 받지 못하는 크리스천들이 있을까? 무기력에 빠져서 성령의 역사가 일어나는 장소에 나오지 않는다든가, 의지가부족하다든가, 기도를 하지 않는다든가, 사역자의 말에 순종하지 않는다든가, 분명하게 본인에게 또는 사역자에게 문제가 있기 때문에 치유를 받지 못하는 것이다. 필자가 지금까지 성령치유 사역을 하면서 체험한 바를 정리하면 대략 이렇다.

첫째, 하나님의 방법으로 치유 받으려는 의지가 부족하기 때문이다. 많은 수의 크리스천이 질병이 생기면 병원부터 찾는 것이 일상이 되었다. 요즈음 의술이 발전되어 있기 때문이다. 그러나 하나님의 자녀로 다시 태어났다면 자신의 질병은 하나님께서 치유하신다는 생각을 한번쯤은 해야 한다고 생각한다. 그것은 성경에 잘 경고되어 있기 때문이다.

이사야서 38장에 보면 히스기야가 하나님께 기도하여 고질병을 치유 받은 사례가 기술되어 있다. 히스기야 왕이 병에 걸려 죽게 되었을 때에 하나님의 선지자는 그에게 와서 죽게 될 것이라는 기별을 전해 주었다. 히스기야는 주님께 부르짖었으며, 주님께서는 그를 응답하셔서 선지자 이사야를 보내어 15년 동안 생명을 연장시켜 줄 것을 약속하셨다. 하나님께서 한 마디 말씀을 하시든가 거룩한 손가락으로 한 번 만지기만 하면 히스기야 왕의 상처를 금방 낫게 해주었을 것이다.

그런데 그렇게 하지 않았을까? 그러나 주님께서는 그에게 무화과 반죽을 만들어 그 상처에 바르라는 지시를 주셨다. 그 지시를 따랐을 때에 히스기야왕은 건강을 회복하였다. 주님께서 사용하라고 명하신 이 처방을 우리들이 생각하는 이상으로 귀중하게 여기는 것이 좋을 것이다. 순종이 낫게 했다.

우리는 하나님께서 지시하시는 방법대로 순종해야 한다. 그러면 하나님께서 의술이나 자연치료제로 치유하게 하신다. 하나님께서 지시하시는 의술이나 자연 치료제를 사용하여야 한다. 하나님은 이렇게 세심하신분이다. 또한 크리스천들의 고질병을 치유하기를 원하시는 분이다. 진정한 건강을 주는 요소가 무엇인지? 생각하면서 건강 원칙으로서 낫는 것은 비록 더디더라도 인내하면서 영적인 생활의 원칙으로 배워야할 교훈을 얻어야 한다. 영적인 건강의 원칙을 따르지 않고, 방종하게 살면서 순간적인 효과를 얻어 낳으려는 사고방식을 버려야 한다.

또 다른 성경의 교훈으로 역대하 16장 11절 이하에 보면 아사 왕은 기도를 하지 않았다. 그가 발에 병이 들어서 병이 점점 심해졌다. 그런데 그가 의사들을 불러서 열심히 치료했다. 성경에 의사에게 치료받지 말란 말은 없다. 왜 그럴까? 건강한 자에겐 의원이 쓸데없고 병든 자에게는 슬데 있다고 성경은 말했다. 그래서 성경에는 의원이 쓸데없단 말 안 했다. 우리 사람이 병들면 의원으로부터 치료받을 수 있는 것은 최대한도로 받아야 되는 것이다. 그러나 성경은 말하기를 의원에게만 의지하라고 말하지 않았다. 우리가 병든 자에게는 의원이 쓸 데 있지마는 고질병을 가지고 간절히 하나님께 기도하라고 말씀한 것이다. 기도하여 하나님의 지시에 따라서 의원의 치료를 받으라는 것이다.

"믿음의 기도는 병든 자를 구원하리니 주께서 저를 일으키시리라 무슨 죄를 범하였을지라도 사하심을 얻으리라. 그러므로 너희 죄를 서로 구하며 병 낫기를 위하여 기도하라"고 명령하고 있는 것이다. 그런데 아사는 발에 병이 들어 병이 점점 심해지는데 의원에게만 의지하고 하나님께 기도하지 않았다.

역대하 16장 12절의 말씀대로 "아사가 왕이 된지 삼십구 년에 그 발이 병들어 심히 중하나 병이 있을 때 저가 여호와께 구하지 아니하고 의원들에게 구하였더라." 이것이 그가 죽은 이유인 것이다. 그가 의원들에게 치료받은 것이 나쁜 것이 아니다. 의원만 구하고 주 예수 그리스도를 통해서 하나님께 구하지 않았기 때문에 하나님께서 축복해주지 아니하므로 의원의 힘으로 못 고쳤다. 오늘날 의사들에게 다 물어보시라. 병을 의사가 고치냐고 물어보아라. 한 사람의 의사도 병은 내가 고친다고 말하지 않는다. 나는 최선을 다하여 병이 낫도록 도와만 주지 고치는 것은 사람에게서 치유력이 나와서 고친다고 다 고백하는 것이다. 이러므로 아사가 기도를 하지 않았기 때문에 그는 죽고 만 것이다.

성령으로 시작했다가 육체로 마치는 이유는 평안에 빠져 하나님을 찾지 않는 것이다. 또 문제 부딪쳐 믿음으로 해결치 않고 인간의 방법을 쓰는 것이다. 그리고 하나님의 말씀을 멀리하고 기도하지 않는 것이다. 그러므로 성령으로 시작했다가 육체로 마치는 아사와 같은 비극적인 상황 속에 떨어지는 것이다.

필자가 어느 주일날 설교하면서 이런 질문을 한적인 있다. 만약에 자신의 자녀가 거품을 흘리면서 인사불성이 되어 혼수상태에서 헛소리를 하는 상황에 처했다면 어떻게 조치하겠는가? 119로 전화하여 구급차를 타고 병원으로 가서 정신병원에 입원을 시킬 것인가? 아니면 영적인 치유를 하기 위하여 영적으로 깨어있는 목사님을 찾아갈 것인가? 다행스럽게도 우리 성도들은 영적인 방법으로 치유를 하겠다고 하였다. 영적인 방법으로 치유하는 것과 세상의술을 이용하여 치유하는 것의 차이를 설명하면 이렇다.

먼저 세상의술을 이용하는 방법이다. 인사불성이 되어 헛소리를 하면서 정신을 차리지 못하면 119를 불러서 병원으로 가려고 한다. 필자가 만난 어느 고등학생도 마찬가지이다. 아버지가 목사 이였는데도 불구하고 119를 불러서 병원으로 갔다는 것이다. 병원에 가니까, 당연하게 입원을 시켰다. 1개월간 입원치료를 받고 퇴원을 했다. 퇴원할 때 그냥 나오는 것이 아니고 약을 처방받아서 가지고 나와 복용하게 된다. 알아야 할 것은 정신과 약은 치료제가 아니고 도파민과 세로토닌을 조절해주는 약이다. 환자의 의지를 정상적으로 발휘하지 못하게 안정시키는 약이다. 한마디로 약에 취해서 무기력하게 지내도록 하는 약이다. 이 약은 죽을 때까지 복용해야 한다. 이렇게 퇴원하여 5개월여를 생활하다가 다시 재발하여 다시 정신병원에 1개월간 입원한 후에 퇴원하여 필자는 만난 것이다. 필자가 치유를 하면서 환자에게 질문을 했다. 제일 괴로운 것이 무엇이냐고 물었다. 그랬더니 자기 몸을 자기 마음대로 할 수가 없다는 것이다. 의지를 발휘할 수가 없다는 말이다. 다른 것은 온몸이 가려워서 힘들다는 것이다. 본인이 하는 말이 정신병원에 입원한 다음에 자신이 이렇게 되었다는 것이다. 지금 이 학생은 정상적인 생활을 하지 못한다. 모두 정신과 약부작용이다. 이 학생은 치료 방법을 바꾸지 않는

한 죽을 때까지 이렇게 살아야 한다. 세상의술을 이용하여 해결하려고 하면 이런 부작용이 따른다. 절대로 이 학생은 세상의술로는 정상적인 사람으로 복귀할 수가 없다.

하나님의 방법으로 치유하는 방법이다. 보통 정신적인 문제가 발생하는 것은 스트레스로 몸이 허약해졌을 때 잠재의식에 있는 영육의 문제가 고개를 들고 현재의식을 장악하니 인사불성이 되어 헛소리를 하면서 정신을 차리지 못하는 것이다. 이럴 때는 놀라지 말고 잠시 기다라는 것이다. 잠시만 기다리면 안정을 찾는다. 절대로 당황하면 일을 그르치기 쉽다. 절대로 조금만 기다리면 안정을 찾는다. 지하철에서 정신적인 문제가 일어난 사람들의 경우를 보라. 모두 조금 있다가 정상으로 복귀한다. 놀라지 말고, 벌벌 떨면서 악~ 악~ 하면서 소리 지르지 말고, 119부르지 마라. 조금 지나면 숨을 몰아쉬면서 정상으로 복귀한다.

조치로는 영적치유를 전문으로 하는 목회자의 보살 핍을 받는 것이다. 안수를 받으면서 안정을 취하고 스트레스로 소진한 기력을 회복하는 것이다. 제일 좋은 방법이 유명한 한약방에 가서 증상을 말하고 한약을 처방받아 복용하는 것이다. 스트레스로 소진한 체력을 회복하고 영육에 안정을 취하게 하는 것이다. 그러면서 영적치유를 받으면 15일이면 정상적인 사람으로 복귀하는 것이 보통이다. 스트레스를 받아 체력이 떨어지면 별별 이상한 현상이 다 일어나는 것이 보통이다. 손이 오그라들고, 턱이 돌아가고, 거품을 흘리면서 발작을 하기도 한다. 여자 아이(처녀)가 이렇다고 생각해보라. 얼마나 놀라겠는가, 그러나 놀라지 마라. 모두 정상으로 복귀한다. 필자는 이런 경우를 많이 체험하였으나 10일 이내에 모두 정상으로 회복하여 지금 정상적인 생활을 잘하고 있다.

그런데 문제는 안수한번 받아서 해결하려고 이 목사 저 목사 찾아다니면 문제가 심각해진다. 몇 년을 돌아도 치유되지 않는다. 목회자는 한 사람으로 족하다. 목회자의 집중적인 관리를 받으면서 안정을 취하면서 체력을 복구하면 정상이 된다. 초기 정신적인 문제가 일어나는 경우는 바로 치유가 되는 것이다. 그러나 세상의술로 해결하려고 한다면 정상으로 복귀는 불가능하다. 세상의술은 환자를 무기력하게 만드는 방법이기 때문이다.

둘째, 하나님으로 전인격이 장악되려고 하지 않기 때문이다.
치유는 전적으로 하나님께서 하시는 것이다. 그러기 때문에 고질병을 치유 받으려면 예수를 믿고 성령으로 세례를 받아 전인격이 성령의 지배와 장악이 되어야 치유가 되기 시작한다. 그런데 마음이 하나님께 가있지 않고 세상으로 향해 있으면서 고질병이 치유되기를 바란다는 것은 언어도단인 것이다. 그저 치유의 은사가 있다는 목사에게 안수한번 받아 고질병을 치유 받으려는 얄팍한 생각을 가지고 있으면서, 치유의 은사가 있다는 목사 100명에게 안수를 받아도 치유되지 않는다. 이유는 생명의 말씀과 성령님으로 장악이 되지 않았기 때문이다. 고질병의 치유는 분명하게 하나님의 말씀을 듣고 성령으로 기도하고 안수 받을 때 성령의 역사로 치유가 되는 것이다. 필자는 항상 강조하는 것이 있다. 고질병을 가진 환자가 의지를 가지고 성령님의 인도를 받아 하나님의 방법으로 치유 받겠다는 의지와 스스로 기도하지 못하면 아무리 권능이 있는 목사가 안수를 해도 치유가 되지 않는다는 것이다.

고질병뿐만 아니라, 마음의 상처도 마찬가지이다. 환자가 뜨겁게 기도하여 성령으로 세례를 받아 환자의 마음 안에 있는 성전에서 성령의 권능이 흘러나올 때 성령의 권능에 의하여 상처도 치유가 되고 귀신도 축사가 되고 고질병도 치유가 되는 것이다. 환자 안에서 성령의 역사가 일어나지 않으면 내면의 상처나 고질병의 치유가 되지 않는 것이다. 환자 자신 안에 성전이 바르게 지어지기 시작해야 치유가 되는 것이다. 하나님은 분명하게 "그런즉 너희는 먼저 그의 나라와 그의 의를 구하라 그리하면 이 모든 것을 너희에게 더하시리라(마 6:33)" 말씀하셨다. 고질병의 치유는 자신 안에 성전이 견고하게 지어져서 성령으로 지배와 장악이 되어야 치유가 되는 것이다.

셋째, 타성에 빠져있기 때문이다. 한마디로 믿음과 의지가 부족하기 때문이다. 하나님의 자녀로 변화되려고 하지 않고 치유만 받으려고 하기 때문이다. 필자가 얼마 전에 이런 집사하고 전화통화를 한 적이 있다. 자신은 저체중으로 태어난 미숙아였다는 것이다. '잉큐베이타'에서 5주 동안 있다가 살아나 지금 50대가 되었다는 것이다. 그런데 친정아버지와 남편에 대한 상처로 정상적인 생활을 못하고 이곳저곳 치유하는 곳이라면 50군데도 더 다녔는데 40여 년 동안 치유를 받지 못했다는 것이다. 가서 보면 거기 안내하고 오래 다닌 사람들을 보니 치유 받은 사람답지 않아 틀렸다고 생각하고 가지 않았다는 것이다. 자신의 마음 속에서 내가 가보지 않은 곳이 없다. 오늘 은혜가 되지 않는 것을 보니 여기도 똑같을 것이다. 그렇게 지내다가 어떤 분의 소개로 저의 충만한 교회를 알게 되어 전화를 했다는 것이다.

그래서 필자가 하도 답답하여 "치유를 거기 사람들보고 사람에게 받으려고 가셨습니까? 어디를 가더라도 사람에게 은혜 받고 섬김 받으려고 하지 말고 하나님을 만나려고 하셔야 합니다. 집사님 마음 안에 계신 하나님께서 치유하십니다. 지금 부터는 어디를 가시더라도 사람에게 은혜 받으려고 하면 상처만 받고 오십니다. 왜냐하면 집사님이 상처가 있기 때문에 상처가 사정 없이 들어오기 때문입니다. 절대로 사람보시지 말고 하나님을 만나려고 하세요. 하나님은 죽은자도 살립니다. 하나님께서 집사님을 반드시 치유하실 것입니다. 오시는 것이 문제이지 오시기만 하면 치유가 될 것입니다. 저는 오시는 분들을 최선을 다하여 섬기면서 사역을 합니다. 오시면 집사님의 고질병이 하나님의 역사로 치유되도록 최선을 다해서 섬길 것입니다" 그랬더니 이 집사가 하는 말이 "목사님! 저는 지금까지 치유하는 곳이라면 안 가본 곳이 없을 정도로 다 다녔습니다. 그런대도 치유가 될 수가 있습니까?" "필자가 집사님은 그렇게 부정적인 생각을 가지고 가서 마음을 열지 않고 이성적으로 분별하고 목사님의 말씀만 들어서 치유하려고 했기 때문에 지금까지 치유를 받지 못한 것입니다. 집사님의 최소한 2시간 30분 정도는 성령으로 기도하고 안수하여 전인격이 성령의 지배와 장악이 되면 그때서야 잠재의식에 형성된 태중애서와 유아시절과 결혼생활 간 받은 상처덩어리가 현재의식으로 노출되어 떠나가기 시작을 할 것입니다. 지금과 같이 한번 가서 목사님 말씀 듣고, 기도 잠간하고 나름대로 판단하고 돌아오면 천국이 가실 때까지 치유되지 못합니다." 그랬더니 이렇게 말하는 것이다. "목사님! 누가 2시간 30분 동안 안수하고 기도해줄 사람이 있습니까?" "우리 충만한 교회 매주 토요일 날 정기적으로 하는 집중치유 프로그램이 있습니다. 주중 화-수-목 집회에 참석하여 상황을 알아보시고 믿음이 생기면 치유 받으세요. 몇 번 받으면 잠재의식의 상처가 치유되어 참 편안을 찾게 될 것입니다." 그랬더니 집사가 하는 말… "목사님! 그렇게 해서 치유된다고 하더라도 나중에 재발이 되면 어떻게 하지요." 책을 읽는 분들 한번 생각해 보세요. 참으로 답답하지요. 이분이 자신의 고질병을 치유 받을 수 있을까? 자신이 변해야 지금의 고질병이 치유가 될 것이다. 치유사역자가 이런 분을 만나면 참으로 힘이 든다. 사람이 치유하는 것으로 알고 있기 때문이다. 사람에게는 섬김을 받고 치유를 받으려고 하고, 하나님께는 마음을 열지 않기 때문에 치유되지 않는 것이다.

넷째, 사람을 의식하기 때문이다. 우리 크리스천들이 고질병을 하나님의 방법으로 치유 받지 못하는 것은 사람을 의식하기 때문이다. 어떤 크리스천이 필자에게 전화하였다. 자신이 지금 20년째, 고질병으로 고통을 당하면서 살고 있다는 것이다. 기도하다가 충만한 교회를 알게 되었는데 다른 교회에 가서 치유 받는 것이 조심스러워서 오는 것이 쉽지 않다는 것이다. 그래서 필자가 이렇게 말했다. "조심스러우면 오시지 마시고 그대로 지내세요. 견딜 만하니까, 치유 받는 것이 조심스러운 것입니다. 견디기 힘들면 당장 달려오시겠지요." 그랬더니 "아닙니다. 꼭 가서 치유 받아야 합니다. 치유 받으러 가기 전에 담임목사님에게 승인을 받아야 하겠지요." 필자가 이렇게 말했다. "전화하시는 분은 담임목사의 종입니까?"

성경에 나오는 히스기야의 예를 들어서 설명해 주었다. 히스기야가 병들어 죽게 되었다. 히스기야가 하나님께 기도하니까, 그를 응답하셔서 선지자 이사야를 보내어 15년 동안 생명을 연장시켜 줄 것을 약속하셨다. 지금은 하나님께 기도하면 성령으로 응답하여 주신다. 고질병을 가지고 고통하면서 지낼 때 담임목사님에게 물어서 치유 방법을 알아내는 것이 아니다. 또한 성령님의 감동이 있을 때 담임목사에게 승인을 받고 움직이는 것이 아니다. 성령의 인도에 따라 순종해야 고질병이 치유되는 것이다. 분명하게 크리스천은 하나님의 자녀이다. 자녀이면 자녀답게 사고가 바뀌어야 한다. 이렇게 성령의 인도를 받지 못하고 사람을 의식하니 고질병이 치유 되지 않는 것이다.

다른 한 부류는 주변 사람 특히 남편이나 부인을 의식한다. 한 권사의 경우이다. "목사님 저는 너무 슬프고 아프고 죽을 것 같습니다. 하루가 너무 힘들고 죄책감 후회 감 미안함 그리움 불안함 무서움… 왜 이런 일이 일어났는지 모르겠습니다. 토요일 날 가면 제가 치유될 수 있을까요?" 필자가 "물론 치유가 됩니다. 하나님께서 치유하시는데 고치지 못할 것이 없지요. 하나님은 살아계십니다. 권사님이시니까, 평소에 기도를 하셔서 토요일 날 2시간 30분간 안수 받고 기도하면 숨을 쉬는데 문제가 없을 정도로 치유가 될 것입니다. 자꾸 지난날의 실수를 생각하고 자책하지 마시고 일어서야 합니다. 권사님 그대로 천국에 가실 수도 없지 않아요. 하나님의 은혜로 일어서시어 남은여생을 잘 사셔야 합니다. 조금 더 경과되면 정말 치유가 어려워집니다."

권사의 말이다. "목사님 제가 권사지만 기도를 많이 못했습니다. 요즘 방언을 하는데 중간에 방언이 단음절 그그그…. 꼬꼬꼬…. 등이 나옵니다. 처음보다는 오늘부터 새벽은 그런 소리가 다른 때보다 훨씬 조금 나왔습니다. 그래도 그냥 방언기도 해도 되는지요?"

필자가 "치유를 받으시려면 하루라도 빨리 오세요. 오시면 기도하는 방법을 알려드립니다. 영적인 상태가 좋지 못해서 방언

기도 소리가 그렇게 나올 수도 있습니다. 마음 안을 성령의 역사로 청소하시면 방언기도 소리는 정상으로 바뀝니다. 물론 마음도 평안해지고 여러 가지가 변화된 것을 실제로 체험하십니다. 우선은 그냥 나오는 대로 방언기도하십시오. 권사님 혼자 어떻게 할 도리가 없지 않아요. 승리하세요."

권사의 답변이다. "사실 조금 겁이 납니다. 남편이 장로교만 다녀 이런 쪽을 위험시 생각해서 다른 핑계를 대고 가야되는데 남편을 어떻게 설득해야 되나요."

필자가 정말로 안타까워 이렇게 말했다. "정말로 의심이 많으십니다. 의심스러우면 오시지 말고… 그대로 지내시다가 더 심해진다면 그 때 오셔도 됩니다. 그 때가 되면 남편도 신경을 많이 쓰실 것 아닙니까? 지금은 지낼 만하니까, 남편 눈치도 보고… 의심도 하고 하지요. 저는 이 사역을 16년을 했습니다. 지금 권사님의 상태를 눈으로 보는 것과 같이 꿰뚫어 보아 알고 있습니다. 여기 성령의 역사가 강하게 나타나 단단하게 마음먹고 오셔야 합니다. 그렇게 시시한 곳이 아닙니다. 기적은 지금이 훨씬 많이 일어납니다. 그런데 시간이 없어서 홈페이지에 일일이 올리지 못합니다. 의심스러우면 오시지 마세요." 결국 이분은 다음주 토요일에 집중치유를 받고 완전하게 회복이 되었다. 기도가 끝나고 권사가 하는 말이다. "목사님! 제가 좀 더 빨리 오지 못한 것 후회가 됩니다. 너무 마음이 평안하고 살 것 같습니다." 하나님은 살아계신다. 치유는 하나님께서 하신다.

알아야 될 것은 마귀와 귀신은 약한 사람이나 강한 사람을 통하여 억압하고 불쌍하게 생각하도록 하여 귀신의 포로로 삼는 다는 것이다. 예를 든다면 자신이 영적인 문제나 고질병이 치유되는 곳에 가려고 하면 강한자가 억압하여 가지 못하게 한다는 것이다. 그냥가면 무언유언의 폭언이나 행동으로 억압하는 것이다. 그래서 어디를 가려면 승인을 받고 가야 된다는 의식을 가지게 한다는 것이다. 사람의 영에 묶여서 종노릇하게 하는 것이다. 꼼짝을 못하게 한다. 이는 고질병을 일으키는 마귀가 하는 일이다.

왜냐하면 성령의 역사가 일어나는 곳에 가서 성령의 지배와 장악이 되면 고질병을 일으키던 악의 세력이 더 이상 같이 살지 못하고 떠나가야 하기 때문에 기를 쓰고 방해하는 것이다. 마귀가 사용하는 악의 도구는 자신이 다니는 교회의 담임목사가 될 수도 있다. 남편이나 부인이 될 수도 있다. 시부모가 될 수도 있다. 친정부모가 될 수도 있다. 직장 상사가 될 수도 있다. 자신의 자녀가 될 수도 있다. 예수님은 분명하게 하나님의 자녀답게 진리로 자유함을 누리라고 하신다. 진리로 자유 함이란 절대로 보이는 사람 의식하며 행동하지 말고, 성령의 인도를 받으라는 것이다. 예수를 믿은 우리는 육신의 부모가 부모가 아니고, 하나님께서 아버지가 되신다. 예수님은 "땅에 있는 자를 아버지라 하지 말라. 너희의 아버지는 한 분이시니 곧 하늘에 계신이시니라 (마 23:9)" 말씀하신다. 성령의 인도를 받지 않으면 절대로 고질병에서 해방되지 못한다. 사람을 의식하는 크리스천은 하나님께 아무 것도 얻지 못하고 받지 못한다.

다섯째, 기도하는 방법이 틀렸기 때문이다. 기도는 성령으로 해야 잠재의식의 상처나 고질병이 치유가 된다. 그러나 구하는 기도나 간구하는 기도나, 생각과 머리로 말로 기도하는 것이 보통이다. 필자가 개별치유를 할 때 보면 이런 형상이 일어난다. 기도는 자신 안에 성전에서 분출되는 기도가 되어야 잠재의식이 치유되는 것이다, 잠재의식의 상처가 성전에서 올라오는 기도를 방해한다. 잠재의식은 무식한 능력이다. 잠재의식이 정화되지 못하면 성전에서 분출되는 기도를 방해한다. 필자가 지난 16년간 개별성령치유 사역을 하면서 체험한 성전에서 분출되는 기도를 방해하는 잠재의식의 역사는 이렇다. 기도가 성전에 연결되면 잠재의식이 정화되어 잠재의식에 역사하던 영적인 존재가 떠나가야 하기 때문에 기를 쓰고 방행하는 것이다. 쉽게 설명한다면 잠재의식의 상처가 치고 들어와 성전에 연결되는 기도를 못하게 하는 것이다. 이를 바르게 알고 대처해야 성전에서 분출되는 기도를 할 수 있고 잠재의식이 정화되기 시작하는 것이다. 여러 가지 현상이 일어나면 치유되는 것으로 미혹당하거나 속기 쉽다. 다음에 설명되는 현상이 일어나면 치유되는 것으로 속지 말고 기도를 지속하여 잠재의식의 역사를 뿌리 뽑아야 한다.

기도가 성전에서 분출되려면 잠재의식에서 기침을 하게 한다. 기침에 정신을 집중하니 성전에서 분출되는 기도가 되지 않는

것이다. 본인이나 사역자는 기침할 때 잠재의식의 상처가 치유
된다고 생각하는데 그렇지 못한 경우가 더 많다. 이는 잠재의식
에 역사하는 영들에게 미혹당하는 것이다. 기도가 성전에서 분
출되려면 잠재의식에서 흐느끼거나 울음이 나오게 한다. 흐느끼
고 우는 것에 마음을 빼앗기니 성전에서 분출되는 기도가 되지
않는 것이다. 기도가 성전에서 분출되려면 잠재의식에서 고성
을 지르게 한다. 고성으로 소리를 지르는 것에 관심을 두니 성전
에서 분출되는 기도가 되지 않는 것입니다. 고질병 환자가 치유
되지 못하는 이유는 잠재의식이 현재의식에 영향을 끼쳐서 성전
에서 성령의 카리스마가 분출되지 못하기 때문이다. 고질병 환
자가 정상적으로 치유 되려면 스스로 기도하여 성전에서 성령의
카리스마가 분출되면 치유가 되기 시작을 한다. 이런 상태로 기
도하면서 얼마가지 않으면 정상으로 복귀하는 것이다.

　기도가 성전에서 분출되려면 잠재의식에서 이상한 소리를 하
게 한다. 이상한 소리에 마음을 빼앗기니 성전에서 분출되는 기
도가 되지 않는 것이다. 기도가 성전에서 분출되려면 잠재의식
에서 이상한 방언기도를 하게 한다. 이상한 방언기도에 정신이
팔리니 성전에서 분출되는 기도가 되지 않는 것이다. 필자가 개
별 집중치유 하면서 체험한 바로는 이상한 방언이 나오더라도
무시하고 성령께서 분출되도록 호흡을 들이쉬고 내쉬게 했더니
반드시 더러운 영들이 떠나갔다. 이상한 방언소리가 나오면 환
자는 개의치 말고 계속 호흡을 들이쉬고 내쉬면서 성전에서 성

령님의 역사가 올라오도록 해야 한다. 조금 지나면 귀신들이 기침이나 소리나 발작 등을 일으키면서 떠나간다. 기도가 성전에서 분출되려면 잠재의식에서 앓는 소리를 하는 경우도 있다. 환자가 괴로워서 앓는 소리를 하는 것과 같은 소리를 30-40분간 하기도 한다. 처음 듣는 사람은 방언 기도하는 소리로 오인할 수가 있는 소리이다. 앓는 소리에 마음을 팔리니 성전에서 분출되는 기도가 되지 않는 것이다.

기도가 성전에서 분출되려면 잠재의식에서 허허허~ 하면서 웃음이 나오기도 한다. 웃는 것에 마음을 빼앗기니 성전에서 분출되는 기도가 되지 않는 것이다. 그리고 아버지~ 아버지~ 하면서 기도라고 한다. 그런데 알고 보면 육신의 아버지를 부르는 것인지, 하나님 아버지를 부르는 것인지 분명하지 않아 다른 영이 찾아오기도 한다. 분명하게 하나님~ 예수님~ 성령님~ 주여~ 이렇게 기도하는 것이 좋다. 이외에도 여러 가지 현상을 일으키면서 나오는 기도가 성전에서 분출되는 것을 방해한다. 사역자나 환자는 이에 관심을 두지 말고 속지도 말고 호흡을 들이쉬고 내쉬면서 기도하여 성령의 역사가 지속되게 해야 성전에서 분출되는 기도를 할 수 있다.

필자는 성령께서 감동하시는 데로 환자가 잠재의식에서 역사하는 대로 따라가지 못하도록 조치를 한다. 어느 때는 호흡을 깊게 들이쉬고 내쉬면서 주여! 하도록 한다. 그런데 문제는 조금 지나면 다시 잠재의식이 주여! 를 바르게 못하도록 역사하여 어여~ 어여~ 한다는 것이다. 다른 방법은 방언 기도하는 것을 멈추고 "호흡을 들이쉬면서 마음으로 예수님! 내쉬면서 사랑합니다." 하도록 할 때도 있다. 이런 경우도 조금 지나면 이상한 소리로 둔갑하는 것이다. 으흐흥…! 으흐흥…! 한다든지, 두두두… 따다다… 하는 소리가 올라온다. 그러면 환자에게 정확하게 발음을 하면서 기도하게 한다. 잠재의식을 통과하여 성전에서 분출되는 방언기도가 되어야 전인격이 성령의 지배 장악을 하실 수가 있어 고질병이 치유될 수 있으므로 사역자가 관심을 가지고 있어야 한다. 그러면 얼마가지 않아서 잠재의식에 역사하던 더러운 세력들이 떠나가기 시작을 한다. 그래서 사역자나 환자는 성령의 역사에 전폭적으로 동조하면서 인내해야 잠재의식이 정화될 수가 있다.

　이렇게 되면 잠재의식이 정화되기 시작을 하여 기도하면 할수록 자신의 고질병이 치유되고 전인격의 변화를 눈으로 보고 느낄 수가 있다. 영적인 현상을 주시하면서 인내해야 마음 안의 성전에서 분출되는 기도를 할 수가 있다. 기도를 많이 하는데 고질병이 치유되지 않고 전인격이 변화가 되지 않는 것은 이런 다양한 현상에 속아서 성전에서 분출되는 기도가 되지 않으니, 기도한 만큼 전인격이나 권능이나 환경에 변화가 일어나지 않는 것이다. 정확하게 성전에서 분출되는 기도를 하면 전인격이 변화되지 않을 수가 없다. 기도에 대한 더 상세한 것은 "방언기도로 분출되는 카리스마" 책을 참고하면 될 것이다.

3장 치유는 살아계신 하나님을 증명하는 일

(행 8:5-8)"빌립이 사마리아 성에 내려가 그리스도를 백성에게 전파하니, 무리가 빌립의 말도 듣고 행하는 표적도 보고 한마음으로 그가 하는 말을 따르더라. 많은 사람에게 붙었던 더러운 귀신들이 크게 소리를 지르며 나가고 또 많은 중풍병자와 못 걷는 사람이 나으니, 그 성에 큰 기쁨이 있더라."

하나님은 보이지 않지만 살아서 세상을 초자연적으로 통치하고 계신다. 세상 사람들은 하나님은 영이시라 보이지 않기 때문에 살아 계시다는 것을 믿지 못한다. 그래서 살아계신 하나님은 그를 믿는 믿음의 사람들을 통하여 살아계심을 증명하게 하신다. 하나님의 살아계심을 증명하는 한 수단이 의술로 고치지 못하는 고질병을 순간적으로 치유하시는 것이다. 고질병의 순간적 치유는 하나님께서 세상 사람들에게 하나님의 살아계심을 증명시키기 위한 한 수단이다. 그래서 하나님은 살아계심을 믿는 자들을 통하여 증명하게 하신다.

예수님은 공생애 기간 동안 살아계신 하나님을 증명함으로 많은 사람을 믿게 하셨다. 요8: 30절에 "이 말씀을 하시매 많은 사람이 믿더라" 라고 하셨다. 이 말씀은 예수님은 "많은 사람을 구원하셨음"을 의미한다. 눅4장 43절에 보면 예수님께서 이 땅에 오신 목적이 나온다. 하나님의 살아계신 기적을 체험하게 하여 믿게 하는 전도이다. 예수님은 전도하기 위해 이 땅에 오셨다. 그리고 많은 사람을 구원하셨다. 예수께서 온 갈릴리에 두루 다니시면서 그들의 회당에서 가르치시며 천국 복음을 전파하시며 백성 중의 모든 병과 모든 약한 것을 고치셨다(마4:23). 하나님께서 살아서 역사하시는 것을 친히 보여주신 것이다. 예수님께서 이 땅에 천국을 건설하려고 오신 것을 이방인들이 눈으로 보고 믿게 하신 것이다. 하나님의 살아계심을 증명하기 위하여 기적을 행하신 것이다. 천국을 체험하게 하신 것이다.

예수님의 소문이 온 수리아에 퍼졌다. 그러자 사람들이 모든 앓는 자 곧 각종 병에 걸려서 고통당하는 사람을 데리고 나와서 고침을 받았다. 귀신 들려서 고통당하는 자들을 귀신으로부터 해방시켜주셨다. 간질하는 사람을 데리고 나와서 순간적으로 치유받았다. 중풍병자들을 데려오니까 그들을 현장에서 고치셨다(마4:24). 기적을 체험하니 갈릴리와 데가볼리와 예루살렘과 유대와 요단 강 건너편에서 수많은 무리가 따랐다고 성경을 말씀하고 있다(마 4:23-25).

이제 예수를 믿는 우리가 성령의 역사와 치유의 은사를 가지고 먼저 체험하고 증명해야 한다. 관념적인 믿음으로는 사명을 감당할 수가 없다. 하나님의 살아계심을 세상에 증명하지 못하기 때문이다. 그렇게 되면 하나님과 상관이 없는 크리스천이 될 수가 있다. 관념적이라는 것은 하나님에 대하여 성경에 대하여 많이 알고 열심히 하는 신앙이다. 관념적이 되지 않기 위하여 하나님은 성령으로 세례를 받으라고 말씀하신다. 예수를 믿으면서도 오만가지 문제와 고통을 당하면서 사시는 분들을 보면 모두가 하나같이 관념적인 믿음 생활을 했다는 것이다.

그래서 고린도전서 4장 20절에서 "하나님의 나라는 말에 있지 아니하고 오직 능력에 있음이라" 하신 것이다. 필자는 살아계신 하나님을 증명하면서 목회자와 성도들을 영적으로 바꾸며 치유를 전문으로 사역하는 목사이다. 필자가 16년이 넘도록 사역을 하면서 체험한 바로는 성령으로 세례 받아 체험적인 믿음이 되지 못하니 자신의 상처와 자아와 혈통의 문제를 해결 받지 못하여 30년을 믿어도 여전하게 불통의 생활을 하고 있었다. 불통의 세월뿐만이 아니라, 오만가지 문제와 스트레스로 인한 상처와 정신적이고 영적인 문제로 고생하고 있었다. 물론 전부 다는 아니다. 일부 성도들이 세상 사람들과 똑 같은 문제로 고생을 하면서 살아간다.

이는 예수를 믿고 교회에 나와 성령으로 세례를 받아 전인격을 성령이 지배하게 하여 섞인 세상 것을 정화하지 못한 연고이다. 반드시 크리스천은 말씀과 성령으로 섞인 세상 것을 해결해야 하나님께서 원하시는 마음천국과 아브라함의 복을 받는다. 왜냐하면 "세례 요한의 때부터 지금까지 천국은 침노를 당하나니 침노하는 자는 빼앗느니라(마 11:12)" 하셨기 때문이다. 성령으로 세례를 받아야 성령의 권능으로 살아계신 하나님을 증명하면서 살아갈 수가 있다. 천국을 **빼앗**으려하니 초자연적인 성령 충만과 신유은사가 필요한 것이다.

예수 그리스도의 복음은 말씀과 표적이 항상 같이 따르는 기쁜 소식이었다. 오늘 말씀을 보면 빌립이 사마리아에 가서 예수 그리스도의 복음을 증거 하니 많은 사람들이 그 말씀도 듣고 따르는 표적도 보고 일심으로 빌립의 가르침을 좇더라고 말했다. 큰 기쁨이 있더라고 했다. 그들이 빌립이 증거 하는 말씀만 들은 것이 아니다. 빌립을 통해서 하나님께서 그 인생들에게 행한 그 위대한 축복과 구원의 표적을 보고, 그들의 마음이 감동하고 큰 기쁨을 얻고 변화를 받아서 일심으로 빌립의 가르침을 좇았다고 말하고 있는 것이다. 하나님께서 살아계심을 증명한 것이다. 큰 기쁨이 있었다는 것은 천국이 되었다는 것이다. 빌립의 복음 증거로 나타난 표적은 도대체 어떠한 것인가? 성경은 밝히 말하기를 많은 사람들에게 붙었던 귀신이 소리치며 나갔다고 말했다.

그리고 다음으로 많은 중풍병자와 앉은뱅이가 나았다고 말했다. 그리고 그 다음에는 그 성에 전에 없었던 큰 기쁨이 있더라고 말한 것이다. 한마디로 하나님의 살아계심이 증명되니 사마리아가 천국이 된 것이다. 오늘날도 빌립이 증거 하던 그 예수 그리스도는 변하지 않았다. 여전하게 살아계신다. 성경은 말씀하시기를 "예수 그리스도는 어제나 오늘이나 영원토록 동일하시니라."고 말씀하고 있다. 우리가 증거 하는 그 예수 그리스도는 지금도 부활하시고 살아 계셔서 성령으로 우리 가운데 역사하고 계신 것이다. 이러므로 빌립이 사마리아에 가서 복음을 증거 한 것이나, 우리가 오늘날 복음을 증거 하는 것이나 동일한 복음이요, 동일한 성령으로 그리스도를 증거 하는 것이다. 때문에 빌립의 복음 증거에 나타난 이와 같은 증거가 우리의 생활 속에서도 현실적으로 나타나는 것이 마땅한 것이다. 오늘날도 주일날 교회에 나오면 성령으로 충만을 받고, 고질병이 치유되고, 스트레스가 정화되고, 잠재의식의 상처가 치유되고, 귀신이 떠나가야 되는 것이다. 이런교회가 성령이 역사하는 교회요, 살아계시 하나님께서 직접 목회하시는 생명의 교회다. 그러므로 오늘 우리가 살아계신 예수 그리스도를 증거하고 예수 그리스도를 구주로 모실 때 우리의 생활 속에 어떠한 하나님의 역사를 기대하면서 살아가야 하는가?

첫째, 성령의 역사로 귀신이 쫓겨나간 것이다. 성령의 임재 가운데 복음을 증거 하면 우리의 생활 속에 귀신이 쫓겨 나가는 것을 우리는 당연지사로 기대할 수 있는 것이다. 성령의 임재 하에 성경 말씀을 보면 예수님의 사역에 관해서 일사천리로 "예수님께서는 천국 복음을 증거 하시고 귀신을 내어 쫓으시더라"고 말씀하고 있는 것이다. 예수님은 살아계신 하나님을 증명하시기 위하여 말씀과 같은 실제적인 역사가 일어나게 했다. 실제적인 역사가 일어나야 이방인들이 믿고 예수님께 돌아오기 때문이다. 예수 그리스도의 천국 복음과 귀신을 내어 쫓겨나가는 것은 항상 함께 가는 것이다. 귀신이 떠나가야 이 땅에 하나님의 나라 천국이 이루어지기 때문이다. 그러기 때문에 교회에 나오면 고질병이 치유 되는 것은 당연한 것이다. 아무리 신학자들이나 일부 목회자들이 교회에는 귀신이 역사하지 않는다고 강변할지라도, 예수님이 복음 증거 할 때 귀신을 쫓아내시고, 열두 제자에게도 귀신을 쫓아내라고 하시고, 칠십 인의 제자들에게도 귀신을 쫓아내라고 하시고, 마지막 부활하셔서 승천하시기 전에 최후의 명령으로 "믿는 자들에게 이런 표적이 따르리니 저희가 내 이름으로 귀신을 쫓아내리라"고 말씀하셨다. 우리는 예수님의 제자요, 하나님의 자녀이니, 말씀을 따라야 한다. 예수님도 공생애 기간 동안 하나님의 살아계심을 증명하는 사역으로 귀신을 쫓아내시고, 고질병을 고치신 것이다.

예수 그리스도의 사역을 통해서 보게 될 때 예수님께서는 집요하게 그리스도의 복음과 함께 귀신을 쫓아내는 일에 관심을 가지신 것이다. 기적을 통하여 하나님의 살아계심을 증명하신 것이다. 이 사실을 통해서 보게 될 때 오늘날 우리의 생활 속에 우리가 생각하는 것보다, 더 광범위하게 귀신들이 생활에 파괴의 작전을 행하여 지옥을 만들고 있다는 것을 증명하고 있는 것이다. 귀신들에 의하여 세상이 지옥이 되는 것이다. 천국은 예수님으로 하나가 되면 이루어지는 것이다. 그렇기 때문에 오늘날 신유 은사자들을 양성하여 그들로 하여금 귀신을 쫓아내고 병을 고치면서 하나님의 살아계심을 증명하는 일을 하게 하시는 것이다. 이렇게 하나님의 살아계심을 증명하는 성도와 가정과 교회를 축복하신다. 이런 일을 하기 위하여 강력한 신유은사를 나타내려고 하는 것이다. 예수님께서는 오늘날 우리들이 매일같이 귀신을 쫓아내기를 원하시고 있는 것이다. 그래야 세상에 하나님의 나라, 천국이 바르게 건설될 수가 있기 때문이다. 신유는 하나님의 살아계심을 증명하는 수단이자, 이 땅을 천국 만들기 위해서 오신 예수님의 지상명령을 이루는 것이다. 하나님은 신유사역자들을 귀하게 여기시고 축복하신다.

　귀신을 어떻게 쫓아낼까! 귀신이 들어와 역사하고 있으면 우리는 성령으로 원인을 찾아서 회개해야 하는 것이다. 성령께서 알려주시는 죄를 회개하고, 부정적인 마음을 회개하고, 거룩치 못한 생각을 회개하고, 탐욕을 가지고, 무리한 죄를 모두 다 회개하고, 성령의 역사가 완전하게 지배하고 장악이 되면 죄를 타고 들어온 귀신들을 예수님의 이름으로 쫓아내야 한다. "예수 이름으로 명하노니 나를 억압하는 원수 귀신아, 떠나갈지어다." 귀신은 영이기 때문에 우리가 성령으로 기도하여 성령으로 장악이 되면 귀신이 즉시로 쫓겨나는 것이다. 자신 안에 있는 성전으로부터 초자연적인 성령님의 역사가 흘러나오니 귀신이 떠나가는 것이다. 반드시 성령의 역사가 자신의 마음 안에서 흘러나와야 귀신이 떠나간다. 능력 있는 목사가 귀신을 쫓아내는 것이 아니다. 귀신을 쫓아내는 것은 성령으로 세례를 받는 성도라면 누구나 할 수 있는 사역이다. 귀신 쫓아내는 사람을 특별한 사람

취급하지 말라. 귀신이 떠나가야 천국을 누릴 수가 있다. 반드시 귀신을 쫓아내야 천국이 되는 것이다. 그래서 예수님께서 성령으로 세례를 받으시고, 마귀의 3번의 시험을 이기시고 천사들의 수종을 받으면서 가시는 곳마다 귀신을 쫓아내신 것이다. 지옥은 귀신이 만드는 것이다. 신유사역자들이 귀신을 쫓아내는 사역을 하는 것은 하나님의 살아계심을 증명하는 것이요. 세상을 하나님의 나라를 만드는 복음 전파의 적극적인 방법이다.

둘째, 많은 중풍 병 환자와 앉은뱅이가 나았다고 하는 것이다. 이를 보면 사마리아가 지옥 이었다는 것이다. 실제로 이 세상에 중풍 병에 걸린 사람이나 앉은뱅이는 그렇게 많지 않다. 그러나 내적으로 인격적인 중풍이나 앉은뱅이에 걸린 사람은 수없이 많다. 아마 이 책을 읽는 수없이 많은 사람이 인격적인 중풍이나 앉은뱅이에 걸려서 정상적인 행복한 가정을 이루지 못하고 정상적이고 행복한 대인 관계를 이루지 못하는 사람이 수없이 많을 것이다. 예수를 믿으면서고 지옥과 같은 삶을 살고 있는 분들이 있다. 이는 성령으로 세례를 받지 않고, 성령으로 충만 받지 않았기 때문에 일어나는 현상이다. 성령께서는 육신의 질병인 중풍이나 앉은뱅이만 고치길 원할 뿐 아니라, 내적, 인격적 질병인 성품의 중풍이나 앉은뱅이가 된 사람들을 고치길 원하시는 것이다. 이는 반드시 성령의 역사가 일어나야 한다. 잠재의식의 상처로 발생하기 때문이다. 잠재의식을 이유하는 것이 우리 생활에 그 무엇보다도 더 중요한 것이다.

오늘 우리는 성품 적으로 마음의 중풍병이나 앉은뱅이에 걸렸는데 이것은 어떠한 것일까? 수많은 사람들이 삐뚤어진 성격을 가지고 병이 들어 있다. 삐뚤어진 성격을 가진 사람은 성을 잘 낸다. 무엇이든지 참고 할 수 있음에도 불구하고 조금만 자기에게 거슬리면 화를 낸다. 그래서 인간관계를 파괴 한다. 어떠한 사람은 삐뚤어진 성격을 가지고 모든 일을 오해한다. 자기가 듣는 말도 그것을 오해하고 남의 말도 들어서 남에게 오해로 전달한다. 그래서 언제나 사람들에게 분쟁을 일으키는 사람이 있다. 또한 잘 토라지는 성격도 삐뚤어진 성격이다. 삐뚤어진 성격을 가진 중풍 병 환자요, 앉은뱅이인 것이다. 이것을 고치지 않고는 행복한 삶을 살 수 없는 것이다. 이런 성격이나 영육의 문제를 가지고 살아가는 것이 지옥이다.

또한 아집이 센 성격도 병든 성품인 것이다. 아집이 세어서 전혀 이해심이 없다. 남의 입장에서는 추호도 생각하려고 하지 않고 자기 입장에 서서 자기 고집만 세우는 이러한 사람도 중대한 인격적인 병이 든 사람인 것이다. 이러한 사람은 절대 타협을 하지 않는다. 내적 성격의 중풍병과 앉은뱅이에서 고침을 받아야 한다. 그래야 삶에서 천국을 누릴 수가 있다. 예수님께서 성령을 보내신 것은 이런 문제들을 치유하여 현실 세계에서 천국을 누리도록 하기 위함이다.

인생이란 것은 서로 대화를 통해서 타협함으로 살아가는 것이다. 남편은 남편 고집대로 하고, 아내는 아내 고집대로 하고, 자식은 자식 고집대로 하면 그 집안이 콩가루 집안이 되고 마는 것이다. 가정 구성원들이 서로 대화해서 조금씩 양보하고 타협해서 나가야지, 타협 없이 나간다는 것은 그것은 중풍 병에 걸린 인격을 가진 사람이다. 이런 가정이 지옥이다. 이런 가정에 성령의 역사가 일어나면 지옥이 떠나가니 천국으로 하나가 되는 것이다. 사마리아와 같이 성령의 역사가 일어나야 천국이 되는 것이다. 가정에 성령의 역사가 일어나 천국이 되게 하는 것이 살아계신 하나님을 증명하는 것이다. 가정 천국이 되는 것도 신유 사역인 것이다.

타인의 슬픔과 타인의 고통과 타인의 괴로움에 내가 관심을 가져야 하는 것이다. 그리고 함께 울고 함께 짐을 짊어져야 되는 것이다. "나만 잘 살면 된다. 나만 의로우면 된다. 나만 안전하면 된다. 타인이야 죽든 말든 알 것이 뭐냐?" 이렇게 생각하면 이것은 인격적으로 중풍에 걸린 사람이요, 앉은뱅이가 된 사람인 것이다. 이렇기 때문에 이런 병도 예수님의 이름으로 고침을 받아야 된다. 이런 질병을 고치라고 신유의 은사를 나타나게 하시는 것이다. 이런 문제로 고생하는 사람은 성령으로 세례를 받고, 예수 이름으로 치유를 받으면 지옥이 천국으로 바뀌는 것이다. 생명의 말씀과 성령의 역사가 지옥을 몰아내고 천국을 만드는 것이다.

우리 하나님께서는 이와 같이 삐뚤어진 성격, 아집이 센 성격, 몰인정한 성격의 사람이라도 오늘 하나님 앞에 나와서 예수 이름으로 기도하면 주님께서 마음의 중풍 병, 마음의 앉은뱅이를 고쳐 주시는 것이다. 이것이 우리의 신앙생활에 중요한 것이다. 예수를 믿는다고 하면서 우리의 속사람이 치료를 받고 고침을 받지 못하고 그대로 있다면 이것은 잘못된 것이다. 잘못된 복음을 받아들이고 있는 것이다. 반드시 성령이 역사하는 생명의 복음을 들으면 속사람이 치유되고, 혈통에 역사하는 귀신들이 떠나가는 것이다. 속사람이 치유되고, 귀신이 떠나가니 천국을 누리는 것이다. 살아계신 하나님을 체험하는 것이다. 살아계신 하나님을 누리는 것이다. 성령이 역사하는 복음은 반드시 천국으로 바뀌게 되어 있다. 이 모든 일이 신유사역이다.

사마리아의 앉은뱅이와 중풍 병은 모두 나음을 받았다. 오늘날 우리가 예수의 복음을 듣고 믿으면 성격상의 장애가 고침을 받아서 변화를 받아 믿음, 소망, 사랑, 이해력이 충만한 사람으로 변화되어 가야만 하는 것이다. 이러므로 자기의 마음에 성격적인 장애가 있다고 생각하는 사람은 주님 앞에 나와서 엎드려 성령으로 기도하고, 그 장애가 고침을 받기 위하여 관심을 집중해야 되는 것이다. 영적인 일이나 자신의 영육의 문제의 해결은 관심이 있어야 해결이 되기 시작을 한다. 말씀과 성령으로 현실의 문제가 해결이 되어야 천국을 누릴 수가 있다. 예수를 믿는 크리스천이 세상 삶에서 환란과 고통을 당하면서 지옥 같은 인생을 사는 것은 현실 문제를 성령으로 해결하지 않았기 때문이다. 우리가 천국을 누리지 못하는 것은 찾고 구하지 않았기 때문인 것이다. 하나님은 구하지 않는데 하나님이 직접으로 와서 치료하고 고쳐주지는 않으시는 것이다. 반드시 구해야 원인을 알게 하시고, 하나님의 사람을 통하여 순간적으로 치유하여 주시는 것이다. 하나님은 분명하게 살아계신다. 살아계신 하나님은 말씀과 성령으로 현실의 문제를 치유하심으로 살아계심을 증명하신다.

셋째, 이 사마리아 성에는 큰 기쁨이 있더라고 했다. 빌립이 전하는 복음을 듣고 많은 사람에게 붙었던 더러운 귀신들이 크게 소리를 지르며 나가고 또 많은 중풍병자와 못 걷는 사람이 나으니까 천국이 되었다는 것이다. 귀신이 떠나가고 중풍병자가 치유되고 못 걷는 사람이 나으니 지옥이 천국으로 바뀐 것이다. 살아계신 하나님의 역사가 일어나니 지옥이 천국으로 바뀐 것이다. 살아계신 하나님을 사마리아에 사람들에게 증명시킨 것이다. 귀신에 억압되어 죄의 종이 되고 부정적인 마음의 병이 들고 거룩치 못하여 탐욕으로 무리할 때 큰 불안과 고통과 슬픔과 좌절감으로 지옥과 같은 삶을 살았던 것은 당연한 이치인 것이다. 거기에다 성격적인 불구가 되어서 삐뚤어지고 아집이 세고 몰인정한 심정을 가지고 있으면 이러한 사람에게 기쁨이 있을 수가 없는 것이다. 그러나 이러한 것에서 해방을 얻고 자유를 얻으면 기쁨이 다가올 것은 당연한 이치가 아니겠는가? 사마리아의 모든 사람들과 가정과 사회가 천국이 된 것이다. 이러므로 오늘날 예수 그리스도의 복음이 들어오면 기쁨을 얻을 수 있는 것은 지옥에서 해방되기 때문인 것이다. 마귀에게서 해방되고 성격적인 장애에서 해방되기 때문에 그 결과로 우리 마음속에 넘치는 기쁨이 다가오는 것이다. 살아계신 초자연적인 하나님의 역사로 세상(귀신)이 물러가고 천국이 되는 것이다.

1945년 8월 15일 해방되었을 때 온 국민들이 기뻐서 손에, 손에 태극기를 들고 밖에 나가서 행진을 하면서 기뻐했다고 한다. 이와 같이 해방이란 것은 우리 마음속에 기쁨과 천국을 가져온다. 예수 믿는 사람은 이 해방된 체험을 해야 하는 것이다. 생명의 말씀과 성령으로 귀신에서 해방되고 성격적인 장애에서 해방되고, 그 마음속에 기쁨이 넘쳐흐르는 이러한 중생의 체험을 해야 하는 것이다. 또한 예수를 믿음으로 말미암아 자신을 발견하기 때문에 기뻐지는 것이다. 이렇게 체험을 하지 못하는 것은 성령의 역사를 체험하지 못한 연고이다. 관념적인 예수를 믿으면서 믿음 생활을 하기 때문이다. 실제적 체험적인 믿음생활을 하려고 해야 한다.

어린아이가 아무리 좋은 옷을 입고 양손에 맛있는 것을 잔뜩 들고라도 심산유곡 산골짜기에서 자기의 길을 잃어버린다면 그 옷과 그 음식이 무슨 기쁨을 가져오겠는가? 사람들은 이 세상에 살면서 자기를 잃어버리고 산다. 어디에서 왔는지 모른다. 왜 사는지 모른다. 어디로 가는지 모른다. 그저 매일같이 사니까 무엇을 먹을까, 무엇을 입을까, 무엇을 마실까를 추구하고, 그 가운데서 부귀, 영화, 공명, 권력을 추구하고 산다. 그러다가 일시에 죽음이 다가오면 어디를 가는지도 모르고 그대로 눈을 뜨고 지나가 버리고 마는 것이다.

인생이 무엇인가? 잃어버린 존재인 것이다. 지금 살아서 움직여도 자기가 누군지도 모른다. 자기의 뿌리도 모르고 자기의 가는 길도 모르고 자기가 무엇인지도 모른다. 사니까 살고 있는 것이다. 이런 사람에게 깊은 삶의 기쁨이란 없다. 그러나 예수 그리스도를 믿게 되면 삶의 뿌리를 알게 되는 것이다. 나는 아담의 후예이며 아담은 하나님이 지으셨으며 죄인인데 예수 그리스도를 통해서 죄 사함을 받고 이제 예수 그리스도를 믿고 살아계신 하나님을 체험하며 살다가 이 육신의 장막 집이 무너지면 영원한 천국 집으로 이사 가는 것을 아는 것이다. 자아를 발견하게 되는 것이다. 예수를 믿고 진리의 말씀을 듣고 성령의 인도를 받아서 자기를 발견하면 그 마음속에 기쁨이 넘친다. 잘 사나 못사나 내가 갈 길이 환해지고 내가 누구인가를 알게 되어서 자기를 발견하는 사람이 되고 자기를 아는 사람이 되는 것이다. 그뿐 아니라 예수님을 사랑하고 믿음으로 오는 기쁨은 이 세상이 갖다 주는 기쁨과 비교할 수 없다. 천국의 기쁨이다. 왜냐하면 성경에 말씀하시기를 "하나님이여 주님 앞에는 기쁨이 충만하고 주의 우편에는 즐거움이 넘치나이다."라고 했다. 하나님 자체가 기쁨인 것이다. 예수를 믿고 하나님 품에 안기면 기쁨의 샘물에서 마시게 되는 것이다.

이러므로 예수를 믿는 사람의 가장 적극적인 증거는 기쁨인 것이다. 예수를 믿고 기쁘지 아니하면 마음에 병들기 시작하는 것이다. 이러므로 내가 정말 병들지 않았는가? 내가 정말 신앙 속에 있는가를 찾아보는 것은 내 마음속에 기쁨이 있는 가, 없는가를 찾아봐야 하는 것이다. 천국을 누리고 있는지 그렇지 않은지를 분별해야 한다. 많은 성도들과 목회자들이 천국은 죽어서 입성하는 것으로 알고 믿고 있다. 이는 잘못알고 있는 것이다. 예수님은 세상에 천국을 만들기 위해서 오셨다. 산상수훈(마 4-10장)에서 이 땅에서 천국을 누리는 삶에 대하여 예언하여 주셨다. 예수께서 말씀하시기를 "내가 네게 기쁨을 주노니 이 기쁨을 빼앗을 자가 없을 것이라"고 말씀하셨다. 바울 선생은 로마의 지하 감옥에 갇혀 있으면서도 빌립보 교인들에게 기도할 때 "기뻐하라 내가 다시 말하노니 기뻐하라"고 말한 것이다. 예수 믿는 신앙생활이란 좋을 때도 기뻐하고 환경이 스산할 때도 기뻐하며 살 때도 기뻐하고 필요해서 순교를 당할지라도 기뻐하는 것이 그리스도의 신앙인 것이다.

빌립의 사마리아 전도는 사마리아인들에게 크나큰 변화를 가져다주었다. 오늘날에도 예수 그리스도는 우리들의 삶에 자유와 변화를 가져다주며 진정한 기쁨으로 채워 주시는 것이다. 기쁨을 잃어버린 신자는 이미 그 마음이 도로 병들어 지옥 같은 삶을 살기 시작한 사람인 것이다. 그러므로 하나님 안에서 우리들은 진실로 사마리아에서 예수 그리스도의 복음을 듣고 위대한 변화가 다가온 것처럼, 우리도 이 변화를 기대하고 이 변화를 쟁취하

자. 오늘 예수 이름으로 각자에게 붙었던 귀신을 내어 쫓아버리자. 우리의 성격적인 장애가 고침을 받도록 주님께 구하자. 우리에게 있는 각색 질병을 예수님의 이름으로 치유하자. 그러면서 천국의 기쁨을 누리자. 세상 사람들에게 자신의 체험과 변화를 자랑하자. 신유의 능력으로 살아계신 하나님을 세상 사람들에게 증명하자. 살아계신 하나님은 천국의 기쁨, 천국이 충만해서 모든 믿지 않는 사람들에게 광명하고 찬란한 얼굴에 빛을 비춰 주기를 바라신다. 지금 세상에서 천국을 누리는 것이 예수님의 뜻이다. 살아계신 하나님을 세상에 증명하기 위하여 신유은사를 나타내자. 신유은사로 세상 사람들에게 하나님의 살아계심을 증명시키자.

살아계신 하나님은 능력 나타내기를 원하신다. 하나님은 살아계신다. 오늘도 하나님은 당신의 자녀인 우리에게 당신의 살아계심을 보이시고 증거 하기를 원하신다. 우리는 하나님의 살아계심을 증명해야 한다. 살아계신 하나님을 체험하면서 살려고 관심을 집중해야 한다. 살아계신 하나님을 증명하면서 살려고 관심을 집중해야 한다. 오늘도 우리들 안에 주인으로 계신 분이 만왕의 왕이시오, 만군의 주 하나님을 체험하기를 원하시는가? 그렇다면 자신의 신앙의 주파수를 이렇게 맞추어야 한다. 자신 안에 주인으로 임재하신 하나님께 맞추어야 한다. 하나님께 집중해야 한다. 하나님을 주인으로 모셔야 한다. 항상 걸어 다니는 성전의식을 가지고 살아야 한다. 항상 하나님을 찾으면서 하나님과 관계를 열어야 한다. 고질병을 순간적으로 치유 받으려면 자신의 마음 안에 성령님을 주인으로 모셔야 한다. 자신은 마음 안에 하나님의 성전이 있다는 의식을 가지고 살아야 한다. 걸어 다니는 성전의식을 가지고 항상 하나님께 집중하면서 살아야한다. 그래야 시시 때때로 하나님의 기적적인 역사가 분출된다.

극동방송 전파를 잡기 위해서는 98.1 메가 헤르쯔를 맞추어야 한다. 기독교 방송의 FM은 106.9이고, KBS FM은 92.7이나93.9이다. 고속도로를 가다가 지방 경계선을 넘어서면 방송 주파수도 바뀌어 다이얼을 새로이 맞추어야만 그 방송을 들을 수 있다. 하나님의 살아계심을 체험하고, 그의 능력을 경험하려면, 그것을 경험할 수 있는 삶을 살아야 한다. 주님께 집중하며 살아야 한다. 주님을 위하여 좀 더 실제적이며 적극적으로 살아야 한다. 주를 위한 고난과 어려움을 기뻐해야 한다. 하나님의 살아계심을 증명하며 복음 전하는 일에 헌신하라. 성령으로 기도하라. 그럴 때 누구보다도 더 하나님의 살아계심과 능력을 맛볼 수 있을 것이다. 주신 신유의 은사를 가지고 세상에 나가서 날마다 하나님의 살아계심을 증명하면서 살 수 있을 것이다.

4장 고질병을 순간적으로 치유하는 원리

   (행 8:4-8)"그 흩어진 사람들이 두루 다니며 복음의 말씀을 전할새, 빌립이 사마리아 성에 내려가 그리스도를 백성에게 전파하니, 무리가 빌립의 말도 듣고 행하는 표적도 보고 한마음으로 그가 하는 말을 따르더라. 많은 사람에게 붙었던 더러운 귀신들이 크게 소리를 지르며 나가고 또 많은 중풍병자와 못 걷는 사람이 나으니, 그 성에 큰 기쁨이 있더라."

   하나님은 예수를 믿는 성도들이 영육간의 질병으로 고통당하는 것을 원하시지 않는다. 하나님은 성도들의 질병을 치유하여 주신다. 성도들이 당하는 영육간의 질병을 치유하는 것은 하나님의 뜻이다. 많은 성도들이 질병 치유하면 신유은사가 있는 사역자나 성도가 하는 것으로 알고 있다.

   그래서 신유의 은사가 있어 질병이나 문제를 치유하는 사역자나 성도를 신신성이 하는 경향이 있다. 이는 잘못 이해한 것이다. 신유은사가 있는 목회자나 성도가 절대로 질병을 치유할 수가 없는 것이다. 성령께서 치유하시는 것이다. 그래서 질병이 있는 성도는 능력 있는 목회자나 성도를 의지할 것이 아니라, 하나님께 매달려야 한다.

   많은 성도들이 세상에서 영육으로 고통을 당하면서 이것저것을 다해본다. 그러다가 복음 전도를 받고, 예수를 믿어 교회에 들어와 믿음 생활을 시작한다. 믿음생활을 자신의 질병이나 환경의 문제를 치유 받으려는 목적으로 믿음 생활을 하는 경우가 있다. 그래서 교회에서 믿음생활하면서 그저 자신의 질병과 문제를 해결해달라고 능력 있는 목회자가 성도에게 매달린다. 또 다른 부류는 철야를 하면서 기도를 한다. 서원 예물을 드리기도 한다. 그런데 이런 인간적인 방법으로는 치유가 되지 않는 것이 보통이다. 질병과 환경의 문제의 치유는 하나님의 역사가 개입해야 해결이 된다. 그러므로 성도는 하나님의 역사가 일어나도록 하나님과 관계를 열어야 한다. 하나님과 관계를 열려면 영적인 법칙을 알고 적용해야 한다. 영적인 법칙은 이렇다.

첫째, 질병과 환경의 문제의 치유 법칙. 영육의 질병과 환경 문제의 근본적인 원인은 "죄"와 "마음의 상처"이기 때문에 죄의 처리가 먼저 되어야 한다. 죄의 개념이 율법을 범하는 차원에서만 생각하지 않기를 바란다. 죄란 바로 나 자신의 일부로서 육을 통하여 나타나는 생각이나 감정이나 의지가 다 죄이다.

육신이 바로 죄이며 육신적으로 사는 것이 죄이다. 영으로 살지 않는 사람은 육신적으로 사는 죄의 대가인 혼의 질병이 오게 된다. 그리고 자신의 죄가 아니더라도 조상의 죄악으로 오는 경우가 많다. 그리고 용서를 해야 한다. 많은 경우 육체적인 질병이 있는 분들이 한 차원 깊이 들어가면 말 못할 큰 충격을 받은 일이 있다. 자신에게 이 충격을 일으킨 사람을 용서해야한다. "내가 원하는 바 선은 행하지 아니하고 도리어 원하지 아니하는바 악을 행하는 도다. 만일 내가 원하지 아니하는 그것을 하면 이를 행하는 자는 내가 아니요 내 속에 거하는 죄니라(롬 7:19-20)"

1) 죄를 용서받고 치유를 받으려면 예수를 영접하여야 한다. 예수를 영접하므로 성령의 역사로 치유가 이루어지기 시작한다. 모든 치유는 성령의 능력으로 된다. 영적인 치유가 되어야 질병과 환경의 문제가 해결이 된다. 그래서 반드시 성령의 역사가 일어나야 질병과 환경의 문제가 치유되기 시작하는 것이다. 자신에 내재하는 인간의 영의 선한 힘(영력)이라 하고, 예수를 믿어 내면으로 들어오신 하나님의 영은 인간의 능력을 초월하여 나타나는 영적 능력으로 역사한다. 성령의 능력이 예수님을 주인으로 영접하고 기도할 때부터 나타난다. 그래서 사람은 할 수 없으나 할 수 있는 하나님의 영력(형상)이 나타나서 성령이 충만하게 된다. 영력은 나타나는 상태와 조건을 만들어야 나타난다.

2) 영력이 나타나게 하려면 성령의 역사가 나타나는 말씀을 듣고 성령의 세례를 받아야한다. 그 조건과 상태는 여러 가지이지만 첫째 의지를 발동시켜야 한다. 의지를 발동하게 하여 성령 세례를 받는 것이 제1의 원리요, 그 다음은 말씀과 성령으로 내적 치유하는 것이 제2의 원리요, 귀신 추방이 제3 원리이다. 그리하여 생각이 바뀌고, 마음이 감동되어, 믿음이 생겨서, 본인의 의지가 발동되어, 몸이 움직여지고, 행동으로 옮겨지는 과정을

거쳐야 한다. 이 영적 원리는 모든 것에 적용이 되는 것이다.

　성령 세례란 예수 그리스도께서 주시는 것이다. 예수를 믿을 때 성령께서 믿게 해서 믿었다고 성령세례를 받은 것이 아니다. 필자가 말하는 성령세례를 자신 안에 임재하신 성령께서 순간 폭발하여 자신의 전인격을 사로잡는 것을 성령세례라고 한다. 그래서 성령의 세례란 성령에 의해서가 아니라 주 예수에 의해 행해지는 그리스도의 사역이다(행 11:15-18). 성령으로 세례 받을 때는 확실한 체험으로 몸과 이성이 느끼게 된다. 성령으로 세례를 받을 때 성령이 예수 그리스도의 이름으로 임하므로 성령으로 세례 받는 것은 자신의 영-혼-육이 체험으로 느낄 수 있다. 성령 세례를 받으면 하나님의 능력이 임한다. 성령으로 세례 받을 때 성령의 권능이 함께 임한다.

　권능은 하나님의 일을 행하는 데 적합한 사람으로 크리스천을 준비시킨다. 성령 세례는 하나님께서 우리를 예수 그리스도의 몸의 일부분으로 택하셔서 맡기신 지체로서의 임무를 효과적으로 수행하게 한다(행 9:17-20). 비로소 하나님과 영적인 관계가 열리는 것이다. 성령으로 세례 받음은 성령으로 사로잡히는 것이다. 성령의 역사로 질병과 환경의 문제가 해결되기 시작한다. 우리가 보지 못하여 확증하고 이해하지 못해서 그렇지 질병과 한경의 문제의 배후에는 영적인 존재가 있다. 이 역적인 존재는 사람의 힘으로는 어찌할 수 없는 한 차원 높은 살아있는 존재이다. 반드시 영적인 존재보다 강한 성령의 권세로만 물러가기 시작을 한다. 그래서 반드시 성령으로 세례를 받아야 치유가 되기 시작하는 것이다.

성령 세례는 성도의 마음을 그리스도에 대한 이해와 사랑과 신뢰로 가득 차게 하며, 성령이 삶의 주관자가 되게 하며, 하나님의 자녀로서 하나님의 부름에 적합하도록 권능을 부여받는 것이다. 권능이 있어야 세상에서 역사하는 마귀와 싸워서 이길 수 있다. 성령으로 사로잡혀야 질병과 환경의 문제를 치유할 수 있는 것입니다. 성령의 역사가 없는 치유는 불가능하다. 반드시 성령의 역사에 의하여 질병과 환경의 문제가 해결이 되는 것이다. 질병과 환경의 문제를 해결하려면 반드시 성령의 역사를 체험하기를 바란다. 체험이라는 것은 내가 하나님의 역사하심을 감각으로 눈으로 보게 된다는 뜻이다.

질병이나 환경에 역사하는 귀신은 우리보다 강하다. 반드시 성령의 역사로 장악이 되어야 떠나가는 것이다. 그러므로 성령의 권능을 받아야 한다. 성령의 권능을 받고 권능을 사용할 수 있는 담대함을 길러야 한다. 성령의 권능으로 질병과 환경의 문제에 역사하는 귀신을 몰아내려면 먼저 성령으로 세례를 받아야 한다. 성령으로 세례를 받으려면 성령의 역사가 일어나는 장소에 가야 한다. 성령의 역사가 일어나는 장소에 가서 뜨겁게 기도할 때 성령의 세례를 체험하게 한다.

성령의 세례는 이론이 아니고 실제로 체험하는 역사이다. 자신이 직접 몸으로 감각으로 느껴야 한다. 성령의 세례를 받게 되면 다음으로 성령의 불세례가 나타나기 시작한다. 성령께서 불로 역사하면서 자신의 상처를 치유하고 자아를 부수시면서 자신의 전인격을 서서히 장악하신다. 성령님이 장악하시는 만큼씩 치유가 되는 것이다. 성령께서 전인격을 장악하시면서 심령에 역사하는 귀신을 축사하신다. 성령께서 환자에게 역사하는 귀신을 쫓아내시는 것이다.

환자의 마음 안에서 역사하는 성령의 권능으로 귀신이 떠나가기 시작을 한다. 귀신이 떠나가니 영이 깨어나 영안이 열리기 시작한다. 영안이 열리니 자신이 이렇게 고통을 당하는 것은 악한 영의 역사라고 알게 된다. 악한 영의 역사가 떠나가야 치유가 된다는 것을 환자가 인정하면서 스스로 기도하기 시작을 하는 것이다. 스스로 성령으로 기도하니 치유가 되기 시작을 하는 것이다. 모든 것이 성령의 권세로 되는 것이다. 그래서 성령으로 세례를 받고 권능을 받아서 사용해야 비로소 질병이나 환경의 문제를 스스로 치유할 수 있는 것이다. 성령의 임재가 깊으면 깊을수록 자신의 전인격이 하나님의 지배 속으로 들어가는 것이다. 하나님의 지배 속으로 들어가는 만큼씩 귀신도 떠나가고, 세상도 떠나가는 것이다.

3) 성령의 인도로 말씀을 잘 알아들을 수 있어야한다. 성경에서는 내 뜻과 정성과 힘을 다하여 하나님을 섬기라 했고(신28장), 크게 사모하는 자에게 제일 좋은 길을 보여 준다고 했다(고전12:31). 네가 낫기를 원하느냐고 예수님은 말씀했다(요5:6).

영과 진리로 예배하는 자에게 찾아온다고 했다(요4:23). 모든 영적인 일에 진심으로 구하고 구하면 얻을 것이요, 찾고 찾으면 찾을 것이고 두드리면 열린다. 강한 순종과 믿음과 승리의 의지를 발동시키고 행동으로 옮겨야 한다. 행동으로 옮기지 못하게 하는 장애요인(죄)이 자신에게 있다. 이것을 깨닫고 제거해야 한다. 영적인 존재들이 역사하여 생기는 병과 상처에 의한 질병과 뇌의 이상으로 나타나는 정신병의 구분을 잘 해야 한다. 성령의 깊은 임재가 장악을 해야 성령님께 문의 할 수가 있다. 좌우지간 성령의 깊은 임재 안으로 들어가야 순간순간 질병들이 정체를 폭로하면서 치유되는 것이다. 성령의 깊은 임재 가운데 상처와 지병과 영적인 존재들이 정체를 폭로하고 떠나간다. "그러나 내가 하나님의 성령을 힘입어 귀신을 쫓아내는 것이면 하나님의 나라가 이미 너희에게 임하였느니라(마 12:28)". "하나님의 나라는 말에 있지 아니하고 오직 능력에 있음이라(고전 4:20)"

4) 본인이 기도해야 한다. 본인이 기도하지 않으면 치유는 불가능하다. 기도해야 환자 안에서 성령의 역사가 일어나 치유가 되는 것이다. 사역자가 시키는 대로 순종하고 기도하지 못하면 절대로 치유되지 않는다. 기도가 될 때까지 기다려야 한다. 생각해 보시라. 기도하지 않는데 어찌 성령의 역사가 일어날 수가 있는가. 치유의 기본이 성령으로 기도할 수가 있어야 한다.

5) 앞의 과정을 거친 다음에 질병의 원인을 성령께 질문해야 한다. 영적인 그림을 그리라는 말이다. 전체의 그림을 보면서 자

신의 질병과 환경의 문제에 대한 원인이 어디에 있는지를 찾아야한다. 시간이 많이 걸릴 수가 있다. 왜냐하면 성령께서 완전하게 장악을 한 다음 원인을 알 수 있고 치유도 되기 때문에 하나님의 시간표를 따라 기다려야 한다. 급하다고 되는 일이 아니다. 인내력을 가지고 기다려야 한다.

6) **성령께서 알려주는 질병의 원인에 따라 조치를 해야 한다.** 죄악은 회개하고, 상처를 준 사람은 용서하고, 가문의 유전은 절단하고 원인을 제거해야 한다. 악한 영의 역사라면 귀신을 축사해야 한다. 그리고 지속적인 치유를 받아야 한다. 성령께서 원인을 알려주시도록 성령으로 기도하며 조그마한 일이라도 넘기지 말아야 한다. 정신을 차리고 하나하나 분별하면서 성령님의 감동에 순종해야 한다.

7) **성령께서 완전하게 장악하신 이때부터 악한 영을 축사하고 내적치유를 한다.** 지속적으로 해야 한다. 대부분 질병의 문제를 해결하는 단서들은 무의식과 잠재의식에 숨겨져 있는 것이 보통이다. 그러기 때문에 반드시 성령의 깊은 임재가 되어야 한다. 성령의 역사이외는 무의식과 잠재의식에 숨겨져 있는 원인을 찾아서 해결할 수가 없다. 신유는 성령의 임재가 얼마나 깊으냐에 따라서 성공과 실패가 결정된다고 해도 과언은 아니다. 이를 위하여 신유 사역을 하난 목회자는 무단하게 자기 관리를 잘하여 성령의 역사가 자신의 전인격을 장악할 수 있도록 깊은 영의기도를 해서 깊은 영성을 유지해야 한다. 절대로 성령의 깊은 역사

가 없이는 질병과 상처와 환경의 문제는 치유되지 않는다.

8) 하나님과 영적인 관계를 지속하며 감사해야 한다. 많은 성도들이 질병이나 환경의 문제를 치유 받고 믿음이 나태해져서 재발하는 경우가 많이 있다. 절대로 치유 당시의 성령의 충만함을 유지해야 한다. 하나님과 관계를 지속하기 위하여 성령으로 기도해야 한다. 성령으로 기도하면서 성령의 충만함을 유지해야 도주한 영적인 존재들이 다시 침입하지 않는다.

둘째, 하나님의 신유 목적을 바로 알고 사역하라. 하나님의 신유의 목적은 영혼을 구원하는데 있다. 그러므로 사역자는 병을 고치는데 목적을 두지 말고 환자가 스스로 기도하여 하나님과 관계를 열어 가도록 해야 한다. 하나님은 영육의 문제를 치유 받으면서 하나님께 기도하여 영적인 성도가 되기를 원하신다. 사역자는 질병만 치유하려고 하지 말고, 질병을 치유하면서 성도를 영적인 성도로 바뀌게 해야 한다.

그래서 질병과 환경의 문제를 통하여 하나님을 만나도록 해야한다. 하나님은 분명하게 성도들과 영적인 교통을 원하신다. 그리고 모든 성도들이 말씀과 성령으로 충만하여 지금 이 땅에서 심령에 천국을 이루고, 아브라함의 복을 받아 누리면서 하나님의 군사로서의 사명을 감당하다가 천국에 들어가는 것이 하나님의 뜻이다. 하나님은 이 세상을 하직하여 천국에 들어가는 믿음생활을 원하시지 않는다. 지금 천국을 이루면서 아브라함의 복을 받아 누리면서 하나님의 나라를 선전하기를 원하신다. 지금 이 땅에서 하나님을 선전하기 위하여 병든 성도를 치유하여 주시고, 환경의 문제를 해결하여 주시는 것이다. 그래서 신유의 복음은 병든 성도들이 말씀과 성령으로 치유 받아 심령을 천국 만들고 아브라함의 복을 받아 누리면서 세상에 나가서 하나님을 선전하는 것이 신유의 복음이다.

그러므로 예수를 믿은 성도는 누구나 할 것 없이 아브라함의 복을 받은 것이다. 아브라함의 복을 받게 하려고 병들고 환경에 고통을 당하는 성도를 부르신 것이다. 부름에 순종하고 예수 믿고 교회에 들어오면 누구나 질병과 환경의 문제를 치유하여 주신다. 단, 먼저 성령으로 기도하며, 생명의 말씀을 듣고, 성령으로 세례를 받아 하나님과 관계를 여는 것이 우선이다. 하나님과 관계가 열리면 성령님을 통하여 질병과 환경의 문제를 치유할 수 있는 사람을 만나게 하여 치유하신다.

그러므로 신유 은사가 있어 사역하는 목회자나 성도는 하나님께 쓰임을 받는 것이다. 절대로 자신이 신유의 역사를 일으키는 것이 아니다. 항상 겸손해야 한다. 한자가 자신에게 왔을 때는 성령께서 보내셨다고 믿어야 한다. 자신을 통해서 환자를 정상으로 회복시키니 위해서 보내신 것이라고 믿어야 한다. 그래서 아무리 중한 환자가 왔더라도 당황하지 말고 성령이 감동 하에 안수를 하면 되는 것이다. 신유 사역을 하는 사역자는 영혼을 사랑하는 마음이 있어야 한다. 환자의 질병을 치유해서 자유하게 해주겠다는 마음의 자세가 중요하다. 어떤 목회자는 환자의 상태에 따라서 사역을 한다는 이야기를 들었는데 이는 잘못된 사역이다. 사역자는 환자가 위중하든지 경중하든지 상관하지 말고 성령의 인도를 받아가면서 최선을 다해야 한다.

최선을 다하게 되면 병으로 고통 하는 환자의 마음의 문이 열리게 된다. 보통 환자들이 하나님께서 반드시 치유하여 주신다는 믿음이 부족하다. 아니 믿음이 없는 경우도 있다. 몸이 아프고 힘이 드니까, 믿음이 생기지 않는 것은 당연한 것이다. 이해를 해야 한다. 어떤 환자는 50년간 예수를 믿고 믿음 생활을 했는데도 몸이 아프고 괴로우니까, 천국 가는 것도 잃어버린다. 지금 돌아가시면 어디 가십니까? 질문을 하면! 죽어보아야 하지요, 하고 대답하는 권사도 있다. 그러다가 마음의 문에 열리면 아멘! 아멘! 하면서 눈물을 흘린다. 그러면서 성령께서 사로잡으니 질병의 근원들이 기침으로 트림으로 하품으로 울음으로 재채기로 떠나가니 질병이 치유가 되는 것이다. 신유 사역을 하실 분들은 환자의 질병을 고쳐 자유롭게 하겠다는 사랑이 없이는 사역을 하지 못한다.

좌우지간 하나님의 신유의 목적은 병든 성도들이 말씀과 성령으로 치유 받아 심령을 천국 만들고 아브라함의 복을 받아 누리면서 세상에 나가서 하나님을 선전하는 것이다. 그러기 때문에 누구나 믿음을 가지고 하나님께 나오면 어떤 질병과 상처, 환경의 문제도 치유하여 주신다.

셋째, 고질병 치유의 역사가 일어나는 원리. 치유가 일어나는 생명의 말씀을 듣고 성령으로 장악되어야 치유가 이루어진다. 신유의 은사가 있는 목회자나 성도가 신유의 역사를 일으키는 것이 아니다. 성령께서 신유의 역사를 일으키신다. 그러므로 성령께서 환자를 장악하도록 해야 한다. 신유 사역자는 환자를 성령으로 장악되게 하는 비밀을 깨달아 적용할 줄 알아야 한다. 환자가 성령으로 장악이 되면 신유의 역사는 일어나기 마련이기 때문이다. 좌우지간 성령께서 환자를 장악하게 해야 한다. 이를 위하여 사역자는 자신 안에 계신 성령님과 인격적인 관계를 맺어야 한다. 환자가 불신자라면 환자는 무엇보다도 예수를 믿어야 한다. 반드시 예수를 영접시켜야 한다. 예수를 믿어 내면으로 들어오신 하나님의 영은 인간의 능력을 초월하여 나타나는 영적 능력으로 역사하시기 때문이다. 그래서 사람은 할 수 없으나 할 수 있는 하나님의 영력(형상)이 나타나서 성령이 충만하게 되고, 환자를 장악하니 질병이 치유가 되는 것이다. 질병의 치유가 되는 영력은 나타나는 상태와 조건을 만들어야 나타난다.

그 조건과 상태는 여러 가지이지만 환자가 치유 받겠다는 의지를 발동시켜야 한다. 호흡을 들이쉬고 내쉬면서 예수님을 찾게 해야 한다. 필자는 말씀을 전하고 신유 사역을 한다. 환자들에게 처음에는 호흡을 들이쉬고 내쉬라고 한다. 조금 지나면 호흡을 아랫배까지 들이쉬고, 내쉬면서 자연스럽게 주여! 를 하게 한다. 이렇게 하는 이유는 마음의 문이 열리도록 하기 위함이다.

이렇게 하다가 성령의 역사가 일어나기 시작하면 시키지 않아도 주여! 주여! 주여! 를 잘한다.

조금 지나면 성령의 세례가 나타나기 시작한다. 처음에는 하품을 하다가 조금 지나면 사람에 따라서 기침을 하기 시작한다. 이제 비로소 성령의 세례가 임하고, 영의 통로가 뚫리기 시작한 것이다. 희망이 있다. 이렇게 계속 마음으로 기도하게 하거나 주여! 를 하게 하거나 하여 장악이 되면 질병에게 명령한다. 질병별 명령하는 방법은 12장 이후로 세심하게 설명되어 있다. 성령께서 장악을 하셨으니 질병이 치유되기 시작한다.

질병의 치유는 신유 사역자와 환자 쌍방 간 믿음으로 역사 한다. 예수님도 믿음 있는 것을 보고 고쳐주셨다. 믿음이 있어야 치유가 되기 때문이다. 마태복음 20장 32-34절을 보겠다. "예수께서 머물러 서서 그들을 불러 이르시되 너희에게 무엇을 하여주기를 원하느냐, 이르되 주여 우리의 눈 뜨기를 원하나이다. 예수께서 불쌍히 여기사 그들의 눈을 만지시니 곧 보게 되어 그들이 예수를 따르니라." 예수님께서도 성령이 지시하시는 어떤 흐름, 원하시는 의도대로 환자의 가운데로 나가셨다. 그리고 그 사람의 인격에 맞게, 성령의 주권에 맞게 역사하셨다. 치유를 받으려면 환자가 믿음이 있어야 한다. 그런데 믿음이 있는가, 무엇을 보고 아는가? 본인의 입술의 고백과 본인의 믿음의 행위와 성령의 계시로 아는 것이다.

사역자가 성령의 임재 하에 담대하게 명령하는 입술의 선포는 환부에 생기가 들어간다. 한부에 생기 즉 생명이 들어가 사망을 몰아내니 치유가 되는 것이다. 질병의 신유 사역을 받기 원하는 환자는 믿음을 달라고 기도해야 한다. 저의 믿음 없는 것을 도와주소서. 하며 항상 기도하라. 그리고 믿음으로 성령님께서 치유하실 것을 기대하고 바라보라. 믿음의 주요 온전케 하시는 예수를 바라보라. 우리는 항상 예수님에게 집중해야 한다. 그러면 성령이 역사하여 치유하신다. 전적으로 성령께서 치유하실 것을 믿어야 한다. 신뢰가 중요하다. 이는 신유 사역자도 마찬가지다. 성령님이 하실 것을 믿음으로 신뢰하라. 성령께서 믿음을 보시고 치유하신다. 에스겔 골짜기 생기야 들어가라. 믿고 행하니 마른 뼈가 일어났다. 나사렛 예수 이름으로 일어나 걸어라. 나는 걷지 못하겠지만 말씀과 성령의 능력을 의지해서 걷겠나이다. 그리고 걸어야 묶임이 풀리는 것이다. 치유는 성령의 권능으로 묶임을 푸는 것이다. "베드로가 이르되 은과 금은 내게 없거니와 내게 있는 이것을 네게 주노니 나사렛 예수 그리스도의 이름으로 일어나 걸으라 하고 오른손을 잡아 일으키니 발과 발목이 곧 힘을 얻고 뛰어 서서 걸으며 그들과 함께 성전으로 들어가면서 걷기도 하고 뛰기도 하며 하나님을 찬송하니(행 3:6-8)"

우리는 이 영적인 원리를 가지고 신유사역을 하는 것이다. 성령의 권능이 순간 환부에 들어가니 묶인 것이 순간에 풀려서 치유되는 원리이다. 신유 사역자가 되기를 원하시면 이 원리를 터득하여 신유 사역할 때 적용하라. 반드시 믿은 대로 역사가 일어난다. 믿음이란 성령님의 역사를 신뢰하는 것이다.

신유는 이렇게 일어난다. 신유에 말씀을 깨닫는 순간 그 통로를 통해서 신유의 영이 들어온다. 말씀을 듣는데 갑자기 성령이 감동하기를 "오늘 네 병이 치유된다." "네 병이 나았다." 이것을 믿으면 자신의 병이 치유가 된다는 것이다. 신유사역자가 환자의 특정 질병을 안수하는데 성령께서 "이 병이 치유되었다."하고 감동하신다. 그러면 환자에게 물어보면 아프지 않다고 대답한다. 그리고 강단에서 사역자가 선포하는 것을 믿는 믿음으로 치유가 일어난다. 예를 든다면 성령께서 이렇게 감동하신다. "이 시간은 뼈와 신경에 관한 질병을 치유한다." 그러면 신유사역자가 "이 시간 성령께서 뼈와 관절의 질병을 치유하십니다." 이렇게 선포하고 뼈와 관절의 질병을 치유 받겠다고 나오면 환부에 안수하라. 그러면 그 믿음을 보시고 치유가 일어난다. 나오는 사람을 치유하면 100% 치유가 된다. 신유의 영에 의한 영감에 의해서 치유된다. 감동에 의해 치유의 영이 임하심이 느껴진다. 안수를 할 때나 기도할 때 성령께서 감동을 주신다. 사역자와 피사역자에게 공동으로 성령께서 감동을 주신다. 이때는 담대하게 선포하고 행동에 옮겨야 치유가 된다. 믿음을 가지고 선포하고 행동에 옮겨야 신유의 역사가 일어난다.

성령의 임재와 터치에 의해서 치료가 된다. 묶인 것이 풀어지므로 치유가 일어난다. "베드로가 이르되 은과 금은 내게 없거니와 내게 있는 이것을 네게 주노니 나사렛 예수 그리스도의 이름으로 일어나 걸으라 하고 오른손을 잡아 일으키니 발과 발목이 곧 힘을 얻고 뛰어 서서 걸으며 그들과 함께 성전으로 들어가면서 걷기도 하고 뛰기도 하며 하나님을 찬송하니” 베드로가 “나사렛 예수 그리스도의 이름으로 일어나 걸으라 하고 오른손을 잡아 일으키니” 잡아 일으킬 때 묶인 것이 풀린 것이다. 필자는 환부를 탁 건드릴 때도 있고, 뒤로 제킬 때도 있다. 성령께서 감동하시는 대로 순종한다. 이때 묶인 것이 풀려서 신유의 역사가 일어나는 것이다. 신유 사역을 하다가 보면 90% 정도가 악한 영의 영향으로 발생한다. 악한영의 역사를 성령의 권능으로 장악하게 하여 악한 영이 환부에서 물러나게 하는 것이다. 통증이 있는 곳에 분명하게 악한 영의 역사가 있다. 이런 곳에 불을 집어넣고 안수하면 순간 치유가 된다. 신유 사역을 많이 해보면 성령님의 감동도 순간순간 잘 받을 수가 있다. 누구든지 많이 해보아야 한다. 해보지 않고는 두려워서 사역할 수가 없다.

좌우지간 질병을 치유할 수 있는 상황을 많이 만들어서 사역을 해보아야 한다. 필자는 병원에 전도하러 가서 환자들을 안수했다. 다종의 환자들을 만나기 위해서였다. 신유사역을 하든지, 세상에서 사업을 하든지, 직장 생활을 하든지, 현실에 충실하면서 어떻게 하면 더 잘할 수 있을까 몰입하며 기도하면 성령께서 지혜를 주신다. 성령께서 감동하시는 대로 어려워도 순종해야 한다. 순종할 때 그 분야가 뚫어지는 것이다.

성령이 치료의 영이라는 것을 믿어라. 아픈 곳에 성령의 임재를 요청하여 기도하라. 명령하라. 권세를 주장함으로 혼과 육이 복종함으로 치유가 된다. 하나님의 권세는 우주적이다. 주님이 우리에게 복음으로 하나님의 권세를 주셨다. 예수님의 권세는 사망권세를 깨뜨리는 권세이다. 초자연적인 권세이다.

이 권세는 세상 모든 만물이 예수님의 음성을 듣고 움직여야 하는 권세이다. 반대로 마귀는 허풍쟁이다. 이빨이 빠진 사자로 힘이 없다. 왜냐하면 예수님이 십자가에서 다 깨뜨렸다. 마귀도 하나님의 법을 지켜야한다. 하나님의 법은 권세이다. 성도는 영이 성령으로 육과 혼에 명령할 권세를 가지고 있다.

예수 이름으로 권세를 주장하면 병이 도망가야 한다. 병이 나아야 한다. 열병아! 질병아! 권세로 명령하라. 세포 마디마디, 신경, 인대, 디스크는 정상으로 돌아와라. 이렇게 권세를 주장하라. 축귀를 통해 사망이 빠져나가고 생명이 공급되므로 치유된다. 둘을 병행해야 빨리 치유된다. 신유와 축귀는 연결이 된다. "그 때에 귀신 들려 눈멀고 말 못하는 사람을 데리고 왔거늘 예수께서 고쳐 주시매 그 말 못하는 사람이 말하며 보게 된지라."(마12:22). 강한 신유는 축귀와 연결된다. 축귀를 통하여 사망이 빠져나가고 생명이 자리하니 질병이 치유되는 것이다.

넷째, 질병이나 문제의 근본(뿌리)을 해결하라. 치유사역을 하다가 보면 질병이나 문제의 근본이 해결이 되어야 완치가 된다. 예를 든다면 집안에 무당의 영의 내력이 있는 가정은 여러 가지 문제가 발생한다. 가난의 영도 역사한다. 물질로 고통을 당한다는 말이다. 불치의 질병도 발생한다. 특별하게 뼈와 관절에 질병이 발생한다. 근육통으로 고생하는 사람도 있다. 중풍도 발생한다. 우울증이나 정신적인 질병도 발생한다. 부부불화가 일어나기도 한다. 음란의 영이 역사하기 때문에 정조 관념이 희박하기도 하다. 태중에서 상처를 받기도 한다. 이런 경우 해당 문제만 해결되기를 기도하면 절대로 치유가 되지 않는다. 무당의 영을 축사해야 한다. 지속적으로 치유해야 한다. 무당의 영이 떠나면 모든 문제가 해결이 된다.

태중의 상처로 질병이 발생하기도 한다. 태중의 상처를 치유하지 않으면 질병은 치유되지 않는다. 그래서 질병을 치유하는 신유사역자는 내적치유를 할 수 있어야 한다. 혈통에 역사하는 영들의 영향으로 질병이 발생하기도 한다. 이런 경우 혈통에 흐르는 영들을 줄을 끊고 축귀를 해야 질병이 치유된다. 그리고 예방도 가능하다. 신유사역자는 혈통으로 대물림되는 문제를 인정하고 치유하는 능력도 있어야 한다. 예방 신앙이 중요하다. 어떤 경우는 스트레스를 많이 받아서 발생한다. 대개의 경우 근원적인 요소가 내제되어 있기 때문이다. 무슨 말이냐 하면 질병이나, 영적인 문제나, 정신적인 문제나 할 것 없이, 문제의 요소가 이미 환자의 무의식과 잠재의식에 숨어 있었다는 것이다. 숨어 있던 악한 요소들이 스트레스나 충격을 받자 밖으로 정체를 나타내니 질병이나 우울증이나 정신적인 문제나 영적인 문제가 발생한다는 말이다. 쉽게 말하면 무의식과 잠재의식에 숨어 있던 악한 요소가 정체를 폭로하여 나타난 것이다. 어떤 충격에 의하여 생긴 것이 아니고 이미 있었다는 것이다,

속에 숨어있던 문제들이 어떤 요소가 조건이 되니 밖으로 정체를 드러냈다는 것이다. 그래서 사전에 예방이 중요하다고 말하는 것이다. 사전에 강력한 성령을 체험하여 성령께서 장악을 하면 무의식과 잠재의식에 숨어 있던 요소가 정체를 폭로하기 때문이다. 이런 경우 근원을 찾아서 치유해야 정상으로 회복이 가능하다. 모든 질병이나 환경의 문제나 할 것 없이 원인 없는 문제가 없다. 원인이 있다는 것이다. 원인을 성령님께 문의하여 감동을 받고 해결해야 치유가 되는 것이다. 무조건 떠나가라. 떠나가라. 한다고 해결이 되지 않는다. 반드시 성령의 깊은 임재가 되어야 원인을 알 수가 있고, 성령의 역사로 문제의 근원이 해결되는 것이다.

그러므로 성령의 역사 없이는 신유 사역은 불가능하다. 반드시 성령의 역사가 환자의 심령 안에서 일어나야 치유가 되기 시작하는 것이다. 그래서 질병이나 문제를 치유하는데 무엇을 하면 된다는 놀리는 맞지 않는 것이다. 예를 든다면 신학을 하여 목사가 되면 질병이나 문제가 치유된다고 성도들을 현혹시키는 사람들이 있다는 것이다. 목사가 된다고 문제가 치유되는 것이 아니고, 근본이 성령의 역사로 해결이 되어야 치유되는 것이다. 이런 사람은 목사가 된 다음에 문제를 치유해야 목회도 된다. 그

러므로 무엇을 하면 해결된다는 논리는 샤머니즘의 논리이지 복음이 아니다. 복음은 자신이 말씀과 성령으로 변하여 하늘나라가 되면 치유되는 것이다. 이것이 하나님께서 원하시는 방법이다. 반드시 성령으로 세례를 받아 하나님과 관계를 열어 하나님께서 지시하는 대로 순종할 때 문제는 치유되는 것이다. 헌금한다고 치유되지 않는다. 하나님께서 돈 받고 문제를 해결해주는 분이 절대로 아니다. 만약에 이런 말을 하는 사역자가 있다면 하나님의 명예를 훼손하는 일로 천벌을 면하지 못한다.

예수를 믿고 교회에 다니는 성도 중에는 무슨 사업이나 장사를 해도 늘 잘 되는 사람이 있고, 반대로 늘 안 되는 사람이 있다. 그 배경에는 우선 사단의 집요한 방해가 있다는 사실을 인식하기 바란다. 생명의 말씀과 성령의 역사로 방해하는 세력을 몰아내야 늘 잘되는 사람이 될 수 있다. 하나님의 뜻대로 지금 이 땅에서 심령에 천국을 이루고, 아브라함의 복을 누리면서 하나님의 군사로서 쓰임을 받다가 천국에 들어가려면 자신과 생업에 하나님의 나라가 이루어져야 가능한 것이다.

5장 고질병이 순간적으로 치유되는 비밀

(막16:17-18)"믿는 자들에게는 이런 표적이 따르리니 곧 저희가 내 이름으로 귀신을 쫓아내며 새 방언을 말하며, 뱀을 집으며 무슨 독을 마실찌라도 해를 받지 아니하며 병든 사람에게 손을 얹은즉 나으리라 하시더라.

예수님은 우리의 질병을 치유하여 주시기를 원하신다. 그러나 무조건 치유하여 주시지를 않는다. 질병을 치유 받을 수 있는 믿음의 상태를 보시고 치유하여 주신다. 고로 우리는 주님이 원하시는 영적인 수준이 되려고 해야 한다. 치유를 받으려면 하나님께서 치유하시는 근본 이유를 바르게 알아야 한다. 치유를 통하여 하나님의 살아계심을 믿고 하나님의 자녀로서 살아계신 하나님을 증명하면서 살아가도록 하기 위해서 치유하시는 것이다. 그렇기 때문에 치유에 목적을 두지 말고, 치유 받아 하나님의 성전으로 살아가겠다는 바른 동기가 있어야 한다.

하나님은 절대로 하나님의 인격으로 변화되지 않은 사람을 치유하지 않으신다. 문제를 통하여 하나님을 찾아서 하나님의 인격으로 변화될 때까지 기다리시는 것이다. 순수하게 하나님의 음성에 순종하는 사람이 되기를 기다리시는 것이다. 분명한 것은 하나님께서 부르신 것은 온전하게 치유하여 하나님의 살아계심을 증명하게 하기 위하여 부르신 것이다. 그러므로 치유가 될 때가지 성령의 인도를 받으면서 인내할 줄을 알아야 한다. 자기는 빨리 치유받기를 원하지만 하나님의 시간표에 맞추어야 한다는 것이다. 치유만 받으려고 이 목사 저 목사에게 안수만 받으려면 생각을 버려야 한다. 오히려 더 시간이 오래 걸리게 된다. 하나님은 치유보다 변화를 측정하시고 기다리신다. 살아있는 성령의 역사로 변화되는 것에 목적을 두고 인내해야 한다. 그러면 분명하게 치유가 된다. 치유하여 강건하게 하시려고 부르신 것이기 때문이다. 다음과 같은 요소들이 충족 되어야 한다.

첫째, 거듭나서 하나님의 자녀가 되어야 하는 것이다. 예수를 믿지 않으면 주님께서 치료해 주시지 아니하신다. 왜냐하면 죄인이기 때문이다. 죄인은 하나님의 은혜를 받을 수가 없다. 하나님의 은혜는 죄가 사해져서 의인이 되어야 받을 수가 있다. 하나님이 의로우신 분이기 때문이다. 고로 죄인은 하나님 앞에 나갈 수가 없다. 죄인이 하나님을 만나면 죽는다. 그래서 반드시 예수를 믿고 원죄가 사해져야 한다. 마태복음 15장 21절에서 28절에 보면 예수께서 두로와 시돈 지역으로 휴식하려 가셨다. 제자들과 가는데 한 여인이 고함 고함을 친다. 내 딸이 흉하게 귀신 들렸으니 내 딸을 고쳐 주옵소서. 주님이 아무 대답도 안했다. 이 여인이 제자들을 붙잡고 호소를 한다.

주님께 이야기해서 내 딸을 좀 고쳐 주옵소서. 제자들이 와서 저 여인이 저렇게 울고 부르짖으니 고쳐 주시지요. 주님이 하신 말씀이 난 이스라엘의 잃어버린 양 이외에는 보냄을 받지 아니하였다. 그런데 그 여인이 예수님 앞에 와서 길을 막고 엎드려서 주여 나의 딸을 고쳐 주옵소서. 그때 주님이 하신 말씀을 귀 기울어 들어야 한다. 자녀에게 줄 떡을 취하여 개에게는 주지 아니한다 치료는 자녀에게 주는 떡이다. 부모가 자녀에게 떡을 안 주는 부모 보았는가? 자식에게 하루 세끼를 주지 않는가, 양식을 주지 않는가? 자녀에게 주는 떡은 바로 치료인 것이다.

치료는 마땅히 자녀들이 밥을 먹듯이 주님이 주신다는 것이다. 그러나 자녀이외에 개에게는 주지 않는다고 했다. "여인은 맞습니다. 그런데 개들도 자녀의 상 밑에 떨어지는 부스러기는 얻어먹습니다." 그 위대한 신앙 고백을 했기 때문에 오 여자여 내 믿음이 크도다. 내 믿음대로 될지어다. 그래서 그는 비록 자녀가 아니었지만, 그 위대한 믿음의 고백 때문에 부스러기를 얻어먹고 그 딸이 정신병에게 고침을 받았다. 그러나 원래 주님은 병 고침을 자녀에게 주는 떡이라고 말했다. 그러므로 우리가 예수 그리스도를 구주로 모시고 죄를 사함 받고, 성령으로 거듭나서 하나님의 자녀가 되면 자녀로써 아버지에게 병을 고쳐 달라고 기도하는 자격이 부여되는 것이다. 자녀가 아니고 죄인이 와서 병을 고쳐 달라고 하면 하나님께서는 병을 고쳐줄 의무와 책임이 없다. 자녀에게 떡을 주는 것은 부모의 책임이지만은 자녀가 아닌 사람에게 떡을 주는 것은 의무와 책임은 아닌 것이다. 그렇기 때문에 우리가 병 고침을 받기 위해서는 반드시 회개하고 예수를 구주로 모시고 하나님의 자녀가 되는 것이다.

둘째, 성령세례를 받고 성령의 불세례를 받아야 한다. 성령은 성도가 예수를 믿을 때 마음 안에 오신다. 마음 안에 오신 성령은 성도가 성령으로 세례 받기를 고대하고 계신다. 성령으로 세례를 받을 때 비로소 성령이 성도의 전인격을 장악하기 때문이다. 그 성령이 전인격을 지속적으로 장악하고 통치하는 것이 성령의 충만 이다. 이 성령이 성도의 마음 안에서 육으로 역사할 때 성령의 권세로 마귀는 정체를 드러내고 떠나가는 것이다.

그래서 성도가 성령으로 세례를 받아야 권능 있는 성도가 되는 것이다. 그래서 예수님은 불과 성령으로 세례를 받으라고 하시는 것이다. 그러나 성령이 예수를 믿게 했다고 성령으로 세례 받는 것은 아니다. 믿는 것과 세례를 받는 것은 다르며, 성령님이 내주하는 것과 성령의 세례를 받는 것도 다른 것이다. 물세례를 받는 것이 적당히 넘어갈 수 있는 문제가 아니듯이 성령의 세례도 마찬가지이다. 성경에서 성령과 관련하여 사용된 심오한 진리 중의 하나는"성령으로 세례 받으라."라는 것이다. 성령 세례란 예수 그리스도께서 주시는 것이다. 성령의 세례란 성령에 의해서가 아니라 주 예수에 의해 행해지는 그리스도의 사역이다. "내가 말을 시작할 때에 성령이 그들에게 임하시기를 처음 우리에게 하신 것과 같이 하는지라 내가 주의 말씀에 요한은 물로 세례를 베풀었으나 너희는 성령으로 세례를 받으리라 하신 것이 생각났노라 그런즉 하나님이 우리가 주 예수 그리스도를 믿을 때에 주신 것과 같은 선물을 그들에게도 주셨으니 내가 누구이기에 하나님을 능히 막겠느냐 하더라 그들이 이 말을 듣고 잠잠하여 하나님께 영광을 돌려 이르되 그러면 하나님께서 이방인에게도 생명 얻는 회개를 주셨도다 하니라(행 11:15-18)"

성령으로 세례를 받을 때 성령이 예수 그리스도의 이름으로 임하므로 성령으로 세례 받는 것은 체험으로 느낄 수 있다. 성령으로 세례 받을 때 성령의 권능이 함께 임한다. 권능은 하나님의 일을 행하는 데 능력 있는 사람으로 준비시킨다. 성령으로 세례를 받을 때 전인격이 장악됨으로 질병이 치유되기 시작하는 것이다. 그러므로 질병을 치유 받으려면 성령세례는 필수적으로 받아야 한다. 자세한 것은 "성령의 불로 불세례 받는 법"과 "성령의 불로 충만 받는 법" 그리고 "불같은 성령의 기름 부으심"을 읽어보라.

성령으로 세례 받음은 하나님의 영으로 사로잡히는 것이다. 성령 세례는 성도의 마음을 그리스도에 대한 이해와 사랑과 신뢰로 가득 차게 하며, 성령이 삶의 주관자가 되게 하며, 하나님의 자녀로서 하나님의 부름에 적합하도록 능력을 부여한다. 하나님의 영으로 사로잡혀야 질병이 치유되고 영육에 역사하던 마귀가 물러가는 것이다. 성령 세례를 체험하기를 바란다. 체험이라는 것은 내가 하나님의 역사하심을 몸으로 느끼고 눈으로 보았다는 것이다. 성령의 사람이 되었다는 것이다.

셋째, 진실로 회개를 하고 내적치유를 해야 하는 것이다. 왜냐하면 병은 아담의 타락한 죄로 말미암아 온 심판이다. 원래 아담과 하와는 병들지 않고 죽지 않는 몸을 가지고 있었다. 그러나 그들이 하나님께 범죄 함으로 말미암아 너는 흙이니 너는 흙으로 돌아가라고 말했다. 사람의 몸이 흙으로 돌아가기 위해서는 병들어 와야 되는 것이다.

창세기 2장 17절에서 "선악을 알게 하는 나무의 실과는 먹지 말라 네가 먹는 날에는 정녕 죽으리라 하시니라" 창세기 3장 19절에 "네가 얼굴에 땀이 흘러야 식물을 먹고 필경은 흙으로 돌아가리니 그 속에서 네가 취함을 입었음이라. 너는 흙이니 흙으로 돌아갈 것이니라 하시니라"고 말했다. 범죄 했기 때문에 몸이 흙으로 돌아가고 병들어 고통을 당한다. 로마서 5장 12절에 "이러므로 한 사람으로 말미암아 죄가 세상에 들어오고 죄로 말미암아 사망이 왔나니 이와 같이 모든 사람이 죄를 지었으므로 사망이 모든 사람에게 이르렀느니라"고 말했다.

죄 때문에 영도 하나님께 분리되어 사망에 이르고, 육체와 영이 이르는 사망도 사람에게 다가오는 것이다. 그러므로 온 세상에 죄가 바로, 육체의 병으로 그 열매를 맺고 있는 것이다. 직접적인 죄로 병이 오기도 한다. 아담과 하와로 말미암아 보는 간접적인 인류에 내린 형벌로써 병이 있지만은 직접 내가 죄 지어서 당하는 하나님의 채찍의 병도 있다.

성경 요한복음 5장 14절에 보면, 38년된 병자가 베데스타 연못가에 기다리다가 예수님을 만나고 그 병이 나았다. 그 이후에 예수께서 성전에서 그 사람을 만나 이르시되 내가 나았으니 더 심한 것이 생기기 않게 다시는 죄를 범치 말라고 말했다. 죄를 지으면 하나님과 관계가 없는 사람이 되기 때문이다.

이 사람은 38년 동안 병들었는데 이것은 죄 때문에 그렇게 된 것이다. 그러나 용서받고 고침 받고 난 다음에 주님이 경고하셨다. 더 심한 것이 오지 않도록 죄 짓지 말라고 하셨다. 죄를 지으면 다시 재발한다는 것이다. 야고보서 5장 14절로 16절에 보면 "너희 중에 병든 자가 있느냐 저는 교회의 장로들을 청할 것이요 그들은 주의 이름으로 기름을 바르며 위하여 기도할지니라. 믿음의 기도는 병든 자를 구원하리니 주께서 저를 일으키시리라 혹시 죄를 범하였을지라도 사하심을 얻으리라 이러므로 너희 죄를 서로 고하며 병 낫기를 위하여 서로 기도하라 의인의 간구는 역사하는 힘이 많으니라."고 말씀하신다.

오늘날 전 세계적으로 성적인 병인 에이즈가 얼마나 무서운가? 아프리카는 에이즈로 말미암아 침몰되어가고 있다. 이것은 직접적으로 사람들이 성적인 방종의 죄 때문에 일어난 것이다. 깨끗한 가정생활을 했으면 에이즈와 같은 이런 병이 침입할 수가 없다. 죄 때문에 죄의 결과로 이런 결과가 다가오게 된 것이다. 그러나 자신이 죄인이라는 것을 알고 회개하고 주님께로 나오면 주님께서 널리 용서하시고 우리 병을 고쳐 주시는 것이다.

우리는 우리가 병에 들면 먼저 내가 하나님께 무슨 죄를 지었는지 깊이 생각해보고 회개해야하는 것이다.

회개하지 않고 병만 고쳐 달라고 하면 안 되는 것이다. 하나님이 죄인의 병을 고칠 수가 없으시다. 하나님은 의인이기 때문에 예수를 믿어 죄가 사해진 의인만 치유하신다. 그래서 너희 죄를 서로 고하며 병 낫기를 위해 기도하라고 말씀하고 있는 것이다. 치유를 받으려면 성령이 역사할 수 있는 영적인 상태가 되어야 한다. 영적인 상태가 되기 위하여 말씀과 성령으로 내면의 상처를 치유해야 한다. 그리고 자아를 부수어야 한다. 자아는 자신이 인생을 살아오면서 터득하고 배운 것이다. 예수를 믿기 전에 이방신을 섬기던 습관도 자아가 될 수가 있다. 내가 치유사역을 하다가 보니 예수를 믿기 전에 잡신을 섬기면서 터득한 이론들을 알게 모르게 작용하여 성령의 깊은 임재를 방해하는 것을 보았다.

이 자아를 부수어야 성령이 마음껏 역사하는 심령이 된다. 그 다음에 혈통을 통하여 역사하는 악한 영들을 축귀해야 한다. 그래야 비로소 성령이 역사할 수 있는 영육의 상태가 되는 것이다. 성령이 마음껏 역사할 수 있는 영육의 상태가 되면 질병이 치유되기 시작하는 것이다.

넷째, 치료의 대한 하나님의 약속을 알아야 된다. 하나님이 과연 나를 치료해 줄지 치료해 주지 않으실지 확실히 모르면 믿음을 가질 수가 없다. 하나님은 예수를 믿고 죄를 사함 받고 나오는 사람을 치유하신다. 하나님의 사전에는 불치의 병이 없다. 모두 고쳐주신다. 믿음은 들음에서 나며 들음은 그리스도의 말씀으로 말미암는다. 예수님이 한번 길을 가시는데 한 문둥병자가 와서 무릎을 꿇어 말하기를 주의 뜻이면 나를 깨끗하게 하실 수 있나이다. 이 문둥병 환자는 자기가 병 고침을 받는 것이 주님의 뜻인지 아닌지 몰랐다. 그러므로 확실한 믿음을 가질 수가 없었다. 예수님이 내가 원하노니 깨끗함을 받으라고 한즉 즉시로 나았다. 주님은 오늘 우리의 병을 고치기를 원하시는 것이다.

시편 103편 1절로 3절에 "내 영혼아 여호와를 송축하라 내 속에 있는 것들아 다 그의 거룩한 이름을 송축하라. 내 영혼아 여호와를 송축하며 그의 모든 은택을 잊지 말지어다. 그가 네 모든 죄악을 사하시며 네 모든 병을 고치시며"라고 말했다.

주님이 베푸시는 은택을 잊지 말라고 기억하라고 말하신다. 은택은 우리의 죄를 용서하시고 병을 고치는 것이 하나님의 은택이라고 말씀하고 계신다.

시편 107편 17절로 20절에 "미련한 자들은 그들의 죄악의 길을 따르고 그들의 악을 범하기 때문에 고난을 받아 그들은 그들의 모든 음식물을 싫어하게 되어 사망의 문에 이르렀도다. 이에 그들이 그들의 고통 때문에 여호와께 부르짖으매 그가 그들의 고통에서 그들을 구원하시되 그가 그의 말씀을 보내어 그들을 고치시고 위험한 지경에서 건지시는 도다"라고 말씀하신 것이다. 고난을 당할 때 회개하고 부르짖으면 주께서 치료의 말씀을 보내주셔서 고쳐주신다고 말씀하셨다.

이사야 53장 4절에도 "그는 실로 우리의 질고를 지고 우리의 슬픔을 당하였거늘 우리는 생각하기를 그는 징벌을 받아서 하나님에게 맞으며 고난을 당한다 하였노라" 하나님 아버지께서는 우리의 병을 고치기 위하여서 그 아들 예수 그리스도가 상처를 입게 하셨다는 것이다. 예수님이 우리의 슬픔을 걸머지고 우리의 병을 짊어지고 가신 것이다. 그러므로 실제로 예수님은 2천 년 전에 우리의 연약함을 친히 담당하시고 가셨기 때문에 법적으로 말한다면 2천 년 전부터 우리는 고침을 받고 있는 것이다. 오직 우리가 그 진리를 알지 못함으로 믿지 못하기 때문인 것이다. 진리를 알지니 진리가 너희를 자유롭게 하리라고 하셨으니 주님의 뜻을 분명히 알면 담대하게 믿을 수가 있는 것이다.

마태복음 8장 16절로 17절에 보면 "저물매 사람들이 귀신 들린 자를 많이 데리고 예수께 오거늘 예수께서 말씀으로 귀신들을 쫓아내시고 병든 자를 다 고치시니 이는 선지자 이사야로 하신 말씀에 우리 연약한 것을 친히 담당하시고 병을 짊어지셨도다. 함을 이루려 하심이더라." 주께서는 귀신을 내쫓으시고 병든 자를 다 고쳤다고 말씀하셨다.

마가복음 16장 18절에는 "뱀을 집으며 무슨 독을 마실지라도 해를 받지 아니하며 병든 사람에게 손을 얹은즉 나으리라 하시더라"고 말씀하신 것이다. 그렇기 때문에 그리스도의 복음에는 확실하게 병 고치는 은혜가 있다. 병 치료하지 않는 그리스도의 복음은 완전한 복음이 아니다. 천국의 기초는 치료에 있는 것이다. 교회는 병을 고쳐야 작은 천국인 교회가 되는 것이다. 교회는 성령으로 영육을 치유하면서 살아계신 하나님을 증명해야 한다. 주님께 회개하라 천국이 가까웠다고 했는데 그 천국의 기초가 바로 치료에 있는 것이기 때문이다. 이렇기 때문에 우리 주 예수 그리스도의 3분지 2는 병 고치는데 보내신 것이다.

오늘 의사가 의료 활동으로 치료할 수 있는 환자는 20% 이내라고 말한다. 100명의 환자가 오면 병원에서 고칠 수 있는 환자는 한 20명 정도 밖에 안 된다는 것이다. 실제로 질병이 영적이고 정신적인 스트레스로 생기는 것이다. 70%이상의 질병이 영적인 정신적인 스트레스로 온다. 다시 말하면 마귀의 눌림에서 오는 것이다. 성경 말씀에 보면 하나님께서 나사렛 예수에게 성령과 권능을 기름 부듯하시며 저가 두루 다니시며 착한 일을 행하시고 마귀에게 눌린 모든 자를 고쳤다고 말했다.

치유를 받기 위하여 말씀을 영으로 받고 묵상하고 기도해야 한다. 오늘날 그렇기 때문에 많은 병이 영적인 정신적인 스트레스에 의해서 발생한다. 이것은 반드시 약이나 수술로 나을 것이 아니라, 기도와 믿음과 회개로써 나을 것이다. 영적인 문제가 결부되어 있기 때문이다. 그러므로 하나님의 말씀을 듣고 하나님의 말씀을 묵상하고 하나님의 말씀대로 살아 하늘나라에 속하면 하나님의 말씀이 우리에게 와서 우리의 영을 치료하고, 마음과 몸과 생활을 치료하는 것이다.

그러나 사람들이 별로 말씀을 묵상하지 않는다. 어떤 교단 성도를 대상해서 설문 조사를 해 보니깐 성경 말씀 묵상 시간을 조사해 본 결과 52%의 성도들이 예배시간 이외에는 성경을 읽지도 아니하고, 보지도 아니한다고 말했다. 오늘날 한국 기독교인이 52%가 교회에 와서 목사가 성경 읽을 때 그 성경을 읽을 따름이지 개인적으로는 성경을 읽지도 듣지도 않는다는 것이다. 또 예배 시간 외에 집에서 성경을 읽는 사람들도 조사를 해 보니깐, 일반 성도들은 일주일에 약 52분 정도 말씀을 읽고, 묵상하고, 집사는 1시간 27분, 장로 권사들은 2시간 37분 정도 밖에는 성경을 읽고 묵상하지 않는 다고 한다.

이런 정도로 하나님의 말씀과 멀리하고 사는데, 어찌 말씀의 능력으로 우리 심신이 완전히 치료를 받을 수 있겠는가? 온전한 치료를 받기 위해서는 하나님의 말씀을 더 가까이 하고, 하나님에게 집중해야 한다. 사람들은 기도하지 않는다. 모든 것이 쉽게 이루어지기를 바라지, 확신이 올 때까지 매달려 기도하지 않고 잠시 기도하다가 마음에 아주 증거가 없으면 그대로 포기하고 마는 것이다. 마가복음 11장 24절에 "그러므로 내가 너희에게 말하노니 무엇이든지 기도하고 구하는 것은 받은 줄로 믿으라 그리하면 너희에게 그대로 되리라"고 했다. 받은 줄로 믿어 질 때까지 기도하라는 것이다. 그냥 기도하는 것이 아니라, 기도하다 내 마음속에 이제는 받았다. 이제는 하나님이 허락했다는 확신이 올 때까지 기도하라. 조금만 기도하다 그만두라는 그런 말은 하지 않았다. 누가복음 18장 과부의 기도처럼 항상 기도하고 낙망치 말아야 한다.

이 과부는 불의한 재판관이 기도를 응답해 줄 때까지 계속해서 내 원수에 대한 원한을 갚아 달라고 간청을 했다. 나중에 불의한 재판관이 내가 하나님을 두려워하지 않고 사람을 무시하나, 이 여인이 하도 와서 늘 괴롭힘으로 내가 그 소원을 들어주겠다고 말했다. 이처럼 우리가 간구하는 기도를 드려야 하는 것이다. 응답이 될 때까지 기도해야 한다. 하나님을 찾고 또 찾으니 자신이 영적으로 변하여 기도하는 소리가 영이신 하나님에게 상달되어 치유를 받는 것이다.

히브리서 10장 38절에 "오직 나의 의인은 믿음으로 말미암아 살리라 또한 뒤로 물러가면 내 마음이 저를 기뻐하지 아니하리라 하셨느니라"고 말한 것이다. 조금 기도하다가 포기하고 뒤로 물러가면 하나님께서 기뻐하지 않는 것이다.

시편 91편 15절로 16절에 "저가 내게 간구하리니 내가 응답하리라 저희 환난 때에 내가 저와 함께 하여 저를 건지고 영화롭게 하리라 내가 장수함으로 저를 만족케 하며 나의 구원으로 보이리라 하시도다"라고 하셨다. 이러므로 간구하는 기도가 필요하다. 우리가 주님을 간절히 찾고 부르짖어서 주의 응답이 성령으로 말미암아 마음속에 올 때까지, 없는 것을 있는 것 같이 구해야 한다. 환경에 나타나는 증표가 보일 때까지 기도를 해야 하는 것이다. 보통 때는 간구하지 않다가 사람이 막다른 골목에 처하면 간구하게 된다. 하나님을 간절히 부르짖는 기도에 응답을 하시지 그냥 지나가는 바람결에 기도하는 것 효과가 없는 것이다. 항상 기도하여 하나님과 통해야 치유를 받는 것이다.

다섯째, 병을 고침 받기 위해서는 안수기도를 받는 것이 좋다. 예수님도 안수를 통하여 질병을 치유하셨다. 안수는 될 수 있으면 자주 많이 받는 것이 좋다. 왜냐하면 능력안수는 자꾸 받으면 받을수록 쌓이기 때문이다. 자꾸 안수를 받아서 성령의 능력이 자신을 장악하면 질병이 치유되기 때문이다. 고로 질병치유를 받으려면 안수를 많이 받아야 한다. 질병치유 사역을 하는 사역자는 안수를 두려워하면 안 된다.

사람의 머리에 손을 얹고 기도한다는 것은 대단한 일이다. 정말 하나님의 사람이라면 죄 지은 더러운 손으로 남의 머리 위에 손을 얹고 기도할 수 없다. 성도의 머리 위에 손을 얹고 기도하는 그것은 종교적인 요식행위가 절대로 아니다. 그것을 통해서 정신의 질환, 육체의 질환, 영적인 연약함까지도 회복되는 놀라운 역사가 있다. 질병으로 고통당하는 성도들에게 부탁 한다. 할 수만 있다면 목사님께 나아가 안수기도를 자주 받으라. 나를 가르치고 인도하시는 목사님께 안수기도를 받겠다는 것은 깊은 신뢰의 표시이다. 안수를 받는 것은 겸손의 표시이다. 담임목사님이 안수해도 하나님이 직접 안수해 주신다는 믿음으로 받아라.

이상한 부흥회에나 신비주의 은사집회가 열리는 곳에 가서 함부로 머리를 내밀지 말고, 가장 가까운 자신의 교회 목사님으로부터 자주 안수기도를 받을 필요가 있다. 그리고 공인된 치유목회자에게 안수를 받아야 한다. 내가 지금까지 성령으로 신유사역을 하면서 체험한 것은 안수를 자주 받으니 만병이 치유되더라는 것이다. 나는 자신한다. 어떠한 질병의 환자라도 겸손하게 낮아져서 하나님의 은혜로 치유를 받겠다고 의지를 다하여 나오면 모두 치유가 된다는 것이다.

질병의 치유는 자신의 육신에 있는 죄 성이 말씀과 성령으로 씻겼을 때 병이 치유되는 것이다. 자신이 성령의 사람으로 변하지 않으면 질병은 치유되지 않는다. 성령으로 사람으로 변해야 하나님의 역사가 자신을 장악하여 병이 고쳐지는 것이다. 그러므로 할 수만 있으면 자신을 낮추어서 안수를 받는 것이 좋다. 자꾸 예수님 앞에 나와서 머리를 숙이고 안수를 받으면 받을수록 겸손해지는 것이다. 마음이 열리는 것이다. 마음이 열리니 성령의 역사가 질병을 치유하는 것이다. 질병의 치유는 전적으로 땅(육)의 사람이 하늘(영)의 사람으로 변할 때 순간 일어난다.

장로나 목사는 기름을 바르고 기도하라고 야고보서 5장에 말했다. 야고보서 5장 14절에 "너희 중에 병든 자가 있느냐 저는 교회의 장로들을 청할 것이요 그들은 주 이름으로 기름을 바르며 위하여 기도할지니라" 장로들이 할 직분이 무엇인가? 장로들은 그 지역에 약하고 병든 자를 심방하며 병든 자에게 기름을 바르면 위하여 기도해서 고쳐주는 이런 역할을 하는 것이 장로의 사역인 것이다. 장로의 사역이란 감시하고 사람들 앞에 굴림에서 지배하고 다스리는 것이 아니다. 병들고 고통 받는 자를 찾아가서 기름을 바르고 안수하여 치료해 주는 그리스도의 치료의 사역을 하는 것이 바로 장로의 직분인 것이다.

오늘날도 그러므로 우리 병든 자를 위해서 우리 장로들은 기름을 바르며 위하여 기도해 주고 치료의 역사를 해야 하는 것이다. 또 우리 평신도라도 마가복음 16장에 따라서 아픈 자들이 오면 그들에게 가서 손을 얹고 기도를 해주어야 한다. 마가복음 16장 17절에서 18절에 "믿는 자들에게는 이런 표적이 따르리니 곧 저희가 내 이름으로 귀신을 쫓아내며 새 방언을 말하며 뱀을 집으며 무슨 독을 마실지라도 해를 받지 아니하며 병든 사람에게 손을 얹은즉 나으리라 하시더라"고 말했다.

손을 얹는다는 것은 믿음을 합친다는 것이다. 믿음을 합쳐서 간절한 마음으로 기도를 해야 한다. 어떤 사람들은 손을 얹으라고 했는데 손을 안 얹고 손으로 때려가지고서 환자들을 멍이 들게 하고 죽이기까지 하는데 그것은 말도 안 되는 소리이다. 손을 얹는다는 것은 사랑으로써 손을 붙잡아 주고 손을 얹어주는 사랑의 손길이지 때리는 손이 아닌 것이다. 자신의 힘으로 병이 고쳐지는 것이 아니고 성령의 권능으로 질병을 치유한다.

그러므로 부드러운 손을 얹어서 함께 믿음을 합쳐서 안수 기도를 받으면 하나님의 치료의 역사가 나타나는 것이다. 내가 지금까지 신유사역을 하면서 체험한 바로는 안수를 하면 더욱 치유가 잘 되더라는 것이다. 안수를 하면서 성령이 역사하시면 귀신을 축사해야 한다. 모든 질병이 귀신의 영향으로 오는 것이라서 축귀를 하는 것은 아니다. 그러나 일부는 귀신의 영향으로 오는 질병이 있다. 그러므로 귀신을 축귀해야 한다. 귀신의 축귀와 질병의 치유는 많은 연관이 있다. 강한 신유는 귀신축귀가 될 때 일어난다. 귀신이 떠나면 질병도 치유가 되었다.

여섯째, 우리가 치료함 받기 위해서 단호히 믿어야 한다. 환경이나 감각에 의지하지 말아야 한다. 믿음으로 행하고 우리가 보는 것으로 행치 말아야 한다. 나아만 장군이 요단강에 목욕 일곱 번하라고 했는데, 여섯 번 할 때까지라도 문둥병을 낫지 않았다. 일곱 번째까지 믿음으로 순종하니깐 병이 나은 것이다. 그러므로 우리가 주님이 병 고쳐 주시는 것은 하나님의 뜻인 줄 알았으면 단호하게 믿고 기도해야 하는 것이다. 믿음은 바라는 것들에 실상이요 보지 못하는 것들에 증거라고 했으니, 아직 성취되지 않았다고 할지라도 아직 보이지 않는다 할지라도, 하나님의 약속하심을 마음속에 확실히 믿고 나아갈 것을 확실히 믿어야 하는 것이다. 고린도후서 5장 7절에 "이는 우리가 믿음으로 행하고 보는 것으로 하지 아니함이로라"고 말했다.

출애굽기 15장 26절에 "가라사대 너희가 너희 하나님 나 여호와의 말을 청종하고 나의 보기에 의를 행하며 내 계명에 귀를 기울이며 내 모든 규례를 지키면 내가 애굽 사람에게 내린 모든 질병 의 하나도 너희에게 내리지 아니하리니 나는 너희를 치료하는 여호와임이니라"고 말했다. 하나님은 의사이시다. 의사이신 하나님께서 치료하기를 원하시기 때문에 단호한 믿음으로 하나님 앞에 나와서 기도해야 하는 것이다. 그리고 없는 것을 있는 것같이 입으로 시인을 하라. 담대하게 예수 이름으로 선포하라.

출애굽기 23장 25절로 26절에 "너의 하나님 여호와를 섬기라 그리하면 여호와가 너희의 양식과 물에 복을 내리고 너희 중에 병을 제하리니 네 나라에 낙태하는 자가 없고 잉태치 못하는 자가 없을 것이라 내가 너의 날 수를 채우리라"고 말씀하신 것이다. 그러므로 하나님은 단호하게 병을 고치기를 원하시며 병을 제하시기를 원하시는 것이다. 단 예수를 믿어 죄가 사해져서 의인이 된 크리스천 만을 치유하신다.

일곱째, 하나님께 감사해야 하는 것이다. 우리가 병 치료함을 받았으면 입술로 감사해야 되는 것이다. 히브리서 13장 15절에 "이러므로 우리가 예수로 말미암아 항상 찬미의 제사를 하나님께 드리자 이는 그 이름을 증거하는 입술의 열매니라"고 말했다. 입술의 열매가 감사이다. 우리가 기도 받고 치료함 받은 확신을 갖고 하나님께 감사를 드려야 된다. 그냥 감사만 드리지 말고 예물을 드려 감사하라.

누가복음 5장 12절로 14절에 "예수께서 한 동네에 계실 때에 온 몸에 문둥병 들린 사람이 있어 예수를 보고 엎드려 구하여 가로되 주여 원하시면 나를 깨끗케 하실 수 있나이다 하니 예수께서 손을 내밀어 저에게 대시며 가라사대 내가 원하노니 깨끗함을 받으라 하신대 문둥병이 곧 떠나니라 예수께서 저를 경계하시되 아무에게도 이르지 말고 가서 제사장에게 네 몸을 보이고 또 네 깨끗케 됨을 인하여 모세의 명한 대로 예물을 드려 저희에게 증거하라 하셨더니"고 말했다. 예물을 드려야 한다.

예물을 드리는 것은 믿음이 표현이다. 자기가 소유하고 있는 물질이 자기의 소유가 아니고 하나님의 소유라는 적극적인 수단이 예물을 드리는 것이다. 예물을 드리는 행위는 마음 중심이 하나님에게 가있다는 표현이다. 마음이 있는 곳에 물질이 있다. 하나님에게 예물을 드린다는 것은 하나님에게 마음을 드리는 행위이다.

역대상 16장 29절에 "여호와의 이름에 합당한 영광을 그에게 돌릴지어다 예물을 가지고 그 앞에 들어갈지어다 아름답고 거룩한 것으로 여호와께 경배할지어다"하나님께 빈손 들고 나오지 말라고 했는데 하나님께 은혜와 사랑과 복을 받을 사람이 빈 손 들고 나와서 은혜를 받을 수가 없다. 예물을 들고 나왔다는 것은 하나님께 반드시 치료해 주실 것을 믿었다는 것이다. 믿음의 표현이다. 질병을 치유하신 하나님에게 감사하고 찬미해야 한다. 치유하여 주신 하나님께 영광을 돌려야만 하는 것이다.

6장 복음적인 치유은사를 분출하는 비결

(막16:17-18)"믿는 자들에게는 이런 표적이 따르리니 곧 저희가 내 이름으로 귀신을 쫓아내며 새 방언을 말하며, 뱀을 집으며 무슨 독을 마실찌라도 해를 받지 아니하며 병든 사람에게 손을 얹은즉 나으리라 하시더라"

하나님은 우리가 치유의 은사를 가지고 영육의 질병으로 고통당하는 성도들을 치유하여 주기를 원하신다. 치유은사를 가지고 질병으로 고생하는 사람들에게 예수님을 전하며 능력 치유전도 하기를 원하신다. 치유의 은사는 성령께서 치유로 나타나는 것이다. 성령의 나타남은 곧 능력 은사이기 때문이다. 은사는 성령이 그의 뜻대로 나누어주는 은혜라고 한다.

하나님은 사람을 귀하게 여기신다. 무조건 귀하게 여기시는 것이 아니고 하나님을 찾는 사람을 귀하게 여기신다. 그래서 예수님을 세상에 보내어 십자가에서 희생하게 하시고 믿는 자들을 구원하신 것이다. 치유의 권능을 주시는 것도 예수를 믿고 교회에 들어와 하나님의 자녀가 된 사람들을 치유하여 하나님의 살아계심을 믿게 하기 위함이라고 생각한다. 예수를 믿는 자들이 은혜로 전인격이 치유 받아 자유인이 되어 구원 즉, 천국을 누리게 하기 위함이다. 좀 더 쉽게 설명한다면 하나님의 대변인으로 세상을 살아가게 하기 위하여 하나님의 사람들에게 치유의 권능을 주시는 것이다. 그렇기 때문에 교회를 성장시키려고 치유의 권능을 나타내려는 것은 하나님의 뜻과 대치되는 것이다. 하나님은 동기가 순수해야 치유의 권능을 허락하시는 것이다. 하나님께서 치유의 권능을 주면 무엇을 하겠는가? 질문을 하신다면 명확하게 답변을 해야 할 것이다. "하나님! 저에게 치유의 권능을 주시면 예수를 전하면서 살아계신 하나님을 증명하겠습니다. 예수를 믿은 자들을 치유하며 섬겨서 천국을 누리면서 하나님의 살아계심을 체험하는 자들이 되는 일에 사용하겠습니다. 전도된 성도들을 하나님의 성전으로 살아가도록 인도하겠습니다." 이런 치유의 은사를 받으려는 명확한 목적이 있어야 할 것이다.

기독교의 복음은 말이 아니고 살아있는 생명이기 때문이다. 성령이 자신의 육체를 뚫고 신유로 나타나야 신유 사역을 할 수가 있는 것이다. 신유의 은사는 어떻게 해야 나타나는 가? 이것이 문제이다. 성령이 신유로 나타나는 것은 성령의 나타남을 사모하고 기도를 해야 한다. 성령으로 불세례를 받아 심령이 성령으로 장악이 되어야 은사가 자신에게서 나타나는 것이다.

자신이 성령으로 장악이 되어 영적인 상태가 되면 신유의 은사가 나타나는 것이다. 신유의 은사는 성령의 뜻대로 나누어주시기 때문이다. 우리는 성령의 뜻대로 라는 용어를 잘 이해해야 한다. 성령은 영이시다. 고로 우리가 성령과 같은 영적인 상태가 되어야 신유의 은사가 나타날 수가 있는 것이다. 그래서 신유의 은사를 나타내려면 무엇보다도 자신의 심령관리가 중요한 것이다. 자신의 심령을 성령께서 장악하면 은사는 나타나지 말라고 해도 나타나게 된다. 그러므로 신유의 은사를 받으려면 자신에게서 성령이 나타나도록 자신의 전인격을 성령에게 맡겨야 한다. 신유 사역을 하기 위하여 신유의 은사를 받으려면 이렇게 하기를 바란다.

첫째, 치유의 권능을 사모해야 한다. 성령의 능력은 사모하는 자에게 주어진다. 하나님의 아들이라도 아끼지 않으시고 주신 하나님이 우리에게 은사를 주시지 않을 이유가 없다. 영혼구원을 위하여 사모하면 받게 된다. "너희는 더욱 큰 은사를 사모하라 내가 또한 제일 좋은 길을 너희에게 보이리라(고전 12:31)". "그러면 너희도 신령한 것을 사모하는 자인즉 교회의 덕 세우기를 위하여 풍성하기를 구하라(고전 14:12)" 신유의 은사를 받기 위해서 처음에 해야 할 것은 사모해야 하는 것이다.

그런데 성령으로 충만하면 성령께서 신유의 은사를 사모하게 하신다. 신유의 은사를 받아 질병을 치유하려는 마음이 자신을 사로잡게 된다. 사모하는 마음은 성령께서 주신 것이다. 성령이 사모하는 마음을 주신 것은 신유의 은사를 주시겠다는 것이다. 목회자에게는 성령께서 신유은사가 절실하도록 상황을 만들어 가신다. 우리 교회에 오셔서 신유의 은사를 받은 분들이 대다수가 이런 말을 한다. "환자가 찾아와 안수를 해달라고 하는데 두려워서 안수를 못했습니다. 그 다음 기도할 때마다 성령께서 저에게 신유은사를 받으라고 감동을 하십니다. 그래서 신유의 능력을 받으려고 왔습니다." 어떤 분은 자신의 교회에 정신적인 문제가 있는 성도가 있는데 자신을 우습게보아, 침을 뱉기도 해서 권능을 받으려고 왔다는 것이다. 어떤 분은 자신의 자녀가 병이 들었는데 거동이 불편하여 자신이 신유의 은사를 받아서 고치려고 왔다는 것이다. 나는 벌침을 놓으면서 전도하다가 이것이 아니라는 것을 깨닫고 신유의 은사를 사모했다. 이렇게 성령께서 신유의 은사를 받지 않으면 안 되도록 성령이 몰아간다는 것이다. 내가 지금까지 체험한 바로는 항상 성령께서 궁금증과 사모하는 마음을 주신다는 것이다. 궁금하여 그 분야에 집중하다가 보니 은사가 열리더라는 것이다.

우리가 바르게 알아야 할 것은 성령께서 우리는 권능의 사람으로 만들어 가신다는 것이다. 나는 이를 이렇게 표현한다. 성령께서 우리를 인도하면서 훈련하여 하나님의 수준으로 만들어 가신다. 왜냐하면 하나님이 우리를 통하여 하나님의 일을 해야 하기 때문에 우리가 하나님의 수준이 되도록 훈련하시는 것이다. 성경은 이렇게 말한다. "너희는 주께 받은바 기름 부음이 너희 안에 거하나니 아무도 너희를 가르칠 필요가 없고 오직 그의 기름 부음이 모든 것을 너희에게 가르치며 또 참되고 거짓이 없으니 너희를 가르치신 그대로 주 안에 거하라(요일2:27)"

그래서 우리는 성령의 은사를 사모하는 마음은 성령이 주시는 것으로 인정하고 은사를 받으려고 해야 하는 것이다. 성령의 감동에 순종해야 은사가 나타나는 것이다.

둘째, 성령의 세례 받아 간구할 때 받는다. 우리 충만한 교회에서 성령을 체험하고 은사를 받아 하나님에게 쓰임 받는 분들을 보면 모두 특색이 있다. 목회자의 경우는 교회를 개척하여 목회하다가 교회가 성장 되지 않아 찾아오셔서 성령을 체험하고 은사가 나타난다. 그래서 다시 교회를 개척하여 목회를 성공적으로 하고 계시는 분이 많다. 또 다른 유형은 질병으로 고통을 당하다가 치유받기 위해서 오셨다가 치유 받고 은사가 강하게 나타나는 경우이다. 그래서 목회를 힘 있게 하고 있다. 성도들의 경우는 물질과 사업이 되지 않아 해결받기 위해서 오셨다가 치유 받고, 다시 사업을 시작함으로 재정의 문제가 해결되는 체험을 한다. 또 다른 경우는 질병으로 고통을 당하다가 오셔서 성령을 체험함으로 치유 받아 하나님과 교통하는 영적인 성도가 된다. 이 모든 상황을 종합하여 판단하면 성령을 체험하고 문제가 해결되고 은사가 나타났다는 것이다.

그러므로 모든 성도는 예수 믿고 교회에 들어오면 성령을 체험하여 구습과 상처와 대물림을 치유하여 영적으로 변해야 하나님의 복을 받을 수가 있다는 것이다. 성령을 체험했으면 성령의 은사가 나타날 때까지 낙심하지 말고 기도해야한다. 나도 7년 동안 신유의 은사를 달라고 기도했다. 하나님은 때가 되니 저에게 강한 신유의 능력을 주셨다. 누구든지 사모하고 간구하면 주신다. "아무 것도 염려하지 말고 오직 모든 일에 기도와 간구로 너희 구할 것을 감사함으로 하나님께 아뢰라(빌 4:6-7)"

열심히 사모하고 간구 하면 주신다. 절대로 중간에 포기하지 말고 기다리면 받게 된다. 하나님은 간구하고 매달리는 영혼에게 만족함을 주시는 분이다. 하나님의 영광을 드러내기 위하여 은사를 달라고 하는데 안 주실 이유가 없는 것이다. 절대로 낙심하지 말고 끝까지 구하라. 때가 이르면 받게 될 것이다.

셋째, 치유의 권능이 흐르는 분 안수기도를 통하여 접목 받는다. 치유은사가 있는 사람에게 안수를 받으면 그 은사 자가 뚫어놓은 은사의 통로를 통해 은사가 임한다. 히브리서 6:1-3에 보면 안수가 기독교의 기본진리로 언급되고 있음을 볼 수 있다. 그런데 오늘날 교회에서는 안수를 너무 무시하는 경향이 있다.

버나드 조단은 "안수는 영의 이전이 가능하게끔 하는 기본적인 방법의 하나"라고 말했다. 그는 또한 "안수함으로써 축복, 기름부음, 병 고침과 신령한 은사들을 나누어 줄 수 있다"고 했다. 성경에 의하면 바울이 로마 교회를 방문하기 원했던 이유는 놀랍게도 안수를 통해 그들에게 은사를 나눠주기 위해서 이었다. "내가 너희 보기를 심히 원하는 것은 무슨 신령한 은사를 너희에게 나눠주어 너희를 견고케 하려 함이니(롬 1:11)" 어떤 사람들은 그런 일이 가능하냐고 묻는다. 물론 가능하다. 성경에 보면 분명히 베드로와 요한이 사마리아를 방문하여 개심자들에게 안수했을 때 그들이 성령을 받았다. 바울이 에베소에 이르러 신자들에게 안수했을 때 그 중 12사람이 방언을 하고 예언을 했다. 안수를 통해 그들에게 성령과 신령한 은사들이 주어지게 된 것이다. 디모데 역시 안수를 통해 은사를 받은 사람 중 하나이다. "네 속에 있는 은사 곧 장로의 회에서 안수 받을 때에 예언으로 말미암아 받은 것을 조심 없이 말며(딤전 4:14)"

이와 같이 하나님께서는 안수를 통해 사람들에게 성령과 신령한 은사들을 나누어주신다. 교회사를 살펴보면 죽은 사람을 14명이나 살렸던 위대한 하나님의 사람 스미스 위글스워스가 성령의 은사를 나누어주는 사역을 했다. 그러나 당시만 하더라도 이런 사역을 하는 사람들은 극소수에 불과 했다.

그런데 요즘 하나님께서는 세계 도처에서 이런 사역을 하는 다수의 사람들을 일으켜 세우고 계신다. 까를로스 아나콘디아, 베니 힌, 존 아놋트, 존 길패트릭, 스티브 힐, 클라우디오 플레이젼, 프란시스 맥너트, 마헤시 차브다, 마크 듀퐁, 낸시 코엔, 안재호, 그리고 이외에도 많은 목사님들이 있다.

주목할 사실은 이런 분들 역시 과거에 안수를 통해 능력의 전이를 경험했다는 사실이다. 클라우디오 플레이젼의 경우, 아르헨티나의 위대한 하나님의 사람 까를로스 아나콘디아의 집회에 참석하여 그에게 안수 기도를 받았고, 성령을 받은 후에도 사모하는 마음으로 미국으로 건너가 베니 힌 목사님으로부터 안수 기도를 받았다.

토론토 축복의 존 아놋트 목사님은 베니힌 목사님의 집회에 참석하여 은혜를 받았고, 클라우디오 플레이젼 목사님의 집회에 참석하여 안수를 받고 성령을 받았다. 펜사콜라 브라운스빌 교회의 스티브 힐 목사님 역시 부흥의 나라 아르헨티나를 방문하여 까를로스 아나콘디아와 클라우디오 플레이젼 목사님께 안수기도를 받았다. 안재호 목사님은 마헤시 챠브다로 부터 안수를 받을 때 하나님의 능력이 강력하게 전이되는 것을 경험했고, 그 때부터 기적이 일어나기 시작했다. 그러므로 우리는 안수 받을 기회가 있을 때 사모하는 마음으로 가능하면 자주 안수 기도를 받는 것이 좋다.

우리 교회에 오셔서 성령치유 훈련을 받은 분들이 대부분 나에게 나타나는 신유와 기타 은사들이 접목이 되어 사역을 하고 있다. 거의 모든 분들에게서 신유의 능력이 나타나 사역을 하고 있다. 우리 교회가 은사 접목이 아주 잘되는 편이다. 왜냐하면 시간시간 안수사역을 하기 때문이다. 그러므로 안수는 될 수 있으면 공인된 사람들에게 자주 받으면 좋다.

한편, 내 말을 아무에게나 경솔하게 안수를 받으라는 말로 오해하지 말기를 바란다. 잘못된 사람으로부터 안수를 받으면, 죄와 저주와 묶임이나 나쁜 영이 전이될 위험성이 있다. 특히 동성애, 탐욕, 정욕과 기타 악한 성도착 영들로 차 있는 사람에게서 안수를 받으면 그들의 영이 자신에게로 넘어올 수도 있다.

실제로 내가 아는 분들 가운데는 잘못된 부흥사에게 안수를 받은 후 잘못된 영을 받아 저에게 와서 예수 이름으로 안수기도를 받은 후 자유하게 된 사람이 있다. 그리고 나의 경우는 안수기도를 할 때 먼저 나 자신을 돌아보고 거리낌이 있을 때에는 안수를 하지 않는다. 그러므로 우리는 단순히 은사가 아니라 열매를 통해 상대에 대해 잘 분별하고, 오직 하나님의 사람들에게만 머리를 숙여야 할 것이다. "바울이 그들에게 안수하매 성령이 그들에게 임하시므로 방언도 하고 예언도 하니(행19:6)"

그러므로 할 수만 있으면 신유의 은사가 있는 공인된 분들에게 안수를 받아야 한다. 능력안수는 받으면 받을 수록 자꾸 쌓이는 것이다. 받으면 받을 수록 자신의 심령을 성령이 장악하는 것이다. 권능의 정도는 성령이 자신을 얼만 큼 장악을 했는가에 따라 다르게 나타나는 것이다. 말씀과 성령으로 심령을 치유하고 안수를 자주 받으라.

그러면 당신에게서도 신유의 은사가 나타날 것이다. 병 고치는 은사들이란 기도를 통하여 병든 자에게 건강을 초자연적인 방법으로 주시는 하나님의 능력을 행사하는 것을 뜻한다. 병 고치는 은사는 복수형으로 사용된 것은 아마 여러 가지 병을 고치는 은사를 의미하는 것일 것이다. 이 병 고치는 은사는 표적의 은사로서 사람들로 하여금 하나님의 복음에 시선을 쏠리게 하는 데 특별한 가치가 있는 은혜이다. 육신적인 사람은 보이는 것이 있어야 믿게 된다. 그래서 복음을 전도 하려면 신유의 은사가 나타나야 한다. "여인이 엘리야에게 이르되 내가 이제야 당신은 하나님의 사람이시요 당신의 입에 있는 여호와의 말씀이 진실한 줄 아노라 하니라(왕상 17:24)". "무리가 빌립의 말도 듣고 행하는 표적도 보고 일심으로 그의 말하는 것을 좇더라 많은 사람에게 붙었던 더러운 귀신들이 크게 소리를 지르며 나가고 또 많은 중풍병자와 앉은뱅이가 나으니(행 8:6,7)". "보블리오의 부친이 열병과 이질에 걸려 누웠거늘 바울이 들어가서 기도하고 그에게 안수하여 낫게 하매 이러므로 섬 가운데 다른 병든 사람들이 와서 고침을 받고 후한 예로 우리를 대접하고 떠날 때에 우리 쓸 것을 배에 올리더라(행 28:8-10)" 이 병 고치는 은사를 가지고 있는 사람은 어떤 사람의 병이라도 다 고칠 수 있다고 생각할 수는 없다. 물론 병 고치는 은사를 행사하여 병자의 병을 고칠 경우에 우선 하나님께서 허락해야만 하고, 다음으로 병든 사람의 태도와 영적 상태를 고려하지 않을 수 없다. 예수 그리스도께서도 사람들의 불신앙으로 말미암아 신유의 능력을 베푸시는 일에 제한을 받았던 것을 볼 수 있다. "저희의 믿지 않음을 인하여 거기서 많은 능력을 행치 아니하시니라(마 13:58)"

병자는 병 고치는 은사를 소유하고 있는 사람에게만 절대적으로 의존할 것은 아니다. 일반적으로 모든 신자들은 믿음을 갖고 병자를 위하여 기도할 자격이 있는 것이다. "믿는 자에게 표적이 따르느니라… 손을 얹은즉 나으리라"(막 16:17-18).라는 말씀을 믿고 기도하면 낫는다. 자신이 사모하고 기도하면 하나님이 은사를 주신다. 그리고 하나님은 하나님의 사람을 통하여 역사하신다. 그러므로 자신에게 신유의 은사를 접목시킬 사람을 만나게 해달라고 기도하자(약 5:14).

우리의 몸은 성령이 거하는 성전이다. 우리의 인간적 육신은 약함에도 불구하고, 성령이 우리에게 역사 하시면 병 고침을 받게 되고, 병 고치는 은사를 받아 사역하게 된다. 성령님은 오늘날에도 병든자를 고치도록 능력을 입혀주신다. 믿기를 바란다. 우리는 이러한 능력을 입고 병 고치는 사역의 사명을 하여야 한다.

넷째, 받은 은사를 발전하고 나타내라. 받은 은사는 실험하고 활용해야 한다. 신유의 은사가 있다면 그것을 자꾸 실험하고 활용해서 그것이 진짜 신유의 은사인지 확인하고 검사해야 한다. 그 실험을 할 때는 내가 그 은사를 진짜 가지고 있는지 긍정적·부정적 관점에서 냉정히 살펴야 한다. 자신의 은사가 아닌 것으로 인해 불필요한 시간 낭비해선 안 되기 때문이다. 지금 사용하는 은사에 문제가 있다고 생각되면 다시 다른 은사를 구해야 한다.

자신에게 신유의 은사가 나타난다면 성령의 감동에 순종할 때 성령의 나타남이 점점 더 확대된다는 사실을 알아야 한다. 순종이 필수이다. 내가 시화에서 목회할 때 이런 일이 있었다. 젊은 부부를 전도하여 예수를 믿고 우리교회에 나오게 되었다. 심방을 가니까, 부부의 큰 아들이 배가 아파서 어찌할 줄을 모르고 고통하고 있었다. 아이의 어머니가 하는 말이 심방 끝나고 병원에 가지는 것이다. 그때 나에게 성령께서 안수해주어라. 하는 감동을 주시는 것이다. 그래서 내가 심방 끝나고 병원에 갈 필요 없이 내가 안수하면 깨끗하게 치유될 것이다.

그리고 아이를 오라고 하여 안수를 했다. 안수를 마치고 1분도 지나지 않아 화장실에 뛰어 들어가 대변을 보는 것이다. 대변을 보고 나오더니 이제 배가 아프지 않다는 것이다. 아이 엄마가 박수를 치면서 하는 말이 "역시 하나님은 살아계십니다. 목사님 감사합니다." 그런데 만약에 내가 성령이 감동하는데 안수 기도하여 치유하지 않고 병원으로 가라고 하면 이런 일이 생기게 된다. 성령님이 나에게 믿음이 없다고 삼년간 더 훈련을 받으라고 하시는 것이다. 성령이 감동할 때는 즉각 순종을 하면 성령께서 믿음을 보고 역사하신다. 절대로 내가 한다고 생각하면 은사를 발전시키고 믿음을 자라게 할 수가 없다. 나는 못하지만 내 안에 계시는 성령이 하신다. 순종이 중요하다. 순종하는 자에게 성령의 나타남이 더 나타나게 된다. 나는 순종할 때 성령께서 강하게 나타내주시고 나의 믿음이 성장하도록 훈련하셨다. 성령이 감동할 때 순종하면 기적을 체험하면서 믿음이 점점 커지는 것이다. 아~나에게도 은사가 나타나는 구나, 하고 믿는 다는 것이다. 그 다음은 담대한 믿음으로 은사를 사용할 수가 있다. 내가 지금까지 체험한 바로는 성령께서 감동을 주시고 순종할 때 기적을 체험하게 하시면서 성도의 믿음을 키워 가신다.

전적으로 성령께서 성도를 훈련하시는 것이다. 그러면서 담대한 성도를 만들어 가시는 것이다. 그래서 성령의 인도에 순종하라는 것이다. 우리 성령의 인도에 순종하자. 신유 기도를 할 때 중요한 것은 결과를 생각하지 말라는 것이다. 치유되지 않으면 어떻게 하나, 걱정하지 말라는 것이다. 치유는 성령이 하시는 것이다. 그러므로 우리는 그저 성령의 감동 하에 안수하고 선포하는 것이다. 치유는 사역자와 환자의 믿음을 보고 성령님이 역사하시는 것이다. 믿음을 가지고 담대하게 안수하고 명령하라. 그러면 성령이 치유하신다.

신유은사를 사용하는 가운데 자신의 마음을 점검해야 한다. 기쁘고 신나면 하나님께서 주시는 은사일 확률이 높다. 하나님께서는 은사를 주셨으면 더 열심히 하게 하기 위해 기쁜 마음을 주시기 때문이다. 자신이 하고 싶고 하나님이 밀어주니 피곤하지 않은 것이다. 사람마다 주 사명과 주 은사가 있다. 사명에 따라 은사가 열리는 것이다. 은사는 사명을 감당하라고 성령께서 주시는 것이다. 그러므로 그저 달라고만 하지 말고 주신 은사가 무엇인가를 알도록 노력해야 한다. 성령의 은사를 꾸준히 개발하려고 해야 한다. 은사를 사용하라는 말이다. 많이 해보아야 자신감도 담대함도 생긴다. 두려워하지 말고 사역을 할 수 있는 상황을 많이 만들어서 많이 사용해보기를 바란다. 그러면 어느 순간에 자신감이 생기고 은사의 나타남이 강해지는 것을 스스로 느끼게 될 것이다.

주 은사는 은사를 받고 싶은 충동이 자꾸 일어난다. 은사를 받아서 사용하고 싶은 충동이 강하게 일어난다. 주 은사를 안 쓰면 연단이 온다. 주 사명과 연관되어 주 은사가 주어지는 것이다. 하나님이 자신을 사용하시려고 은사를 주시는 것이다. 예로서 나는 지식의 말씀과 지혜의 말씀과 영분별과 능력 행함의 은사와 신유은사, 방언통역과 예언, 믿음의 은사이다.

그리고 나의 사모는 지식의 말씀의 은사와 지혜의 말씀의 은사와 예언의 은사와 믿음의 은사이다. 그래서 우리 부부의 은사를 사용하도록 하나님이 필요한 사람을 자꾸 보내주기 때문에 내가 사역을 매주 할 수 있는 것이다.

은사를 사용하면 할수록 기쁨이 온다. 속으로 너무 하고 싶다는 욕구가 일어난다. 그리고 사람들이 찾아온다. 나는 정말 기쁨으로 성령치유 집회를 인도하고 사역을 한다. 자신이 하기가 싫어도 하나님이 밀어주는 사역이 주 은사이다. 이것이 무슨 말이냐 하면 예를 들어 신유은사가 있는 사람은 질병치유를 받으려고 하는 사람이 자꾸 자기에게 찾아온다는 것이다. 찾아와서 안수하면 치유가 된다는 것이다.

이것을 보증의 역사라고 하는 것이다. 세상 말로는 붙임의 역사라고도 한다. 하나님이 은사를 사용하도록 사람들을 보낸다는 것이다. 내가 자닌 10년이 넘도록 성령치유사역을 할 수 있었던 것도 하나님이 치유와 능력을 받을 사람들을 계속 보내 주셨기 때문에 사역을 계속할 수 있는 것이다. 사람을 보내지 않는 데 어떻게 사역을 계속 할 수 있겠는가? 그리고 사역을 할 때 성령님의 역사가 나타났다는 것이다. 그러므로 자기가 아무리 하고 싶어도 하나님이 밀어주지 않으면 할 수가 없는 것이다.

다섯째. 은사를 강하게 나타내라. 주신은사는 강하게 발전시켜야 한다. 나는 신유의 능력을 향상시키기 위하여 병원전도를 3년을 했다. 그때 우리교회 성도는 20명 남짓 되었다. 내가 이분들만 안수하면 신유능력을 광범위하게 발전시킬 수가 없다는 생각이 나를 주장했다. 그래서 병원에 가기로 했다. 병원에는 수많은 종류의 환자들이 있다. 월요일부터 금요일까지 아침 9시부터 오후 4시까지 부지런히 다녔다. 하루에 230명을 안수한 날도 있었다. 안수할 때 병들이 그 자리에서 치유되는 것을 수없이 체험하게 하셨다. 점점 나에게 담대함이 생겼다. 하나님은 못하시는 것이 없다는 것을 체험하게 하셨다. 나는 신유 안수를 할 때 절대로 결과를 생각하지 않는다. 그냥 치유하여 주실 것을 순수하게 믿고 안수한다. 그러면 병이 치유가 된다. 자우지간 환자를 많이 만나 안수를 해보아야 담대함이 길러지고 신유은사가 강해지는 것이다.

나는 신유 집회할 때 성령이 감동하시는 대로 환자를 불러낸다. 성령께서 치유하실 것을 믿고 안수한다. 그러면 치유하신다. 나의 사모가 이렇게 말한다. 그러다가 치유되지 않으면 어쩌려고 그렇게 하느냐고 물어본다. 나는 이렇게 대답을 한다. "내가 내 이름으로 기도했어요. 예수이름으로 기도했지! 치유되지 않으면 내가 망신을 당하는 것이 아니라 예수님이 당하는 것입니다." 그래서 지금까지 신유집회를 인도하며 앞에 불러낸 환자가 치유되지 않은 환자가 없다. 성령은 절대로 신유 사역자를 난처하게 하시지 않는다는 것을 믿어야 한다. 나는 항상 성령님이 책임을 져주신다고 생각하고 담대하게 성령께서 하라는 대로 안수 사역을 한다. 그러면 성령께서 고치신다. 그러면 나는 성령님께 영광을 돌린다.

고로 우리가 강한 은사로 발전시키기 위하여 성령님에 대한 바른 이해를 가지고 성령님과 인격적인 교제를 해야 한다. 은사에 대한 부정적인 고정관념을 버리고 긍정적인 자세를 가지라. 신학적, 전통적, 경험의 틀에서 자신을 해방시키라. 사람을 의식하지 말라는 것이다. 많은 성도들이나 목회자가 교단의 전통을 의식하여 주신 신유의 은사를 사용하지 않는 경우가 있다. 하나님은 절대로 사람을 의식하는 사역자와는 상대하지 않는다는 것을 명심해야 하나님에게 쓰임을 받을 수가 있다.

강한 강박관념, 불안, 격한 감정에서 벗어나야 한다. 은사는 성령의 역사와 나타남이기 때문에 평안한 상태에서 나타나는 것이 보통이다. 자꾸 은사를 사용하여 담대함을 길러야 한다. 그래야 은사가 강해지는 것이다. 하나님과 교통하는 깊은 영의기도를 게을리 하면 안 된다. 기도가 신유이다. 기도가 능력이다. 기도를 통하여 하나님과 교통해야 한다. 성령하나님과 인격적인 관계가 되어야 한다. 성령과 인격적인 관계란 성령이 감동에 절대로 순종하라는 것이다. 그래야 신유를 위한 안수를 할 때 성령께서 역사하신다. 신유사역자는 성령을 떠나서는 아무것도 못한다. 하나님은 하나님을 신뢰, 순종, 겸손한 사람을 원하신다. 자꾸 자신을 개발시키려는 사람, 자꾸 하나님에게 자신을 드리려는 사람을 원하신다. 하나님의 마음에 드는 사람이 되려고 하라. 그러면 신유의 은사가 자꾸 강해질 것이다.

여섯째, 신유의 은사가 나타날 때 체험하는 성령역사. 신유의 은사는 권능의 은사 부류에 속한다. 권능의 은사를 받은 분들이 대표적으로 체험하는 성령의 역사는 손이 뜨거워진다. 가슴이 뜨거워지는 것을 체험을 한다. 아랫배가 뜨거워지는 것을 체험한다. 등과 허리가 뜨거워지는 것을 체험한다. 그러면서 마음이 안정이 되고 담대해지는 것을 체험한다. 목소리가 우렁차고 부드러워진다. 목소리가 강하고 힘차게 나온다. 손에서 불이 나가는 것 같은 뜨거움을 체험한다.

손이 떨리거나 뻣뻣해지고, 힘이 느껴지기도 한다. 권투 글러브를 낀 것 같은 무거움을 체험하기도 한다. 손이 병자에게 저절로 올라가고, 기도해주고 싶은 강한 마음이 생긴다. 환자에게 손을 대는데 귀신을 쫓는 대적기도가 막 나온다. 환자의 영적인 더러움이 느껴지고, 깊은 기도하면서 자신의 내면이 정화되는 것을 체험하게 된다. 환부에 손만 대었는데도 손자국이 나거나 환자가 심한 통증을 느끼기도 한다. 병 고침에 대한 확신과 믿음이 온다. 병이 아무 것도 아니고, 자신이 기도만 하면 나을 것 같은 믿음이 생긴다. 자기 손으로 자기의 아픈 부위에 얹고 기도하면 순간적으로 환부가 없어지거나 환부가 새롭게 생겨나는 것을 느껴지기도 한다. 상대편 병의 같은 종류의 통증이나 증상이 나에게 느껴지면서 상대는 호전되거나 치유가 된다.

상대편의 병의 원인과 상태를 그냥 보고 저절로 알게 된다. 질병에 따라 해결책도 알게 된다. 손을 대고 있으면 환자에게 무언가 흘러 들어가는 것이 느껴지기도 한다. 환자에게 손을 대고 기도하면 귀신(동물이나 사람의 영)이 순간 보이고 쫓게 된다. 안수 기도하면 낫는 다는 믿음과 확신, 평강과 기쁨이 온다. 자신에게 영육의 문제와 질병이 있는 사람이 자꾸 찾아온다. 안수 기도할 때 순간 치유되는 기적을 체험한다. 담대함이 생겨 선포하는 대로 된다는 믿음이 강해진다.

간증 신유의 은사를 받았다. 저는 인천에서 목회하고 있는 박○○ 목사입니다. 교회를 개척하여 목회를 하다가 보니 성령의 은사가 절실하게 필요했습니다. 병자들이 많이 찾아오니 신유은사가 절실 했습니다. 가끔 상담을 하다가 보면 꿈이나 환상에 대하여 문의 하는 성도들도 있었습니다. 저는 그때마다 그런 신비한 것에 너무 치중하지 말고 무시하라고 했습니다. 이렇게 말하고 나면 내 양심이 소리를 했습니다. 모르면 모른다고 해라. 왜 무시하라고 하느냐! 한 편으로는 성령의 은사를 받고 싶은 강한 사모함이 나를 사로잡았습니다. 그래서 성령의 은사를 받아야 되겠다는 마음으로 서울 모처에서 하는 성령치유 은사 세미나에 네 번이나 참석을 했습니다. 세월로 말하면 일 년이 넘는 세월이었습니다. 한주에 20만원이나 하는 회비를 내고 참석을 했습니다. 세미나에 다녀와서 환자를 안수하면 환자가 더 아프다는 것입니다. 참으로 답답했습니다. 거기서 성령치유 세미나를 인도하는 목사님은 담대하게 예수 이름으로 기도하면 낫는다고 해서 안수를 했는데 더 심하다니 이해가 가지를 않았습니다. 그래서 고민을 하고 있는데 어느 목사님이 자신은 성령의 불을 받고 성령의 은사가 나타났다고 했습니다.

성령의 불의 역사가 강하다는 기도원을 알았습니다. 매주 목요일마다 인천에서 저 충청도까지 거의 이년을 다녔습니다. 다른 분들은 불을 받았다. 성령의 능력을 받았다. 자랑하는데 저는 냉랭했습니다. 우연한 기회에 기독 서점에 갔다가 마음에 와 닿는 책이 있어서 두 권을 사게 되었습니다. "영안을 밝게 여는 비결" "내적치유 쉽게 하는 법"이 책 두 권을 읽어보니 내가 성령의 불과 은사를 받지 못하는 이유를 알게 되었습니다. 먼저 홈페이지에 들어가 보니 여러 간증이야기가 있었습니다. 나도 성령의 세례를 받고 은사를 받을 수 있다는 감동이 왔습니다. 그래서 충만한 교회를 찾게 되었습니다.

충만한 교회집회를 참석하여 보니 내가 지금까지 다니면서 시간을 낭비한 곳과는 여러 가지가 달랐습니다. 강 목사님이 성령을 체험하고 은사가 나타나게 된 과정을 정리하여 강의를 하고 매시간 기도를 했습니다. 기도할 때 강 목사님이 안수를 해주셨습니다.

과목도 성령치유와 성령은사에 대하여 매주 다른 과목으로 공부를 할 수가 있었습니다. 한마디로 체계적 이었습니다. 마음이 열렸습니다. 나도 이제 성령체험하고 성령은사를 받아 성도들을 만질 수 있겠다는 자신이 생겼습니다. 그래서 매주 참석을 하겠다고 마음을 먹고 참석했습니다. 첫날은 그냥 지나갔습니다. 이

틀날 말씀을 듣고 기도를 했습니다. 기도하는데 강 목사님이 오셔서 안수를 하셨습니다. 안수를 하는데 내가 강한 전기에 감전된 것과 같이 손이 찌릿찌릿 했습니다.

하도 신기하여 상담을 요청하여 상담을 했습니다. 강 목사님에게 내가 지금까지 성령의 불과 은사를 받으려고 노력한 것을 말씀드렸습니다. 그리고 오늘 안수 받을 때 왜 손이 찌릿찌릿 하는 가 질문을 했습니다. 목사님이 하시는 말이 성령이 장악하는 것을 보증으로 알게 한 것이라고 하셨습니다.

그러면서 이렇게 말씀을 하시는 것입니다. 목사님은 지금까지 바르게 알고 행하지 못해서 성령의 불과 은사를 받지 못했다는 것입니다. 불은 밖에서 받는 것이 아니고 사람의 영 안에 있는 성령으로부터 불이 올라와야 한다는 것입니다. 왜 내가 그동안 불을 받지 못했느냐면 밖에서 불을 받으려고 밖에만 관심을 두어서 속사람이 치유되지 않아 불을 받지 못한 것이라는 것입니다. 앞으로는 마음을 열고 기도를 하여 속에서 불이 나오게 하라는 것입니다. 그러면서 이렇게 말씀을 하셨습니다. 성령의 불과 은사를 받으려는 그 조건과 상태는 여러 가지이지만 첫째 의지가 발동해야 합니다. 쉽게 말해서 사모함이 있어야 합니다. 사모함으로 의지를 발동하여 성령세례를 받는 것이 제1의 원리요, 그 다음은 말씀과 성령으로 내적 치유하는 것이 제2의 원리요, 귀신 추방의 제3 원리입니다. 이렇게 하여 성령이 자신을 장악해 가므로 생각이 바뀌고, 마음이 감동되어, 믿음이 생겨서, 본인의 의지가 발동되어, 몸이 움직여지고, 행동으로 옮겨지는 과정을 거쳐야 합니다. 그래야 성령의 불을 받고 성령의 은사가 나타나는 것입니다.

목사님은 사모하시니까, 얼마 있지 않으면 성령의 강한 불과 역사를 체험하겠다고 했습니다. 내가 성령의 불과 성령의 은사를 받으려고 몇 년을 투자 했는데 이제 결실이 나타나는 구나하고 속으로 감사했습니다. 둘째 날은 그렇게 지났습니다. 삼일 째 되는 날 이였습니다. 말씀을 마치시고 찬송을 연속해서 부르는데 여기저기서 소리를 지르고 흐느끼면서 울부짖었습니다. 저역시도 몸을 가누지 못할 정도로 몸이 앞뒤로 흔들렸습니다.

가슴이 답답해졌습니다. 가슴이 답답해지더니 속에서 불덩어리가 올라오는 느낌을 받았습니다. 눈에서는 계속 눈물이 흘러서 양 볼에 흘러 내렸습니다. 그러면서 울음이 속에서 올라왔습니다. 그래서 울음을 참지 못하고 울었습니다.

나도 모르게 막 진동을 하면서 소리를 질렀습니다. 온몸이 불덩어리가 되었습니다. 막 의자에서 뛰면서 기도를 했습니다. 그러자 강요셉 목사님이 오셔서 안수를 해주셨습니다. 안수를 하면서 더 강하게 역사하여 주시옵소서. 하고 기도하니까, 그만 내가 절제 할 수 없는 강한 진동이 일어났습니다. 의자에서 떨어졌습니다. 내 속에서 방언이 터져 나왔습니다. 그러면서 몸이 뒤틀리기 시작을 했습니다.

그러면서 몸이 정말 뜨거웠습니다. 정말 내가 감당할 수 없었습니다. 몸이 뒤틀리면서 속에서 괴성이 계속 나왔습니다. 내 다리가 머리위로 올라오면서 발작을 했습니다. 어느 정도 시간이 경과 되니 몸이 안정이 되는 것을 체험하게 되었습니다. 그러자 강 목사님이 "지금까지 이렇게 진동하게 한 더러운 영은 기침으로 떠나갈지어다" 하며 명령을 하시는 것이었습니다. 그러자 기침을 멈출 수가 없을 정도로 기침이 많이 나왔습니다. 강 목사님이 영의 통로를 막고 있던 더러운 영들은 기침으로 시원하게 떠나갈지어다. 하니까 기침이 사정없이 나왔습니다. 그러면서 내 속에서 허허허, 하하하 하면서 가슴에서 무엇이 빠져나가는 체험을 했습니다.

그러면서 목사님이 마음에 있는 상처에 붙어있는 더러운 영은 떠나갈지어다. 명령을 하실 때 막 이상한 소리를 하면서 귀신들이 떠나갔습니다. 너무나 감사했습니다. 내가 이렇게 성령을 체험하려고 삼년이란 세월과 물질을 투자했더니 체험하고야 말았구나 하니 너무나 기뻤습니다. 너무나 은혜를 많이 받고 집으로 돌아갔습니다. 교회에 돌아가서 당시 중학교 삼학년이던 저의 아들을 안수해주고 싶은 생각이 들었습니다. 강 목사님이 성령이 감동하면 순종해야 한다고 해서 아들을 오라고 했습니다. 안수를 했습니다. 그랬더니 아들이 막 기침을 하면서 우는 것입니다. 그때 직감적으로 아 나에게도 성령의 능력이 왔구나 하는 감동이 왔습니다. 아들을 안수하여 진정이 될 때까지 기도를 해주었습니다. 끝나고 나니 아들이 하는 말이 가슴이 시원하다는 것입니다. 목소리가 저절로 커진다는 것입니다. 참으로 감사했습니다. 그래서 네 쨋날에 상당한 액수의 감사헌금을 했습니다. 매주 다른 과목을 배우고 성령의 권능이 나타나니 시간이 아깝지를 않았습니다. 성도들이 아프다고 해서 안수하면 그 자리에서 질병이 치유되었습니다.

상담을 해달라고 하면 자세하게 상담을 해줄 수가 있게 되었습니다. 충만한 교회에서 내적치유, 가계치유, 신유, 가난청산, 인간문제치유, 성령치유, 뼈 신경치유, 예언, 하나님의 음성듣기 등등 24개 과목을 매워서 내 것으로 만들었습니다. 이제 어떤 환자가 어떤 문제를 가지고 찾아오더라도 자신이 있게 상담하고 치유할 수 있게 되었습니다. 내 안의 상처가 치유되어 성격도 유순하게 변했습니다. 그러니 사모가 굉장히 좋아합니다. 여기저기 친구 사모들에게 알려서 목사님들을 충만한 교회에 보냈습니다. 충만한 교회 다녀오고 나서부터 교회가 성장을 했습니다. 충만한 교회에서 약 6개월간 은혜 받고 배로 부흥을 했습니다. 교회를 개척해보신 분들은 잘 아시겠지만, 작은 교회는 모두 자신의 문제를 해결 받으러 오는 성도가 대다수입니다. 우리 교회에 와서 문제를 해결 받고, 질병을 치유 받고 상처를 치유 받으니, 소문을 내서 사람들이 모여들었습니다. 무엇보다도 내가 영적으로 변화되어 감사합니다. 저의 사모함을 만족하게 해주시고 성령의 권능과 은사를 주신 하나님에게 감사드립니다. 하나님은 사모하는 영혼에게 만족함을 주십니다.

7장 치유권능을 강력하게 분출시키는 비결

(막16:17-18)"믿는 자들에게는 이런 표적이 따르리니
곧 그들이 내 이름으로 귀신을 쫓아내며 새 방언을 말하
며, 뱀을 집어올리며 무슨 독을 마실지라도 해를 받지 아
니하며 병든 사람에게 손을 얹은즉 나으리라 하시더라"

신유의 능력을 강력하게 나타내려면 생명의 말씀과 성령으로
자신이 완전하게 장악이 되어야 한다. 그리고 능력있는 목회자
에게 안수한번 받아서 능력을 나타내려는 생각을 접어야 한다.
강력한 신유의 능력은 성령으로 진리의 말씀을 깨달아 자신이
없어지는 만큼씩 깊어지는 것이다. 치유의 능력이 전이되는 적
극적인 수단은 안수이다. 영적전이는 잘못된 영만 전이되는 것
이 아니다. 성령의 영적 권능도 전이가 이루어진다. 엘리사가 엘
리야의 능력을 전이 받은 것과 같은 영적 능력의 전이가 지금도
이루어진다. 이것을 임파테이션(impartation)이라고 한다. 필자
는 이렇게 생각을 한다. 영적지도자에게 역사하는 성령의 능력
과 은사가 접촉과 생활을 통하여 영적지도자를 모시고 훈련받는
사람들에게 전이 되게 된다는 것이다.

성경에 의하면 모세와 여호수아, 엘리야와 엘리사, 사도들과
스데반과 빌립, 바울과 디모데 사이에 영적 전이가 이루어졌다.
그러면 우리가 어떻게 해야 여호수아, 엘리사, 스데반과 빌립,

디모데와 같이 스승의 영을 전이 받을 수가 있을까? 이것은 기적적 신유사역을 하기 원하는 사람들에게는 아주 절박하고 실제적인 문제이다. 그래서 그 비결들을 소개할 것이다.

첫째, 애절하게 사모하는 마음이 있어야 한다. 내가 성령의 세례를 받고 능력을 받은 것은 간절히 사모했다는 것이다. 어린아이와 같이 순수한 마음을 가지고 정말로 절박하게 사모했다. 집회를 참석하면 멘 앞의 자리를 차지하려고 2시간씩 일찍 참석하여 자리는 잡았다. 앞자리에 앉아야 강사목사님에게 역사하는 성령의 권능을 전이 받을 수가 있기 때문이다. 예수님은 "명절 끝날 곧 큰 날에 예수께서 서서 외쳐 가라사대 누구든지 목마르거든 내게로 와서 마시라. 나를 믿는 자는 성경에 이름과 같이 그 배에서 생수의 강이 흘러나리라"(요7:37-38)라고 말씀하셨다.

하나님에게 권능을 받으려면 사모하라는 것이다. 엘리사가 엘리야의 영감을 모두 전이 받았다. 이는 엘리야에게 역사하는 성령의 권능이 자신의 것이 되어야 한다는 간절한 사모함이 있었기 때문이다. 결국 엘리사는 엘리야의 영감을 전이 받았다. 그리고 이적을 갑절로 행했다. 엘리사는 엘리야가 행사했던 능력이 자기 것이 되기에 굶주렸고 또 갈급하였다. 그러므로 간절히 사모하는 마음이 있어야 한다.

우리 충만한 교회에 사모함을 가지고 와서 겸손하게 장기간 성령치유를 받는 분들에게 저와 사모에게 역사하는 성령의 권능과 은사가 전이되어 사역지에서 하나님에게 귀하게 쓰임 받는 목회자와 사모님들이 많이 있다. 오로지 자신이 말씀과 성령으로 변화되겠다는 마음을 가지고 시간과 물질을 투자하여 훈련에 참석하니 믿음을 보시고 하나님이 능력과 은사를 부어주시는 것이다. 나는 단언한다. 우리 충만한 교회에 와서 6개월만 영성훈련을 하시면 모두 저에게 역사하는 성령의 권능을 받아 사용할 수가 있다는 것이다. 단 자기 안에 계신 하나님과 관계를 열어서 모든 것을 자기 것으로 만들어야 한다는 단서가 있다. 능력 있는 믿음 생활을 하고 싶은가? 사모하는 마음을 가지고 시간과 물질을 투자하면 반드시 성령의 권능을 받아 권능 있는 성도가 될 것이다.

둘째, 성령으로 깊은 영의기도가 되어야 한다. 내가 성령의 권능을 받은 체험을 요약해서 말한다면 깊은 영의기도를 많이 해야 한다. 한마디로 기도의 대가를 지불해야 한다는 것이다. 성경 고린도후서 9장 6절에 "이것이 곧 적게 심는 자는 적게 거두고 많이 심는 자는 많이 거둔다 하는 말이로다" 한다. 이는 시간을 하나님에게 많이 드리면 많이 받게 된다는 뜻이다. 물질을 많이 심으면 많이 거두게 되듯이 성령의 권능도 하나님에게 마음과 시간을 드린 만큼 능력이 나타는 것이다. 마음과 시간을 드리는 것은 깊은 영의기도를 하는 것이다. 하나님께 집중하며 기도를 하는 것이다. 엘리사는 엘리야의 영을 받기 위해서 그 대가를 치를 각오가 되어 있었다. 그래서 엘리야를 끝까지 따라간 것이다. 엘리야에게 역사하는 성령의 권능이 자신에게 임할 때까지 수종을 들면서 따라간 것이다. 만일 우리가 믿음의 선조들에게서 무엇을 받기로 작정했다면, 치러야 할 대가가 있다. 대가란 마음과 시간을 드리면서 섬기는 것이다. 마음과 시간을 드리는 행위는 무엇일까?

깊은 영의기도를 하는 것이다. 나도 성령의 권능을 받기 위하여 밤잠을 자지 않고 기도를 했다. 1년간 말씀과 성령으로 내적 치유를 받고 치유되지 않아 7개월 이상을 성전에서 잠을 자면서 기도했다. 그것도 의자 위에서 말이다. 의자 위에서 자다가 떨어지기도 수없이 했다. 왜 의자 위에서 잠을 자게 되었는가, 의지 위에서 잠을 자면 깊은 잠을 자지 않고 깊은 영의기도를 할 수 있기 때문이다. 결단을 해야하는 것이다. 깊은 영의기도를 하고야 말겠다고…

길을 걸어가면서도 기도를 했다. 그러던 어느날 저에게 성령의 권능이 나타나기 시작을 했다. 2-3년이 걸린 것 같다. 자신이 변화되어 성령의 권능이 나타나려면 이렇게 대가를 지불해야 한다. 요즈음 한국교회의 병폐가 빨리 빨리 이다. 치유도 빨리 받아야하고, 능력도 빨리 받으려고 한다. 그러나 그렇게 쉽게 되지 않는다. 하나님은 인격의 성숙을 축정하고 계시기 때문이다.

성령의 기름부음 혹은 지도자의 영을 받는 것은 사모하기만

한다고 저절로 되는 것이 아니다. 대가를 지불해야 한다. 기도해야 하고 자기 자신에 대해 철저히 죽어야 한다. 하나님과 관계를 열어야 한다. 그래야 권능을 받을 수 있다. 그러므로 대가를 지불할 각오를 하기 바란다. 대가란 마음과 시간과 물질을 과감하게 투자하는 것이다.

신유의 능력은 기도가 얼마나 깊어지느냐에 따라서 달라진다. 기도를 깊게 성령으로 해야 한다. 깊은 영의기도가 24시간 자연스럽게 되어야 한다. 기도가 깊어지면 성령의 능력도 깊어져서 불치의 질병이나 난치의 질병들이 치유가 된다. 국민일보를 보게 되면 불치의 질병이 기적적으로 치유가 된다고 광고가 나올 때도 있다. 불치의 질병이 기적적으로 치유가 되려면 신유 사역하는 사역자의 영성이 깊어야 한다.

한마디로 깊은 영의기도로 다듬어진 영성이라야 불치의 질병이 기적적으로 치유가 된다. 그러므로 아무나 불치의 질병을 순간 기적적으로 치유할 수가 없다고 보면 정확하다. 불치의 질병이 순간 기적적으로 치유되는 것은 그렇게 말과 같이 쉬운 문제가 아니다.

깊은 영의기도를 하여 심령 깊은 곳에서 성령의 권능이 올라와야 가능한 것이다. 그렇다고 포기하면 절대로 안 된다. 나도 불치의 질병을 순간 기적으로 치유하는 사역자가 되겠다는 목표 가지고 기도하고 훈련하면 목표에 도달하게 되어 있다.

셋째, 멘토를 잘 만나고 존경해야 한다. 필자는 치유의 권능을 받으려면 제일 중요한 것이 멘토를 잘 만나는 것이라고 생각을 한다. 내가 지금까지 성령사역을 하면서 체험한 바로는 겸손하게 멘토(지도자)를 존경하며 따르는 사람이 지도자에게 역사하는 치유의 영을 전이 받게 된다. 겸손하게 모시는 것이다. 절대로 시기나 질투하지 말고 존경하면서 따를 때 지도자에게 역사하는 신유의 영을 전이 받게 된다.

교만 방자한 사람은 지도자에게 역사하는 신유의 영을 전이 받을 수가 없다. 성경에서 영적 전이가 이루어졌던 관계인 예수님과 제자들, 모세와 여호수아, 엘리야와 엘리사, 바울과 디모데의 경우를 살펴보라. 그러면 영의 이전이 있기 전에 그들이 모두 스승을 겸손한 마음으로 모셨음을 알 수 있다.

추가적으로 알아야 될 것은 멘토를 모시면서 하나님과 관계를 열어야 한다는 것이다. 멘토만 바라보지 말고 하나님께 기도하라는 것이다.

1) **예수님과 제자들**. 나는 이렇게 생각한다. 예수님의 영이 제자들에게 이전함에는 섬김의 본을 보이는 일이 우선이라는 것이다. 군림하는 자세가 아니라 섬기는 자세가 되어야 한다는 것이다. 예를 든다면, 5천명을 먹이는 과정에서도, 예수님은 제자들에게 안내원 역할을 맡겨 주셨다. 예수님의 훈련을 받고 있는 사람들은 마치 교만한 수컷 공작처럼 "나는 하나님의 사람이다"라

거나 "나는 단상에 오르겠다."라고 말하면서 뽐내지 않았다.

예수님은 그들에게 "너희에게 너희들의 소명을 보여주겠다. 어서 이 군중들을 50명씩 무리를 지어 한 자리에 앉도록 하고, 그들에게 생선과 떡을 먹이도록 하라고 말씀하셨다."기록되어 있다. 실제로 제자들은 예수님을 따라 다니면서 예수님의 명령을 따라 나귀를 풀어오고, 유월절을 함께 먹을 다락방을 준비하고, 바다에 가서 고기를 잡아 그 입에서 동전을 빼오는 등, 예수님을 섬기는 일을 했다. 예수님의 말씀에 순종했다는 것이다. 그리고 따라서 하는 실행하는 것이다. 결국 예수님의 영인 성령을 받았다.

2) **모세와 여호수아**. 여호수아는 이스라엘의 한 지파를 대표하는 족장이요 뛰어난 장군이었다. 그러나 그의 가장 주된 임무는 자기 지파를 다스리는 것도, 전쟁터에서 싸우는 것도 아니었다. 모세를 수종들면서 하나님께 기도했다는 것이다. "사람이 그 친구와 이야기함 같이 여호와께서는 모세와 대면하여 말씀하시며 모세는 진으로 돌아오나 그 수종자 눈의 아들 청년 여호수아는 회막을 떠나지 아니하니라(출 33:11)" 여호수아는 무려 40년 간 모세의 팔과 다리가 되어 모세를 따랐다. 여호수아의 주된 임무는 모세를 수종드는 것이었다. 즉 모세의 손과 발의 역할을 하는 것이었다. 여호수아는 모세의 시종이 되기 이전에는 하나님의 종이 될 수 없었다. 성경에 의하면 여호수아는 모세가 회막을

떠난 뒤에도 회막을 떠나지 않았다. 이것은 아주 중요한 것을 우리에게 말해준다. 하나님과 관계를 열었다는 것이다. 누구에게 지도자의 영이 전이되는지 아는가? 교회에 제일 먼저 나오는 사람이다. 그리고 교회에서 자질구레한 일을 도맡아 하고 지체들을 섬기며, 교회 문을 제일 나중에 나서는 사람이다.

하나님은 이런 여호수아 같은 사람을 눈여겨보시다가 때가 되면 그에게 기름을 부으신다. 한편, 성경에 보면 아주 주목할 만한 사실이 나온다. 하나님께서는 십계명을 주실 때 모세 혼자 산에 올라오라고 명령하셨다. 왜냐하면 누구든지 산에 접근하면 죽을 것이기 때문이다.

그런데 여호수아는 산의 중간지점까지 모세를 따라 올라갔다. 중요한 사실은 그럼에도 불구하고 그가 죽임을 당하지 않았다는 사실이다. 이것은 이미 일정 부분 모세의 영이 여호수아에게 전이되었음을 말해준다. 여호수아가 모세를 성심껏 모시는 가운데 이미 모세의 영이 여호수아에게 임한 것이다. 훗날 여호수아는 모세의 안수 기도를 받는다. 그리고 그때 지혜의 신으로 충만하게 된다(신34:9).

3) 엘리야와 엘리사. 하나님은 엘리야에게 "너는…. 아벨므홀라 사밧의 아들 엘리사에게 기름을 부어 너를 대신하여 선지자가 되게 하라"(왕상 19:16) 고 명령하셨다. 그런데 엘리사에게 어떤 일이 맡겨졌는지 아십니까? 바로 엘리야를 모시는 일이었

다(왕상 19:19-21).

우리가 손을 씻을 때나 머리를 감을 때 누가 물을 부어주면 참 편하다. 그런데 엘리사는 엘리야의 손에 물을 부어주던 사람이 었다. 이를 통해 우리가 분명하게 깨달아야 할 사실이 하나 있 다. 우리 이것을 알아야 한다. "하나님은 지도자를 만드시지 않 는다. 하나님은 주인으로 섬기는 자들을 만드시며, 그러면 종들 이 지도자로 변하게 된다는 것이다."

한편, 엘리야와 엘리사의 관계에서 우리가 반드시 집고 넘어 가야 할 중요한 점이 있다. 엘리야가 하늘로 승천할 때 엘리사가 엘리야를 뭐라고 불렀는가? "아버지"라고 불렀다(왕하 2:12). 하나님이 자기 위에 세우신 영적 지도자를 자기의 아버지처럼 생각하고 존경하고 따르고 모시는 자, 그런 자가 그 지도자의 영 을 받을 뿐 아니라, 그가 가진 영감의 갑절을 받게 된다. 그러므 로 치유의 권능을 받아 하나님에게 쓰임을 받으려면 하나님이 세우신 영적 지도자(멘토)를 아버지처럼 생각하고 순종하고 따 르기를 바란다. 멘토를 모시면서 따르면서 질병을 치유하는 기 술을 습득해야 한다. 질병별로 치유는 어떻게 하는지 세심하게 보고 자신의 것으로 만들어야 한다.

넷째, 권능있는 멘토에게 안수를 자주 받는 것이 좋다. 안수는 영적인 권능을 전이시키는 적극적인 수단이다. 나는 안수를 통 하여 저에게 역사하는 성령의 권능과 은사를 나누어주는 사역을 하고 있다. 히브리서 6:1-3에 보면 안수가 기독교의 기본진리로 언급되고 있음을 볼 수 있다. 그런데 오늘날 교회에서는 안수를 너무 무시하는 경향이 있다. 나는 개인적으로 안수는 영의 전이가 되는 적극적인 방법 중에 하나라고 생각을 한다.

안수를 통하여 성령의 세례를 받게 할 수가 있다. 안수를 통하여 성령의 권능도 전이 시킬 수가 있다. 안수함으로써 축복을 전이 시킬 수도 있다. 성령의 기름부음을 전이시키기도 한다. 안수를 통하여 병을 치유하기도 한다.

그런데 안수는 무조건 좋은 것만 전이 시키는 것이 아니다. 안수를 통하여 상대방의 나쁜 영도 전이 될 수가 있으니 무분별하게 안수 받는 것은 삼가야 한다. 반드시 안수 사역하는 사역자를 분별하고 머리를 숙여야 할 것이다. 기도원이라든지 부흥회든지 치유 센터에서 공인된 목회자가 아닌데 안수를 받는 것은 주의해야 한다. 공인된 사역자는 누구인가? 해당 분야에서 5-7년을 사역을 했는데 시시비비 없이 치유사역을 하는 사역자이다.

성경에 의하면 바울이 로마 교회를 방문하기 원했던 이유는 놀랍게도 안수를 통해 그들에게 은사를 나눠주기 위해서였다(롬 1:11). 어떤 성도들은 안수를 통하여 그런 일이 가능하냐고 묻는다. 물론 가능하다. 성경에 보면 분명히 베드로와 요한이 사마리아를 방문하여 개심자들에게 안수했을 때 그들이 성령을 받았고, 바울이 에베소에 이르러 신자들에게 안수했을 때 그 중 12사람이 방언을 하고 예언을 했다. 안수를 통해 그들에게 성령과 신령한 은사들이 주어지게 된 것이다. 디모데 역시 안수를 통해 은사를 받은 사람 중 하나이다.

다섯째, 문제를 진단하는 능력을 길러야 한다. 질병을 치유하는 일은 그렇게 말과 같이 쉬운 일이 아니다. 질병을 정확하게 진단해야 치유할 수가 있다. 질병을 진단하는 것 또한 쉽게 되는 것이 아니다. 많은 시행착오를 거쳐 습득하게 되는 것이다. 질병을 진단하려면 성령님과 인격적인 관계가 되어야 한다. 질병을 치유하는 과정에서도 성령님과 지속적인 교통이 되어야 한다. 성령께서 지시하시는 음성을 듣고 순종해야 한다. 질병을 진단하려면 성령님의 음성을 들을 수 있는 영성이 되어야 한다. 성령께서 이병은 상처로 인한 병이라고 하시면 상처를 치유해야 질병이 치유된다. 이병은 혈통으로 대물림되는 질병이라고 하시면 가계에 대물림되는 원인을 찾아 먼저 회개를 하게 해야 한다. 두 번째 대물림되는 질병의 줄을 끊어야 한다. 세 번째 세대에 역사하는 질병의 영을 축사해야 한다. 마지막으로 건강의 축복으로 채워야 한다.

이병은 과로로 온 질병이라고 하시면 쉬면서 영양을 보충하게 해야 한다. 무조건 질병은 "예수 이름으로 떠나가라" 선포하고 명령만 잘한다고 질병이 치유되는 것이 아니다.

그리고 질병을 진단할 때는 얼굴을 보고 진단할 수 있어야 한다. 환자별로 나는 특이한 냄새를 통해 질병을 진단할 수도 있어야 한다. 환자의 피부의 각질 상태를 보고 진단할 줄도 알아야 한다. 이외에도 여러 가지 진단의 방법들이 있는데 신유사역을 지속적으로 하다가 보면 자동차 운전 기술을 숙달하는 것과 같이 질병의 진단 기술을 습득하게 될 것이다.

속성으로 되지 않는다. 많은 유형의 환자를 접하면서 습득을 해야 한다. 많이 해보아야 한다. 임상의 경험이 많으면 자동으로 환자를 접하면 성령께서 알게 한다. 좌우지간 질병의 진단에는 대가가 있을 수 없다는 것을 명심해야 한다. 많이 해보는 것이 최고의 진단의 기술이다.

나도 많이 하다가 보니까, 하나하나 깨달아 알게 되었다. 하나님으로부터 전문적인 신유사역자가 되어야 한다는 뜻을 알았으면 될 때까지 포기 하지 말아야 한다. 하나님은 하려고 하는 의지를 보시고 신유의 권능을 주시는 것이다. 그냥 마냥 권능이 나타날 때까지 기다리다가는 천국에 갈 때까지 전문 신유 사역자가 되지 못할 것이다. 나는 진문적인 신유 사역자가 되기 위하여 환자가 많은 병원에 가서 전도하면서 환자를 안수하고 질병을 치유하였다. 전문 사역자가 되려면 욕심이 있어야 한다. 어떤 환자를 만나더라도 두려워해서는 안 된다. 성령께서 치유하신다고 생각하고 강하고 담대한 마음으로 손을 얹어 기도하라. 그러면 믿음을 보시고 성령께서 역사하신다. 절대로 내가 기도하여 치유가 안 되면 어쩌나 하는 생각은 버리는 것이 좋다. 내가 고치는 것이 아니고 예수님이 고치신다. 예수 이름으로 기도했으니 고치고 안 고치고는 예수님의 뜻이다. 불치병을 고쳐도 예수님이 고치신 것이니 예수님에게 영광을 돌리면 되는 것이다. 절대로 내가 했다고 하지 말아야 한다.

좌우지간 하나님과 관계를 열어야 하고, 자신이 직접사역을 하면서 체험하고 터득해서 자기 것으로 만들어야 한다. 자신이 직접해보지 않으면 실전에 들어가서 당황하게 된다. 미숙하더라도 자신이 직접해보면서 체험하기를 바란다.

충만한 교회에서는 매주 화-수-목 성령치유 집회를 11:00-16:00까지 진행을 합니다. 무료집회입니다. 단 교재를 매주 구입을 해야 입장이 가능합니다. 매주 다른 과목을 가지고 집회를 인도합니다. 그래서 많은 분들이 교수 과목에 대하여 질문을 많이 합니다. 즉, 성령의 불세례 받는 집회는 언제 합니까? 내적치유는 언제 합니까? 신유집회는 언제 합니까? 귀신축사는 언제 합니까? 기도 훈련은 언제 합니까? 성령은사 집회는 언제 합니까? 재정 축복집회는 언제 합니까? 등등 질문을 하십니다. 우리 교회 집회는 "성령의 불세례, 내적치유, 귀신축사, 신유, 성령의 은사 전이, 깊은 영의기도"는 기본으로 깔아놓고 집회를 인도합니다. 어느 집회에 오시더라도 "성령의 불세례, 내적치유, 귀신축사, 신유, 성령의 은사 전이, 깊은 영의기도"를 받을 수 있다는 말입니다. 매주 같은 과목으로 집회를 하면 영성을 깊게 개발할 수가 없습니다. 여러 가지 과목을 배우면서 상처와 질병과 귀신들이 떠나갑니다. 과목마다 성령께서 역사하는 방향이 다르기 때문입니다.

병원이나 세상 방법으로 해결하지 못하는 15가지 질병과 문제도 해결 받겠다는 믿음과 의지를 가지고 참석하면 모두 해결 받습니다. 단 성령께서 자신을 장악해야 치유가 되기 때문에 성령이 장악하는 기간이 사람마다 다릅니다. 나이가 적은 분들은 빨리 장악을 하여 치유가 됩니다. 반대로 나아가 많은 분들은 좀 도 시간을 투지해야 완치가 됩니다. 단 무슨 문제이든지 믿음을 가지고 오시면 해결이 된다는 것입니다. 오셔서 모두 치유와 능력을 받으시기를 바랍니다.

8장 고질병을 치유하는 달인이 되는 비밀

(행10:38)"하나님이 나사렛 예수에게 성령과 능력을
기름 붓듯 하셨으매 그가 두루 다니시며 선한 일을 행하
시고 마귀에게 눌린 모든 사람을 고치셨으니 이는 하나
님이 함께 하셨음이라."

하나님은 모든 성령치유 사역자가 치유의 달인이 되기를 소
원하실 것이다. 필자는 TV에 방송되는 달인을 좋아한다. 필자는
치유의 달인이 되는 것이 꿈이며 목표이다. 오늘도 고질병을 성
령의 권능으로 기적적으로 치유하는 달인이 되기 위해서 매진
하고 있다. 이왕 치유사역자가 될 것이라면 달인이 되어야 한다.
우리는 성령치유 달인이 되기 위하여 자기가 없어지고 순수하게
성령으로 능력을 나타내야 한다. 나는 지금까지 십년이 넘도록
성령치유 사역을 해왔다. 성령치유 사역을 해오면서 깨달은 것
은 많은 수의 사역자들이 기본적인 면을 등한히 한다는 것이다.
성령치유를 하더라도 자신을 준비하려고 하지 않고 치유기법만
배워서 하려고 한다. 세상 무엇을 하더라도 기본이 있다.

그러므로 성령치유 사역을 하더라도 기본이 있는 것이다. 기
본을 단단하게 하면 나머지는 자동적으로 되는 것이다. 기본이
란 자신의 상처를 치유하고, 자아를 부수고, 혈통의 문제를 해결
하는 것을 말한다. 기본적인 치유로 밭을 만들어야 한다. 영적체

질화가 되어야 한다. 예수님도 바로 복음을 전도하시며 성령치유사역을 하지 않았다.

분명하게 요단강에서 세례요한에게 물세례를 받았다. 물세례를 받고 나니 하늘이 열리고 성령이 비둘기 같이 임했다고 했다. 그리고 하늘에서 하나님으로부터 음성이 들렸다. "하늘로부터 소리가 나기를 너는 내 사랑하는 아들이라 내가 너를 기뻐하노라 하시니라(막1:11)" 그리고 성령에 이끌려서 광야에 나사 사십일을 주리시면서 마귀의 시험을 받았다. "성령이 곧 예수를 광야로 몰아내신지라. 광야에서 사십 일을 계시면서 사탄에게 시험을 받으시며 들짐승과 함께 계시니 천사들이 수종들더라(막 1:12-13)"

마귀의 시험을 말씀으로 승리하니 천사가 수종을 들었다고 말씀한다. 그리고 갈릴리에 오셔서 천국복음을 증거 하셨다. 회당에서 말씀을 전할 때 성령의 권능으로 말씀을 증거 하니 뭇 사람이 그 교훈에 놀랐다고 했다. 그 때 악한 영의 역사가 타났다. "마침 그들의 회당에 더러운 귀신 들린 사람이 있어 소리 질러 이르되 나사렛 예수여 우리가 당신과 무슨 상관이 있나이까 우리를 멸하러 왔나이까 나는 당신이 누구인 줄 아노니 하나님의 거룩한 자니이다. 예수께서 꾸짖어 이르시되 잠잠하고 그 사람에게서 나오라 하시니, 더러운 귀신이 그 사람에게 경련을 일으키고 큰 소리를 지르며 나오는지라. 다 놀라 서로 물어 이르되 이는 어찜이냐 권위 있는 새 교훈이로다 더러운 귀신들에게 명한즉 순종하는 도다 하더라(막1:23-27)"

우리 성령신유 사역자도 예수님과 같은 과정을 거쳐야한다. 그런데 지금 많은 사역자들이 이런 과정을 거치지 않고 신유사역을 하려고 한다. 그냥 2박 3일 치유사역집회에 참석하고 신유사역을 하려고 한다. 그러니 중도에 포기하게 되는 것이다. 반드시 성령치유 사역자가 되려면 예수님과 같은 과정을 거쳐야 할 것이다.

첫째, 성령치유를 위한 영성을 준비해야 한다. 성령치유 사역자로서의 준비는 영의 치유, 귀신들림의 치유, 과거 상처의 치유, 육신의 치유 등의 모든 치유에 있어서 동일하게 적용된다. 사역자는 반드시 성령의 세례를 받고, 성령의 기름 부으심을 감지하고, 성령에 의하여 인도함을 받으며, 특별한 사람이나 환경에 관하여 말씀하시는 성령의 음성을 들을 수 있도록 성령 충만을 구하여야 한다.

효과적으로 자신이 사역에 사용되기 위하여 사역자는 기도와 금식이 필요하다. 특별히 여러 사람들을 대상으로 하는 사역이나, 가족 구성원중의 일부의 구원을 위하여 사역하거나, 혹은 어느 특정 가정의 특별한 필요성에 대하여 사역할 때는 더욱 그러하다. 사역자는 성령께서 사용하실 수 있는 깨끗한 그릇으로 준비되어야 한다. 많은 시간을 투자하여 자신을 준비해야 한다. "너희는 너희가 하나님의 성전인 것과 하나님의 성령이 너희 안에 계시는 것을 알지 못하느냐, 누구든지 하나님의 성전을 더럽히면 하나님이 그 사람을 멸하시리라 하나님의 성전은 거룩하니 너희도 그러하니라(고린도전서 3:16-17)"

먼저 자신의 내면을 성령으로 내적치유 받아야 한다. 그래서 자신의 상태를 볼 줄 알아야한다. 사역자는 자신에게 깨달아지는 죄를 고백하여 용서함을 받아야지, 그렇지 않으면 다른 사람들에 대하여 사역을 할 때에 사탄은 그 죄들을 고소하고 정죄하게 된다.

모든 신비술에 관여한 것을 깨뜨리고 회개하여야 한다. 이 신비술에 관여한 것이 사역자 자신에 의한 것일 수 있고, 혹은 사역자의 가족이나 조상일 수 있다(출애굽기 20:5). 이 문제를 제대로 다루지 않으면 사역자나 사역을 받는 자에게 성령이 역사하는 것에 주요 장애가 될 수 있다.

사역자 자신의 삶이 다른 사람들에게 간증거리와 본이 되어야 한다. 사역자는 성령의 열매(갈라디아서 5:22-23)가 날마다의 생활에서 보여야 한다. 그리고 하나님께서 사역자 자신에게 행하신 것과 그로 인하여 사역자가 어떻게 변화되었다는 것을 사람들에게 설명할 수 있도록 간증이 준비되어야 한다.

사역자는 인류에 대한 하나님의 엄청난 사랑과 연민을 깨달아야 한다. 사역을 받는 자는 이 하나님의 사랑과 연민에 대하여, 그리고 사역자가 하나님 앞에 바른 자세를 가지고 있는가에 대하여 매우 **빠르게** 감지하게 된다.

사역자는 정죄하기 보다는 사랑으로 상담을 하여야 한다. 사역을 받는 자는 이 하나님의 사랑과 연민에 대하여, 그리고 사역자가 하나님 앞에 바른 자세를 가지고 있는가에 대하여 매우 빠르게 감지하게 된다. 사역자는 신뢰할만하여야 하고 사역을 받는 사람의 고백한 내용을 남에게 누설하여서는 안 된다. 오늘날 사랑이라는 용어가 범람하고 있기 때문에 사역자는 성경에서 말하는 사랑의 의미를 정확히 이해하는 것이 중요하다. 예수님의 아가페 사랑을 말하는 것이다.

고린도전서 13장과 마태복음 18:21-25(용서에 관하여)을 참조하는 것이 좋다. 사역자가 상담에 임할 때에는, 사역을 받는 사람에게 들으면서 사역을 받는 사람의 필요에 대하여 성령께서 말씀하시는 음성이나, 생각나게 하시는 성경 구절이나, 개인적 간증이나 지혜의 말씀의 은사나 영들 분별의 은사 등, 성령의 은사들의 나타남에 대하여 민감하여야 한다. 사역자는 하나님의 말씀이 전적으로 진리라는 것과 하나님께서는 성경에 기록된 하나님의 모든 약속들을 반드시 이루신다는 것을 믿는 믿음이 있어야 한다.

따라서 사역자는 자신을 이러한 믿음으로 이끌어주는 영적 양식인 하나님의 말씀을 규칙적으로 읽고 묵상하며 기도하여야 한다. 그리고 서로의 신앙을 격려하여 주는 다른 신자들과의 교제도 중요하다. 사역자는 사람에 대한 두려움이 없어야 된다. 이것은 성경에 기록된 말씀이 진리이고, 이 말씀이 사역자 자신과 사역을 받는 자들에게 분명한 역사를 일으킨다는 확신에 찬 지식을 가질 때에 가능한 것이다.

이렇게 하나님을 의지하고 사역하게 될 때에 사람에 대한 두려움이 사라지게 된다(디모데후서 1:7). 경우에 따라서는 사역자로 성숙하게 하시려고 사역자가 감당할 수 있는 범위의 극한 상황에 두시기도 하신다. 생각지도 못한 어려움이 닥 칠 수도 있다. 로뎀나무 엘리야와 같이, 그러나 하나님이 하신다는 믿음을 가지고 기도하고 나가면 해결된다. 하나님은 성령 신유사역자를 돕는다.

사역자는 올바른 관계성을 유지하여야 한다. 올바른 관계를 유지할 대상은 이렇다. 하나님에 대하여(마태복음 22:37), 가족들에 대하여(에베소서 5,6장), 교회에 대하여(고린도전서 12:12), 상호간에 대하여(요한복음 13:34), 고용인(골로새서 3:22)이나 피고용인에 대하여(에베소서 6:9), 이 모든 사람들과 올바른 관계를 유지하려고 노력해야 한다. 그렇지 않으면 자신을 속이거나 사역을 받는 자들에게 혼돈을 가져오게 된다. 성령 신유 사역자는 위로는 하나님과 인격적인 관계가 되어야 한다. 옆으로는 주변 사람들과 올바른 관계가 되어야 하는 것이다. 그래야 성령신유 사역을 온전하게 할 수가 있다.

둘째, 치유 사역자의 인간적인 준비. 부부간에 화합해야 한다. 부부가 하나가 되어야 한다. 나는 항상 이렇게 강조한다. 성령의 권능으로 자신이 먼저 치유 받아야 한다. 그리고 가정을 치유하여 하나가 되어야 한다. 그 다음에 교회 사역을 해야 한다는 것이다. 그렇게 못하면 생각지도 못한 문제에 봉착할 수도 있다. 왜냐하면 마귀는 그렇게 호락호락한 존재가 아니기 때문이다. 어떻게 해서라도 부부간에 이간질을 하여 분란을 일으키려고 할 것이기 때문이다. 가정에 평안이 있어야한다. 자녀나 부모나 부부 등등, 모든 사람이 성령으로 장악되어 하나가 되어 있어야 한다. 그렇지 않으면 마귀는 항상 사역자 주변에 있는 사람을 공격하여 사역에 집중하지 못하도록 한다. 생각해 보라. 가정에 분란이 있는데 어떻게 사역에 집중할 수 있겠는가? 그래서 나는 개척교회는 목사와 사모가 하나가 않되면 하나가 될 때까지 가만히 앉아 있으라고 한다. 해도 되지 않기 때문이다.

사역자 자신의 건강에 관심을 가져야한다. 사역자가 건강하지 못하면 여러 가지 악한 영의 영향을 받을 수가 있다. 건강하려면 성령으로 충만해야 한다. 성령의 충만을 유지하려면 깊은 영의 기도를 해야 한다. 건강해야 성령신유 사역을 할 수가 있다.

영적인 지식, 상식이 있어야한다. 성령신유 사역은 권능만 가지고 되는 것이 아니다. 알아야 할 영적인 지식이 많이 있다. 마귀도 말씀을 많이 알고 있다. 마귀를 이기기 위해서 성령신유 사역자는 말씀이 충분해야 한다. 성령신유 사역자는 그렇게 쉽게 순간에 되는 것이 아니다. 말씀으로나 영적으로 박식하여 사람들에게 이해가 되는 사람이어야 한다. 여기에는 관리와 행정 능력도 포함이 된다. 성령치유 사역자는 조직 신학이 정통해야 한다. 특별히 영적인 목회를 하려면 조직 신학에 입각해서 해야 한다. 조직 신학이 짧으면 영적인 사역을 바르게 하지 못한다. 조직신학에 정통해야 바르게 영적인 사역을 하여 시시비비에 걸리지 않게 된다.

모든 사역을 조직 신학에 입각하여 해야 한다. 내가 지금까지 사역을 해보니 조직신학의 범위안에서 사역을 하면 아무런 문제가 없이 사역을 할 수가 있다. 성령 신유 사역자는 항상 조직신학을 염두에 두고 사역을 해야 한다.

셋째, 관심을 가져야하는 영적인 능력들.

1)내면에 문제로 일어나는 현상과 진단을 할 줄 알아라. 내적치유는 피 사역자에게 상처를 많이 드러내어 성령으로 치유하는 것이 관건이다. 그럼 어떻게 상처를 드러나게 하는가? 상처가 무의식이나 잠재의식에서 드러나게 하려면 상처로 인하여 발생 가능한 상황을 많이 만들어 전해야 한다. 그래서 치유를 받은 치유 사역자라고 하는 것이다. 체험이 있어야 하는 것이다.

그러므로 사역자는 내면의 상처로 인하여 발생 가능한 상황을 많이 알고 있어야 한다. 여러 상황을 많이 전하여 상처를 많이 드러나게 하여야 내적치유가 잘된다. 성령으로 충만하게 하여 마음이 열리게 한 다음 자신을 볼 수 있는 말씀을 증거 하여 최대한 상처가 드러나게 해야 성공적인 내적치유 사역이 된다.

2)신유의 사역을 할 수 있는 전문성을 구비하라. 반드시 교회는 병 고치는 신유사역을 해야 한다. 그것은 주님이 그렇게 하셨기 때문이다. 그리고 작은 교회나 큰 교회나 할 것 없이 병든 사람이 많이 찾아온다. 찾아오는 사람을 치유할 수 있어야 교회가 성장한다. 한 마디로 살아계신 하나님이 증명될 때 교회가 자립할 수가 있는 것이다. 그러므로 아무리 강한 불치병의 환자가 오더라도 두려워하지 말고 담대하게 말씀을 전하고 치유하라. 성령이 환자를 보냈다. 그러므로 성령이 치유하신다. 절대로 자신이 치유한다는 생각을 버려라.

많은 경우 환자가 오면 사역자가 두려워하므로 성령이 역사하지 못하는 것이다. 신유는 전적으로 성령의 일이다. 성령님이 함께한다는 자신감을 가지고 환자를 대하라. 그러면 성령이 어떻게 치유하라고 지시하실 것이다. 그리고 다음은 어떻게 기도하라고 알려주실 것이다. 담대하게 행하라. 그러면 당신도 훌륭한 성령으로 치유하는 사역자가 될 것이다.

3)성령의 인도를 받아라. 이스라엘 민족의 광야에서의 성령인도를 참고하라. 광야에서 하나님이 이스라엘을 인도하신 방법은 낮에는 구름기둥으로 인도하셨다. 밤에는 불기둥으로 인도를 하셨다. 그리고 우림과 둠빔으로 인도를 하셨다. 필요하면 모세가 직접하나님에게 물어보아 하나님의 음성을 듣고 해결을 하였다. 모세는 절대로 독단으로 일을 처리하지 않았다. 조그마한 것이라도 꼭 하나님에게 질문하여 답을 받아 행동에 옮겼다는 것을

알아야 한다. 고로 우리도 성령하나님에게 문의 하는 습관을 들여야 한다.

사역자는 자신에게 성령이 임재 할 때 어떤 느낌이나 감동이 나타나는지를 알고, 항상 성령의 임재를 유지하고 사역을 행해야 한다. 성령사역자는 성령의 나타남과 성령의 은사에 대하여 바르게 이해를 하고 설명할 줄 알아야 한다. 성령의 보증의 역사에 대하여도 알고 설명할 수 있어야 한다. 그리고 기본적으로 성령의 세례와 충만에 대하여 바르게 알고 설명하고 성령세례를 받게 하고, 성령 충만에 이르게 할 수 있어야 한다.

4) 하나님의 음성을 들어라. 하나님의 음성을 들으려면 모든 통로를 열고 들으려고 노력해야한다. 하나님의 자녀가 하나님의 음성을 듣는 것은 생사 간에 문제이다. 특별히 환자를 치유할 때 하나님의 음성을 들으면서 사역을 해야 한다. 그리고 사역 간에 성령에게 문의하는 습관을 들여야 한다. 어떻게 치유해야 합니까? 문제는 무엇입니까? 왜 이런 문제가 발생을 했습니까? 자꾸 질문하면서 응답을 받으면서 사역을 행해야 한다. 음성이 들리는 일반적인 통로와 형태는 이렇다.

첫째로 음성의 근원은 하나님, 마귀, 사람이 있다. 그러므로 사역자는 음성을 분별할 수 있어야 한다. 음성듣는 것은 필수이다. 둘째로 들리는 음성의 형태는 ①들리는 음성. ②환상을 통하여. ③꿈을 통하여. ④성령이 생각을 주장하여. ⑤나도 모르게 찬송이 흘러나오므로, ⑥말씀 읽는 중 감동으로. ⑦설교를 듣는 중에 마음에 와 닿음으로. ⑧다른 사람의 말이 가슴에 와 닿음으로. ⑨과거 실패와 성공의 교훈을 통하여. ⑩고난, 질병, 절망, 축복, 환란, 천재지변 등을 통해 깨달음으로. ⑪환경으로 나타나는 보증의 역사를 통해서. ⑫기쁨, 눈물, 전율, 뜨거움, 감동, 평안 등등의 자신에게 나타나는 어떤 성령의 임재 현상을 통하여 하나님은 음성을 들려주신다. 그러므로 우리는 모든 통로를 열어 놓고 하나님의 음성을 들으려고 해야 한다. 반드시 성령치유 사역자는 하나님의 음성을 듣고 순종해야 한다.

5) 영분별을 못하면 사역에 힘들다. 영을 분별하려면 먼저 하나님의 임재 가운데 들어가야 한다. 그래서 성령으로 충만해야 한다. 각 사역할 대상(개인, 지역, 가문)의 이미지를 그려 보라. 꼭 그이미지가 똑 같을 필요는 없다. 이미지 속에 있는 영분별의 임상들을 찾아내라(영적 느낌에 의하여). 이것은 마치 지도를 둘러보는 것과 같다. 그 영의 정체를 알아낸다. 정체란 성령의 역사인가, 아니면 악령의 역사인가를 말씀과 성령으로 깨달아 알라는 것이다. 즉 그 영이 갖고 있는 특색들이 있다는 것이다.

예를 든다면 어두움을 느끼는 경우는 흑암의 세력으로 볼 수 있다. 섬뜩한 현상도 흑암의 세력으로 볼 수 있다. 성령의 역사는 온유하고 평안하다. 영을 분별했으면 그 영을 대적해야 한다. 성령이 장악하여 평안이 임할 때까지 대적하라. 그 후에 반대 영을 공급하라. 성령의 임재를 느낄 때까지 하라. 모든 사역방법은 기도하면서 성령의 보고 듣고 깨닫게 해주심으로 반응해야 한다. 그러므로 모든 사역자들은 성령의 중보자가 되어야 한다.

6) **꿈이나 환상에 대해서도 무시 말고 알아야한다.** 신유사역자는 꿈을 이용해서 사역을 해야할 경우도 있다. 고로 꿈 해석에 대하여 관심을 가지고 준비해야 한다. 영적인 꿈이란, 기도를 많이 하는 영적으로 깊은 성도가 하나님이 알려주시는 자신의 현재의 상태와, 앞으로 어떻게 해야 할 방향과, 하나님의 계획을 알려주는 것이다. 고로 꿈도 하나님이 음성을 들려주는 중요한 통로이다. 자신의 무의식에 잠긴 상처의 상태를 보여주기도 한다. 환상이란 비몽사몽간에 나타나는 사물이나 현상을 말한다. 꿈과 함께 하나님의 계시가 전달되는 방편으로 이해되었다. 신유사역을 행하면서 꿈을 활용할 줄 알아야 한다. 꿈은 그 사람의 내면을 상태를 알려주기 때문이다. 꿈에 대하여 자세하게 알고 싶은 분은 본 교회에 비치되어 있는 "꿈 환상 해석을 통한 상담과 치유비결"책를 참고하라.

7)**대물림의 문제에 대해서도 바르게 알아야한다.** 왜 대물림된 고통의 문제를 치유해야하는가? 우리가 예수를 믿어 영적으로 다시 태어났지만 육적으로 혈통을 타고 흐르는 문제들은 해결되지 못한 상태에 있는 것이 사실이다. 영육의 문제가 그리스도 예수 안에 있다고 해도, 그리스도 안에 있는 우리가 예수의 이름으로 몰아내고, 누리지 않으면 여전히 많은 문제들이 그리스도인들에게 남아 있거나 가문에 혈통으로 대물림될 수 있다는 것이다.

가문에 대물림되는 여러 가지 문제들, 즉 육적인 질병의 문제, 정신적인 문제, 영적인 문제는 우리가 치유 받아야 할 영육간의 질병이다. 이 질병은 이미 예수 그리스도께서 십자가에서 다 담당하셨다. 즉 질고를 담당하시고 채찍에 맞으시므로 우리에게 나음을 주셨다. 그러나 아직 우리에게는 이 질병이 그림자처럼 나타나고 있기에 예수 그리스도 안에서 나음을 주장하고 그 질병을 물리치고 나음을 입어야 하는 것이다.

이러한 질병 중에는 가문에 대물림되는 것이 많다. 우리는 가문에 대물림되는 영육간의 문제들을 찾아서 단절하고 치유해야 할 것이다. 알고 치유하는 것이 방심하고 지내는 것보다 예방 신앙적인 측면에서 낫다. 그리고 성령치유 사역을 하려면 대물림된 문제들을 반드시 해결해야 한다. 그렇지 않으면 성령치유 사역간 마귀에게 빌미를 제공할 소지가 있기 때문이다. 마귀는 어떻게 해서라도 성령치유 사역을 하지 못하게 방해 한다는 것을 알아야 한다. 자세한 것은 "가계의 고통을 끊고 축복받는 비결"를 참고하라.

8)영적인 세계를 알아야 한다. 하나님은 예수를 믿고 성령으로 거듭난 성도가 영안이 열려 영적인 세계를 알고 영적전쟁을 하여 이 땅에 하나님의 나라를 이루기를 원하신다. 영적인 세계에는 성령이 계시고, 마귀가 있고, 성령으로 거듭난 성도의 영이 거한다. 성령은 예수를 영접한 사람의 영 안에만 임재 하여 거하신다. 그러나 마귀는 들어오라고 하지 않아도 혈과 육을 통하여

들어와 좌정하고 있다. 그것은 아담의 죄악으로 옛 사람, 육은 마귀의 종이기 때문이다.

그래서 마귀는 저같이 나름대로 성령으로 충만하고 능력이 있다는 사람도 생각이 세상으로 향하거나 육신적으로 행동을 하게 되면 가차 없이 들어오게 된다. 그러므로 영적인 세계는 한 마디로 영적 투쟁의 세계이다. 그래서 우리는 영적인 세계를 알고 대비하여 자신의 귀중한 영을 지켜야 하는 것이다. 지금 이 순간에도 영적인 세계에서 뺏고 빼앗기는 실제적으로 전투가 일어나고 있다는 것을 알아야 한다. 이는 가상적인 상황이 아니고 실제적인 상황이다. 자세한 것을 알고 싶으면 "카리스마로 영적세계를 장악하는 법" "영들을 보는 눈을 개발하는 법"책을 참고하라.

9)악한 영의 실체를 인정해야 한다. 예수 믿는 사람에게 악한 영이 틈타지 않는다는 구절은 성경 아무 데도 없다. 악한 영이 예수 믿는 사람에게 침입할 수 없다는 주장은 영적인 세계를 모르고 하는 말이다. 이는 영적인 지식이 모자라는 지극히 안일하고 육신적인 차원에서 나온 생각일 뿐이다. 그러므로 자신에게도 악한 영의 역사가 있을 수 있다고 인정해야 한다. 우리는 모두 예수를 믿기 전에 이 세상 풍조를 따르고 공중의 권세 잡은 자를 따랐다. "그 때에 너희는 그 가운데서 행하여 이 세상 풍조를 따르고 공중의 권세 잡은 자를 따랐으니 곧 지금 불순종의 아들들 가운데서 역사하는 영이라(엡 2:2)"

그러므로 예수를 믿기 전에 나에게 들어와 집을 짓고 있던 악한 영이 있을 수 있다고 인정해야 한다. 방심은 금물이다. 그리고 악한 영을 몰아내려는 의지가 있어야 한다. 그리고 우리의 모든 문제의 뒤에는 악한 영의 역사가 있다는 것을 인정하는 것이 중요하다. 영적인 일은 관심이 있어야 열리는 것이다. 귀신역사에 관심을 가지니 귀신에 대하여 확실하게 알고 대처할 수가 있는 것이다. 축귀에 대해 자세하게 알고 싶은 분은 "귀신축사 알고 보니 쉽다." "귀신축사 차원높게 하는 법." "귀신축사 속전속결"를 참고하라.

결론적으로 성령치유사역자가 되는 것은 그리 쉽게 되는 것이 아니다. 부단히 말씀을 묵상하고 영으로 기도해야 한다. 그래서 성령이 충만하게 지내야 한다. 각종 영적인 원리를 알려고 노력해야한다. 성경에서 영적인 원리를 발견하도록 영안에 열려야 된다. 자신의 부족을 깨닫고 부족한 부분을 보강하려고 노력을 해야 한다. 선배 사역자들이 쓴 영적인 책을 많이 읽고 지식을 배양해야 한다. 한마디로 부단하게 자기 발전을 하려고 해야 한다는 것이다. 자기것으로 만들려고 해야 한다. 남이 하는 것 구경이나 하고 다니는 수준으로는 영적사역자가 될 수가 없다. 영성훈련을 열심히 하고 성령치유 사역훈련이 있으면 많이 참석하여 훈련받는 것이 좋다. 항상 성령님과 인격적인 관계가 되려고 해야 한다.

충만한 교회에서는 매주 토요일 10:00-12:30까지 각각 2시간 30분씩 개별 특별집중 기적치유 시간을 갖고 있습니다. 한번에 4-6명밖에 할 수 없으므로 1주일 전에 지정된 선교헌금을 입금하시고 예약을 합니다.

　* 대상은 이렇습니다. 여기서도 저기서도 치유와 능력을 받지 못한 분/ 불치병, 귀신역사를 빨리 치유 받을 분/ 목과 허리디스크, 허리어깨통증, 근육통, 온몸이 아프고 무거움에서 치유해방 받고 싶은 분/ 자녀나 본인의 우울증, 공황장애, 조울증, 불면증을 빨리 치유 받을 분/ 가슴이 답답하고 기도하기가 힘이 드는 분/ 축복과 영의 통로를 뚫고 싶은 분/ 성령의 불세례를 체험하고 싶은 분/ 최단기간에 성령치유 능력 받고 싶은 분입니다.

　믿음을 가지고 오시기만 하면 무슨 문제라도 치유되고 해결이 됩니다. 염려하시지 말고 성령께서 감동하시면 오셔서 빠른 시간에 치유받고 권능을 받아 쓰임을 받으시기를 바랍니다.

　반드시 일주일 전에 선교헌금을 전화 확인하시고 입금 후 예약해야 합니다(전화 02-3474-0675).

9장 누구나 공감하는 치유사역 하는 비밀

(약5:14-16)"너희 중에 병든 자가 있느냐 그는 교회의 장로들을 청할 것이요 그들은 주의 이름으로 기름을 바르며 그를 위하여 기도할지니라. 믿음의 기도는 병든 자를 구원하리니 주께서 그를 일으키시리라 혹시 죄를 범하였을지라도 사하심을 받으리라. 그러므로 너희 죄를 서로 고백하며 병이 낫기를 위하여 서로 기도하라 의인의 간구는 역사하는 힘이 큼이니라."

치유 사역자는 하나님에게 인정받고, 자세는 겸손하고, 사랑이 있어야하며, 본인이 치유를 경험하고, 말씀 중심으로 사는 자라야한다. 은사 중심이 아니고, 심령을 내적 치유 받고, 성령에 의지하며, 성령에 이끌림을 받는 기도하는 말씀 중심의 사람이어야 한다.

첫째, 치유 사역자의 간접적 자세

1) **담대함.** 병든 자들을 위하여 기도하고 싶은 마음이 있으나 실제로 기도하기를 두려워하는 이유는 공통적으로 만약 내가 기도하였는데 낫지 않으면 어떡하나 하는 염려이다. 그러나 병든 자의 고침 여부는 전혀 나와는 관계가 없다. 기도하여 고침을 받았다면 주께서 고치신 것이고, 고침 받지 못한 것도 주께서 고치

시지 않은 것이다. 기도 자는 단지 믿음으로 주님께 환자의 치유를 위하여 간절하게 기도만 하면 기도 자는 의무는 다 한 것이다. 기도하기 전에 기도 자가 내가 기도하면 환자가 반드시 나을 것이라는 자기 확신을 가지지도 말아야 한다. 결과는 주님께 맡기고 기도하라. 내가 예수이름으로 기도한 것이다. 예수님이 치유하신다.

2) **정직함.** 기도 후에 병자에게서 두 가지 대답을 들을 수 있다. 치유된 것과, 안된 것. 이 때 기도 자는 치유 받지 못한 이유를 병자의 믿음, 기도 부족이라고 전가시키지 말아야 한다. 또한 차도가 전혀 없는데 입술로 나았음을 시인하라고 부추기어서도 안 된다. 기도 후에 차도가 없으면 환자에게 용기와 격려를 주고 실망하지 말고 계속하여 기도 받을 것을 권면 한다. 빈 야드, 피터 와그너, 치유기도 후 치유되는 통계에는 처음 기도를 받고 나은 경우는 약 25%이며, 10회 이상 기도에 약 50-55% 10회 이상 기도해도 차도가 없는 경우는 25%정도라는 통계가 나왔다. 예수께서도 10명의 문둥이들을 가다가 치료받게 하셨다. 소경을 눈뜨게 하실 때 한번기도 후 완전하지 않자 두 번째 기도로 완쾌시켰다. 예수님의 치유는 100%이셨다.

그러나 제자들은 그렇지 못했다. 사도행전에서의 치유률은 많은 증가를 보여준다. 우리는 0%로부터 시작한다는 것을 명심하자. 그러나 믿음을 가지고 바른 자세로써 기도하면 점차로 %가 올라간다. 귀신들린 아이를 데리고 제자들에게 와서 고침을 받으려고 했으나 고침을 받지 못했다. 예수께서 오셔서 치유 하셨고 제자들이 그 이유를 물었을 때 예수께서는 믿음의 부족과 기도의 부족이라는 두 가지 대답을 하셨다.

중한 환자의 요청을 받고 병실에 들어가면 먼저 주님께 이 사람이 죽을 사람인지 고침을 받을 사람인지 물어야 한다. 만약 죽을 사람이라면 기도하여 주면서 구원의 확신과 하늘나라에 대한 소망을 조심스럽게 심어 주어야 한다.

3) 치유는 분명한 성경적 근거에 의하여야 한다. 체험과 현상은 성경의 입증을 받아야 한다. 우리는 신비주의자와 신비적 성도를 구분할 줄 알아야한다.

①신비주의자: 어떤 신비한 영적 체험 후 체험을 극대화시키며, 자신의 자랑거리가 되며, 그 체험 자체에 머물러서 체험만을 고집하는 자를 말한다. 체험이후 체험으로 자신의 영적 권위를 세우며, 체험이 없다는 이유로 남에게 상처를 주며, 교회의 권위에 도전하며, 성경보다 체험을 중요시하고 극대화하며, 성경공부, 읽기를 시시하게 생각하는 자를 신비주의자라고 말한다.

신비주의자의 정의를 내린다면 이렇다. 신의 본질과 존재의 궁극의 근원은, 계시나 체험으로 직접 터득하는 길이 가장 빠르고, 정확한 길이라고 주장하며, 자신들에게 내린 어떤 체험, 계시를, 구약의 계시를 받은 예언자, 선지자와 같이 혼돈 하는 것을 말한다. 체험은 항상 말씀과 균형을 이루어야 한다.

②신비적 성도: 신비를 체험 후 더욱 신앙이 깊어지고, 겸손의

자세와 헌신적이며, 순종의 삶을 보이며, 더욱 주를 사랑하며, 체험을 귀중히 여기기는 하나 성경의 아래에 두는 자를 말한다.

4) **학구적. 성령의 역사,** 치유가 어떤 공식적이 아닌 사람, 환경에 따라 사역의 현장에서 다양하게 나타난다. 신유 사역자는 계속적으로 연구하며 배워야한다. 자신이 사역하는 분야에 택스트를 준비해야한다. 누구에게 든지 일목 요연하게 설명할 수 있어야 한다. 내가 신유사역을 하다가 보니 배워야 하는 것이 너무나 많다. 안수 시에 나타나는 다양한 현상을 관찰하여 성경, 관련 서적, 경험자에게 문의하는 것 등이 필요하다. 치유기도 중에 나타나는 영적 현상을 알고 대처해야 한다.

5) **전문적인 사역.** 치유 사역은 전인적인 사역이기 때문에 사역자는 전문적인 지식이 있어야 한다. 이론과 성령의 실제적인 역사가 같이 가야 한다. 이론만으로는 병든 자나 상처로 고생하는 자나 영적으로 고통당하는 성도를 치유할 수가 없다. 성령의 살아있는 역사가 일어나야 치유가 되는 것이다.

치유는 전적으로 성령님이 하시는 것이다. 성령의 실제적인 역사가 보증하여 같이 가야하고 이론적인 면에서도 박식해야 사람을 치유할 수가 있다. 성령님과 인격적인 관계가 되어야 한다는 말이다. 필자는 성령치유사역자는 세상의사들보다 박식해야 한다고 강조한다. 세상의사들이야 육적인 분야만 담당하지만, 성령치유사역자는 전인적인 분야를 담당해야 하기 때문이다. 인간에게 문제가 일어나는 영육의 상황을 알아야 깊은 문제를 해결하고 치유할 수가 있기 때문이다. 전문성을 개발해야 한다.

6) **겸손함.** 사역 중에 많은 신비한 일들이 자신을 통하여 역사하는 것을 볼 수 있다. 이때 공통적으로 생기는 마음이 교만, 우월, 비교감 등이다. 이 점이 사역자의 가장 큰 함정이 되며 많은 훌륭한 신유사역자들이 여기에 넘어져 사역의 생명을 스스로 단축시킨다. 신유사역자는 늘 자신을 점검해야 한다. 모든 영광을 하나님께 돌리는 겸손한 자세를 가지고 사역을 하라.

7) **꾸준함.** 사역현장에서 기적이 나타나며 점차로 성숙해 지기 위해서 하나님께서 우리를 연단하신다. 어떤 경우에는 간절히 기도해도 전혀 차도를 보이지 않거나, 자신에게서 오랫동안 전혀 능력이 나타나지 않을 경우도 있다. 성령이 장악하는 시간이 필요한 것이다. 기도하여서 치유된 사람으로부터 상처를 받을 경우도 있으며, 교인들로 부터의 공격도 있다. 이때 당황하거나 좌절, 의심하지 말고 꾸준히 기다리라. 사역을 지속해야 신유의 능력이 끊어지지 않고 흐르게 된다.

하나님께서는 우리를 더욱 성숙하고 능력 있는 자신의 도구로 만드시기 위해 연단의 밤을 우리에게 허락하신다. 계속하여 꾸준히 기도하며 겸손과 순종의 자세로 사역하면 더 큰 역사가 반드시 나타난다. "100명의 환자를 기도하여 99명이 낫지 않고 1명이 치유된다면 기도하지 않아서 아무도 낫지 않은 것보다 얼마나 하나님을 기쁘시게 하는 것인가"

8) **전인격적인 치유.** 병자는 육체만 병든 것이 아니고 마음,

신앙도 병이 들어있다. 신유사역자는 육신의 질병과 함께 병으로 인하여 상처 난 감정, 오해, 불신, 고통과 함께 신앙심도 회복해 주려는 자세를 지녀야 한다. 전인격을 치유할 수 있는 능력을 길러야 한다. 전문가가 되려고 관심과 노력을 해야 한다.

둘째, 직접적인 자세.

1) **환자를 섬기려는 자세의 기도.** 치유사역자는 예수님의 마음을가지고 상대방을 최대의 예우를 해야 하며, 기도의 목적은 그의 치유, 용기를 주기 위함이다. 만약 치유가 되지 않아도, 그 사람의 마음에는 병든 자기를 위하여 간절히 사랑으로 기도해 준 사람을 영원히 잊지 못할 것이다.

2) **편안한 자세로 기도를 시작하라.** 기도할 때 기도의 주체가 자신이 되어서 안 된다. 기도 자는 앞에 있는 사람을 위하여 하나님께 기도하는 것이다. 자기 자신의 기도에 심취 열중해서도 안 되며, 받는 사람도 기도를 받는 입장이므로 기도를 하지 말고 가만히 있게 해야 한다. 부담을 주는 요소를 기도 전에 제거해야 편안한 자세로 기도 받게 한다.

3) **눈을 뜨고 조용하게 기도하라.** 눈을 뜨고 간절한 마음으로 조용하게 기도하면서 성령님의 임재를 주의 깊게 지켜보도록 해야 한다. 보편적으로 성령의 임재할 때 몸의 반응이 외부적으로 시각적으로 나타난다. 눈꺼풀의 떨림, 손가락이 떨림, 숨소리가 깊어짐, 아픈 부위가 꿈틀거림, 눈물을 흘림, 마음의 고요함을

느낌, 몸이 떨림, 의식을 잃고 뒤로 넘어짐 등등. 그러나 아무런 현상이 나타나지 않았다고 임재하지 않았고 고침 받지 못했다고 속단하지 말라.

4) 절제하며 기도하라. 방언이 나오더라도 절제를 하거나 통변을 함께 하거나 해야 하며, 갑자기 몸의 진동이 와서 기도하는 손이 심하게 떨리면 자제하거나 그렇지 못하거든 환자의 몸에서 약간 띄워서 기도하라.

5) 접촉에 유의하라. 상대가 이성일 경우 손을 얹고 기도할 때 유의해야 한다. 머리나 이마나 목에 가벼운 접촉은 무난하나 신체의 민감한 부위에는 환자의 손을 얹게 하고 그 위에 손을 가볍게 대고 기도하거나 띄워놓고 기도해야 한다.

6) 청결상태 유의하라. 기도 자는 의복, 청결한 손, 머리, 땀 냄새, 입 냄새 등 소홀하기 쉬운 면에 유의하라. 사소한 것이라도 기도 받는 사람에게는 산만하여지는 요인이 되며 이럴 때 성령님의 역사가 방해를 받게 된다.

7) 사역을 강제적으로 하지 말라. 심하게 누르거나, 문지르거나, 때리거나, 밀거나 등의 성령을 의지하지 않고 자신의 감정, 의지가 앞서서 인위적인 완력이나 강제적인 사역을 금하라. 휠체어에 앉은 사람을 강제로 일으키지 말고 자신의 믿음과 확신으로 행동하게 하라.

8) 기도 중에 지식의 말씀을 구하라. 기도 중에 어떤 지식의 말씀이나 환상이 임하면 조용히 자신이 받은 내용에 대하여 물

어보라. 이때 야단, 꾸짖는 투가 되어서는 안 된다. 예를 든다면 성령님에게 "지금 제가 기도 할 때 이러한 내용이 떠오르는데 혹시 이와 어떤 관계가 있지 않습니까?" 사역 간에도 성령님에게 자꾸 물어보는 습관을 들여야 한다. 성령님이 사역을 이끌어 가시도록 사역 간에도 지속적으로 문의하라.

9) **기도의 끝맺음을 잘 맺으라.** 너무 오랜 시간을 기도하여 지루한 느낌을 주지 말아야 하며, 어느 정도 시간이 지난 후 마음에 이 정도면 그만해도 되겠다는 느낌이 오면 기도를 중지하라. 기도로 성령께 물어야 한다.

10) **기도중의 현상을 물으라.** 안수기도로 영의 눈을 뜨는 환자를 웃음으로 대하며, 가볍게 등을 두드린다든지 하며 친근감을 표하라. 그리고 기도 받을 당시 어떠했는가를 물어야 한다. 이 때 기도 중에 느낌 현상에 대하여 자상하게 설명해 주어야 한다. 몸의 떨림, 넘어짐. 이때 환자가 기도를 더 해달라고 요청하면 계속 기도 해주라.

11) **환자에게 의학적인 권면을 하지 말라.** 약, 병원, 의사 등에 대한 이야기는 가능한 피하며, 약의 복용과 중단에 대해서는 권고는 하지 말라. 투약의 중단 지시는 담당의사의 권한이다.

12) **비밀을 보장하라.** 기도중이나 상담 시 나눈 대화는 절대적으로 비밀을 보장해야 한다. 가벼운 내용이라도 다른 경로를 통해 자신과의 대화 내용을 듣게 되면 기도 자에 대한 신뢰가 허물어지며 시험이 들게 된다. 병자는 마음도 약해져서 작은 일에

도 쉽게 상처를 받는다.

13) 영향력을 행사하려 말라. 신유기도를 받은 후 병이 나을 경우 그 사람은 사역자를 특별히 예우하려 한다. 이러한 상태에서는 사역자가 어떤 말을 하여도 그 사람은 신뢰하게 된다. 이럴 경우 대부분의 사람은 본능적으로 자신의 영향력 아래에 그 사람을 두거나 지배하려고 한다. 이는 자신을 마귀의 오랏줄로 묶는 행위다. 모든 영광을 하나님께 돌리며 하나님께 관심과 신뢰를 갖도록 권면하라. 그 사람과 사역자는 좋은 관계를 유지해야 하지만, 관계이상을 넘어서는 안 되며, 신앙적 권면, 상담 등의 깊은 대화는 소속된 교회의 목사님과 하도록 권면하여 자신에게 강하게 쏠리는 감정을 완화 또는 방향을 돌려야 한다.

14) 대접을 바라지 말라. 치유 후 금전적인 보응을 바라지도 받지 말라. 식사 대접이나 가벼운 마음의 선물 정도를 넘는 향응 금전적인 도움, 빌미로 한 부탁을 절대로 삼가라. 이점이 많은 신유사역자들의 단명의 원인이 된다. 신유사역자에게는 평범한 사람보다 더 많은 함정과 위험이 있다는 것을 항상 명심해야 한다. 힘이 있는 것은 좋은 일이다. 그러나 이 힘을 조절하지 못할 때는 사고가 생김을 유의하라는 것이다.

15) 표적과 기적의 목적을 분명히 하라. 기적의 체험, 질병의 고침은 매우 중요한 일이다. 그러나 현상과 체험 자체에 멈추거나 목적이 되어서는 안 된다. 기적에는 의미가 포함되어야 한다. 기적의 의미 하나님의 영광의 나타남이다.

첫째로 사람들에게 어떤 유용함이 있었는가 하는 것이다. 기적이 가시적, 불필요성, 무의미적인 기적 자체이어서는 안 된다. 영혼을 구원하는 것이어야 한다. 하나님을 믿는 믿음이 자라는 것이어야 한다. 살아계신 하나님을 믿게 해야 한다.

둘째로 기적은 진리를 수용해야 한다. 진리의 의미가 기적에게 담겨 있어야 한다. 말씀 안에서 기적이 일어나야 한다. 말씀을 믿는 믿음이 중요하다. 기적은 말씀(진리)을 믿게 하기 위한 수단이다. 나타나는 현상이 중요시되면 안 된다. 말씀을 들으면서 영안을 열어가게 해야 한다.

셋째로 치유의 기적을 통하여 하나님 실존, 살아계심, 현존이 증거 되어야 한다. 아 하나님의 말씀이 거짓이 아니고 실제구나, 하나님은 살아계시구나. 말씀대로 역사가 일어나는 구나하고 말씀을 믿는 믿음이 생기게 해야 한다.

넷째로 기적을 체험한 사람들의 관점이 하나님께로 향해지며, 신앙의 도움을 주어야 하며, 이러한 체험을 통하여 하나님과 실제적, 사실적인 교제를 하도록 인도되어 져야 한다. 기적은 하나님을 증명하는 사건이어야 하며, 하나님을 가리키는 이정표, 지도, 조명등이 되어야 한다. 기적을 통하여 하나님을 믿고 하늘의 사람으로 변화되게 해야 한다. 말씀 생활로 연결하여 심령 깊은 그리스도인이 되도록 해야 한다.

10장 고질병과 문제가 치유되지 않는 원인

(요5:14)"그 후에 예수께서 성전에서 그 사람을 만나 이르시되 보라 네가 나았으니 더 심한 것이 생기지 않게 다시는 죄를 범하지 말라 하시니"

우리를 창조하신 하나님은 우리를 책임져 주신다. 병든 우리를 그대로 두시는 것이 아니라 건강하게 하신다. 하나님은 우리를 통하여 일을 하셔야 하기 때문에 모든 크리스천이 영육으로 건강하기를 소원하신다. 다만 하나님의 약속을 믿고, 그 약속의 신실성에 의지하여 믿음으로 나오는 사람은 누구나 하나님은 치유하여 주신다. 실로 하나님을 치료자로 알고 체험할 때 우리는 하나님을 전적으로 아는 것이다. 치료하시는 하나님을 만나 건강하게 살 때 하나님은 영광을 받으시는 것이다. 하나님의 치유를 우리와 우리 가족, 그리고 이웃들이 누리도록 하는 것은 바로 생명을 위하여 대단히 중요한 일이 아닐 수 없다. 하나님의 신실한 약속은 오늘날도 여전하다. 믿음으로 나오신 당신의 생애가 하나님의 약속을 따라 강건하여지기를 바란다.

그러나 모두가 치유되는 것은 아니다. 질병의 원인이 되는 영적, 혼적, 육적인 문제가 처리되지 않는 상태로는 질병이 치유되지 않는다. 참 생명을 얻으려면 물과 성령으로 거듭나야 한다. 필자가 지금까지 성령치유 사역을 하면서 체험한 바로는 치유가 잘되지 않는 원인은 이렇다.

첫째, 치유가 될 수 있는 영육의 상태가 되지 않아서. 성령으로 바르게 신앙생활을 하고 마음 안에 성전에서 분출되는 방언기도를 하면 시간이 문제이지 고질병은 반드시 치유된다고 믿고 있다. 그런데도 왜 고질병이 치유되지 않는가. 성령의 역사가 환자를 장악하지 못했기 때문이다. 환자가 자아가 강하기 때문이다. 자기 만에 신앙과 기도방법을 고집하기 때문이다. 사역자가 알려주는 대로 기도하지 않고 자기만의 믿음생활의 방식을 고수하기 때문이다. 기도가 성령으로 되어야 고질병이 치유된다.

이유는 환자 안에 계신 성령님이 고질병을 치유하시기 때문이다. 기도가 바뀌지 않아서 고질병이 치유되지 않는 것이다. 기도가 바르게 되어야 성령의 역사가 일어나서 필자는 고질병을 치유하는 집회를 할 때 이렇게 말한다. 자기가 지금까지 하던 기도는 집으로 돌아가서 하시고, 여기에서는 필자가 알려주는 방식대로 기도하라고 한다. 순종하는 분은 빨리 성령께서 지배하고 장악하여 고질병이 쉽게 치유되는 것을 체험했다. 필자가 고질병을 치유하는 사역을 하면서 체험한 치유되지 않는 원인은 대략 이런 경우이다.

1)**영적인 상황:** 말씀을 전하는 자나 듣는 자나 다 같이 심령이 가난한 심령이어야 하며, 심령에 억눌림이 없이 자유스러워야

영적 흐름이 자유스러우며, 성령의 감동을 받을 수 있는 온유하고 부드러운 심령이라야 성령의 역사가 있게 되고 내면의 상처가 치유되는 체험을 하게 된다. 내면의 상처가 치유되면서 병이 고쳐지는 것이다. 자아나 선입관이 있거나 교만하거나 인색하거나, 비판하고 판단하는 마음이나, 세상의 여러 가지 염려로 마음이 평안치 못한 심령에는 성령의 역사가 일어나지 않는다.

왜냐하면 하나님의 치유를 성령으로 장악된 영적인 상태에서만 일어나기 때문이다. 고로 성령의 역사에 의한 치유의 체험을 할 수가 없는 것이다. 영에는 항상 자유 함이 있어야 한다. 환경이나 분위기에 눌리거나 억압당하면 성령의 역사에 의한 치유의 역사가 일어나지 않는다.

육체가 되기 때문에 영이신 성령께서 역사 하실 수가 없는 것이다. 질병을 치유 받으려면 말씀과 성령의 역사로 완전하게 전인격이 장악된 심령이라야 치유를 받을 수가 있다.

2)혼(마음)적인 상황: 마음이 산란하여 하나님에게 집중하지 못하고, 예배나 기도 시에 잡념에 잘 빠져서 다른 생각을 하고 있으니 성령의 깊은 임재를 체험하지 못하고, 성령에 장악 당하지 못하니 치유가 안 된다. 성도가 하나님의 뜻대로 살기로 결심하고 예수를 영접하고 살지만, 실제적인 생활 속에서 하나님의 뜻을 따르기보다는 내 뜻대로 하나님이 해주기를 바라는 믿음으로 살아가는 경우가 대부분이다.

그리고 또 성령을 쫓아 사는 법을 모르기 때문에 영적 지각이 둔해지고, 실제적으로는 하나님께 순종하지 않고 자기 뜻대로 자기감정대로 자기 생각대로 살거나 육신적으로 살아가게 되어 성령의 역사에 의한 내적치유가 되지 않게 된다. 성령에 의한 내적치유의 역사는 성령의 역사에 순종하고 자신의 뜻과 계획과 생각을 포기하는 자에게 나타나고, 성령의 기름이 부어지고 임하게 되므로 성령의 역사로 내적치유를 체험하게 된다. 그러므로 치유를 할 때는 치유에 집중하는 마음의 자세가 중요하다. 오로지 하나님만 바라보는 것이다.

3)육적인 상황: 육신이 허약하고, 악한 영에 집혀서 힘을 쓰지를 못하고 오래 기도를 하지 못하고 예배나 집회에 참석하더라도 육신이 약하여 오래있지를 못하니 치유가 안 된다. 세상을 사랑하거나 육체의 일을 끊어내지 못하면 치유가 되지 못한다. 믿는 자란 마음이 하나님에게 열려있는 자를 말한다. 성령치유나 성령의 역사나 하나님의 능력에 대하여 무지하거나 마음이 닫혀있는 고집이 있는 자나 선입관이나 편견이 있는 자에게는 성령이 역사하지 않는다. 그래서 치유가 되지 않는 것이다.

성령에 대한 무관심과 성령 사역에 대한 영적인 무지와 인간의 굳은 마음은 하나님의 생명이 활동하지 아니하는 결과이다. 그러므로 사역자가 아무리 열심히 기도를 해도 치유가 되지 않는 것이다. 겸손하게 어린 아이 같은 심정으로 성령의 역사를 받아들이는 자에게 성령은 역사하여 치유가 되는 것이다. 겸손한 자는 온유한 마음과 부드러운 마음의 소유자이다. 육신이 완전하게 성령에게 장악당한 상태에서 질병의 치유가 일어나는 것이기 때문에 자신의 육성을 죽이고 성령의 역사에 순복하는 자세가 중요하다.

둘째, 본인의 영적인 문제에 장애가 있을 때.

1) 불의: 하나님의 뜻을 벗어남, 자신의 생각에 따라 하나님을 믿으며, 믿음의 신앙의 고백이 없는 자를 말한다. 안과 밖으로 나타나는 믿음의 행동이 없어 강퍅한 자와 똑 같다. 불의를 인정하고 회개하고 나와야 치유가 되는 것이다. 하나님의 은혜는 믿는 사람에게만 해당이 된다. "하나님의 진노가 불의로 진리를 막는 사람들의 모든 경건하지 않음과 불의에 대하여 하늘로부터 나타나나니(롬1:18)"

2)불법: 하나님의 말씀을 어김, 양심에 화인을 맞아, 죄의 고백이 없는 자를 말한다. 이는 육체가 된 상태이기 때문에 영이신 성령이 역사하지 못하는 것이다. 자신이 불법을 저지른 것을 인정하고 회개해야 비로소 성령이 역사하기 시작하는 것이다(사 59:1-3).

3)불신: 하나님의 능력을 믿지 않는다. 이는 하나님을 사랑하지 않는 것이다. 하나님을 사랑하지 않는 사람이 하나님으로부

터 은혜를 받을 수 없는 것은 당연한 것이다. 하나님은 나를 사랑하는 자는 내 계명을 지키는 자라고 하셨다. 불신은 하나님의 말씀을 믿지 않는다는 것이다. 당연히 하나님에게 은혜를 받지 못하는 것이다. 하나님은 전지전능하시어 무엇이든지 마음만 먹으면 하신다는 믿음이 부족할 때 치유가 되지 않는다. "예수께서 백부장에게 이르시되 가라 네 믿은 대로 될지어다 하시니 그 즉시 하인이 나으니라(마8:13)"

셋째, 본인의 마음에 치유의 장애가 있을 때.

1)본인의 지적인 문제에 장애가 있을 때 치유가 되지 않는다. 본인의 선입관에 의하여 질병의 치료는 병원에서만 가능하다는 생각이나, 하나님의 치유나, 치유 사역자에 대한 불신을 할 때 치유가 되지 않는다. 이는 성령으로 거듭난 영의 사람이 아니기 때문이다. 성령의 사람은 하나님은 무소 부재하시어 하시지 못하는 것이 없다는 것을 믿는 것이다. 바르게 알아야 할 것은 병원에서 고치지 못하는 병을 기도로 고치는 사례는 얼마든지 있다. 병원에서 현대의학으로 못 고친다는 당뇨병과 암과 백혈병 등등. 수다한 병들이 고쳐지고 있는 사실은 병은 약이나 병원에서 고친다는 사고방식에서 벗어나야 한다. 아사 왕의 경우를 보면 알 수가 있다(대하16:12-14).

2)본인의 감정적 문제에 장애가 있을 때 치유가 되지 않는다.

남을 용서하여 주지 못하고, 마음에 한을 품고 있을 때에도 치유가 되지 않는다. 환자에게 이 사실을 영분별을 통하여 분별하고 자신이 제거하도록 조언하여 주어야 한다. 예를 든다면 과거에 받은 상처들로서 부모나 배우자 또는 기타를 용서하고 회개하여 제거해야 한다. "너희가 사람의 잘못을 용서하지 아니하면 너희 아버지께서도 너희 잘못을 용서하지 아니하시리라(마6:15)"

조급한 마음과 치유사역에 대한 무지로 치유가 되지 않는다. 환자가 기도를 받아 단번에 치유되지 않거나, 혹은 기도하는 방법에 거부감을 갖게 되거나, 또는 치유 시에 일어나는 여러 성령의 역사의 현상 때문에 기도 받기를 중단하므로 치유가 되지 않는다. 단번에 치유될 병과 시간이 걸리는 병의 치유가 있다. 자신을 성령이 장악하는 시간이 필요하다. 자신이 하나님이 원하는 심령상태로 변화하는데 시간이 걸리는 것이다. 치유를 받으려면 자신이 하나님이 원하는 수준으로 변하려고 해야 한다.

우리가 알아야 할 것은 병의 원인과 상태만 정확히 진단할 수만 있고, 시기를 놓치지 않으면 무슨 병이라도 치유가 되는 것이다. 끝까지 고칠 수 있다는 믿음과 확신은 질병을 치유하는 기적의 원동력이 된다. 나는 4년간 앉은뱅이로 있던 중풍이 걸린 할아버지를 치유하여 걸어서 교회에 다니도록 한 경험이 있다.

3)본인의 의지적인 문제에 장애가 있을 때 치유가 되지 않는다. 본인이 낫고자 하는 의지가 없고 오히려 낫지 않기를 원하는

사람이 있다. 예를 들어 산업재해 병으로 어느 정도 완쾌한 환자는 일하는 것 보다 일하지 않고 보상을 받고 있는 편이 더 좋을 때가 있다. 본인의 낫고자 하는 보다 적극적인 마음의 자세가 없을 때 치유되지 않는다. 예를 들어 말하면 요5장 2절의 베데스다 연못가의 38년 된 병자를 들 수가 있다.

예수님께서 '네가 낫고자 하느냐?' 물으신 이유는 38년간이나 치유되지 않은 채로 있었기 때문에 이 환자는 병이 꼭 치유되기를 바라는 의욕이 있어 이곳에 있는 마음보다는 이제는 타성에 젖어있는 사람이 되었다. 이러한 사람에게 보다 더 적극적인 믿음의 자세를 요구하는 말씀이다. 예수님의 능력으로 병을 고칠 수 있다고 믿느냐? 사역자를 순종하고 따라 오겠느냐? 무엇보다도 본인이 낫고자 하는 의지력이 치유에서는 가장 중요한 요소이다. 히스기야는 죽을병에 걸렸어도 하나님에게 기도하여 15년 간 생명을 연장 받았다(사38:1-9).

넷째, 본인의 영적인 분야에 장애가 있을 때.

1)의사의 무의식적인 암시에 걸려 있는 병을 예를 들 수가 있다. 영적인 세계에 대하여 안목이 열려 있지 않은 세상 의사가 자신의 의학적인 상식에서나 의료 수준에서 고칠 수 없다는 생각에서 환자에게 무심코 하는 말로서"이 병은 현대의학으로는 절대로 고칠 수 없다"는 한마디가 환자에게 깊은 암시가 되어 환자 자신은 어떠한 방법으로도 고칠 수 없다는 암시가 걸려 있는

경우가 있다. 이런 환자들이 생각보다 종종 많으며, 우리는 대부분의 환자들이 이런 불신의 환자인지도 모른다. 이런 환자에게는 이 암시를 풀어주어야 한다. 의사나 약물이 병을 고치는 것이라는 상식에서 벗어나지 못하는 사람은 이 암시에 걸려있는 환자로서 잘 치유가 되지 않는다.

나는 의사가 불치의 병이라고 못 고친다고 하는 질병도 치유한 경험이 있다. 환자가 간증한 이야기를 들어보라. "저는 5년 전부터 팔이 아프기 시작해서 귀 위까지는 올리지 못하다가 치료를 받았으나 팔꿈치 안쪽이 아프고 때로는 손에 힘이 빠져서 약간 떨림으로 커피를 타려면 손이 흔들리게 됩니다. 세수할 때면 세면대에 팔을 받치고 얼굴을 갖다 대며 씻어요. 뒷목 부분은 한쪽으로 팔꿈치를 받쳐 들고 목을 씻었어요. 성경가방(무거운 물건)을 들고 한참 걷다가 손을 들려면 팔꿈치를 받쳐 들어야 하고 설거지를 좀 많이 하고 나면 한참씩 팔꿈치 안쪽이 아팠어요. 병원진단 병명으로는 테니스 엘보로서 못 고친다고 합니다. 그래서 포기하고 지내다가 충만한 교회에 와서 내적치유를 통해 은혜 받고 안수 받은 다음부터 팔이 올라가고 팔에 힘이 생겼어요. 이제 머리도 마음대로 손질하고, 세면도 하고 무거운 물건도 들수 있도록 팔에 힘이 생겼어요. 주님을 찬양합니다. 사랑합니다. 고통당하는 분들도 오셔서 은혜를 몸으로 체험하시기를 바랍니다."

인색하거나 교만하거나 완악한 영, 이기적이고 타산적인 영은 잘 치유가 되지 않는다. 계산속으로 치유에 동참하거나 믿음 생활을 하는 성도는 잘 치유되지 않는다. 이는 아직 육신에 속해 있기 때문에 영이신 하나님의 은혜를 받지 못하는 것이다. 하나님은 죄가 사해진 영의 사람에게 은혜를 베푸신다. 무엇보다 마음을 정하여 사역자를 신뢰하고 맡기는 자세가 중요하다. 마음이 굳어지면 영이 굳어지고 육신이 굳어지면 체액과 호르몬과 피의 흐름이 원활하지 못하고 굳어지게 된다. 사망은 굳어지는 것이다(겔36:26). 굳은 것은 자신이 마음을 열고 회개하여 성령이 역사할 때 풀리게 된다. 회개하고 마음을 열고 성령의 역사를 받아들여야 한다. 하나님의 나라를 유업으로 받지 못할 육체의 일들에 젖은 사람은 잘 치유가 되지 않는다. "불의한 자가 하나님의 나라를 유업으로 받지 못할 줄을 알지 못하느냐 미혹을 받지 말라 음행하는 자나 우상 숭배하는 자나 간음하는 자나 탐색하는 자나 남색하는 자나 도적이나 탐욕을 부리는 자나 술 취하는 자나 모욕하는 자나 속여 빼앗는 자들은 하나님의 나라를 유업으로 받지 못하리라(고전6:9-10)"

사단에게 완전히 매인 상태에서 전혀 자기 의지를 행사하지 못하는 영은 잘 치유가 되지 않는다. 그러므로 이 단계에 이르기 전에 치유를 받아야 한다. 평소에 예방신앙이 중요한 것이다. 사단에게 완전하게 메이기 전에 치유를 받아야 한다는 것이다. 나는 여러 곳을 방황하다가 치유의 시기를 놓쳐서 생명을 잃은 경우도 보았다. 질병의 치유는 시기도 중요하다.

다섯째, 본인의 육신적인 문제가 있을 때. 질병이 기관이나 질병의 부위가 육신의 생명 기능이 완전히 마비된 상태로는 치유가 어렵다. 치유가 되지 않는 여러 가지 문제가 있지만 앞에서 말한 것같이 치유를 거부하는 여러 가지 암시나 부정적인 마음이 잠재의식에 깔려 있다면 안수하고, 기도한다고 치유되지 않는다. 이러한 부정적인 잠재의식을 제거하고, 긍정적인 의식 전환이 필요하다. 바로 이러한 문제를 해결하도록 치유 사역자를 통한 말씀으로 부정적인 의식이나 더러워진 마음을 씻어버리고, 생명의 성령의 법이 적용되어 육체의 생명 인자가 살아나도록 성령이 역사할 수 있는 상태와 조건을 만들어 주어야 한다.

여섯째, 환경상의 문제가 있을 때

1) 질병의 원인이 되는 환경이 바뀌지 않을 때. 시어머니와 고부간의 갈등의 환경이 바뀌지 않을 때 치유가 되지 않는다. 사모가 되기 싫지만 남편이 목사라서 억지로 사모가 된 경우에도 치유가 되지 않는다. 마음을 정리하고 회개하여 사명을 감당하겠다는 생각으로 바뀌어야 치유가 된다. 우상이나 귀신을 섬기는 가정환경이 바뀌지 않을 때 치유가 되지 않는다. 부부간의 갈등의 골이 너무 깊은 경우에도 치유가 되지 않는다. 이 모든 요소들은 육체의 활동이다. 하나님은 육체하고는 관계를 하지 않기 때문에 치유를 받을 수가 없는 것이다. 그러므로 치유가 되지 않

는 요소를 찾아서 해결하게 해야 한다. 육체의 일을 회개하지 않는 한 치유는 일어나지 않는다.

기도로 고쳐져도 인간의 환경에 아주 민감한 반응을 일으키는 동물이지만 마음을 가진 존재이기 때문에 그 마음이 영향을 받지 않아야 하는 것이다. 뿐만 아니라, 사람은 영적 존재이기 때문에 이 영적 세계의 보이지 않는 영향은 엄청나다. 이러한 영적 영향이 가족으로부터 계속 되는 경우는 질병은 고쳐지지 않는 경우를 보게 된다.특별히 믿음이 약한 사람이나 우상의 세력이 강한 가정에는 이러한 질병을 고치려는 환경을 바꾸어 주어야한다. 병을 고친 후 이러한 환경에 다시 돌아가면 재발하게 된다.

2)질병의 원인이 되는 조건이 바뀌지 않을 때. 한마디로 옛사람이 그대로 살아있는 사람에게는 치유가 되지 않는다. 영의 사람으로 변해야 한다. 하나님의 치유를 받으려면 술, 담배, 약물 등은 끊어야 하며, 특별히 신경 안정제가 섞여있는 약물 복용은 약물효력이 사라지는 약15~30일 정도의 기간이 지난 후에 기도해야 한다. 기도한 후 계속 복용하면 효력이 없다. 약물이 치유를 일으키는 경우가 있지만 약물이나 수술에 의한 치유는 하나님의 치유 방법의 근원적인 치유를 역행하는 방법이기 때문에 근본적인 치유가 아니라, 대개는 문제를 임시 처방하는 것에 불과 하다. 만성병이 거의가 약으로 치유할 수 없는 이유는 바로 여기에 있고, 수술 후에 다시 재발하거나 더욱 악화되는 현상은

이러한 인간의 생명 법칙에 순응하는 치유방법이 아니라 질병에 대한 대응 치료법이기 때문이다.

거의 대부분의 모든 약물 복용은 치유 기도의 성과를 방해한다. 약물을 의지하기보다 하나님을 의지하는 믿음이 필요하다. 그러나 어떤 환자는 약물을 복용하거나 투여하면서 하나님의 치유를 적용해야 할 경우도 있다. 환경이나 조건이 바뀌든지 환경이나 조건을 극복할 수 있는 믿음과 영적인 능력이 필요하다.

특별히 중한 환자는 보호자의 특별한 관심이 필요하다. 내가 지금까지 환자를 치유하며 임상적으로 체험한 바로는 보호자가 관심을 가지고 함께 데리고 다니면서 치유를 받는 사람은 다른 사람에 비하여 치유가 빨리 되었다.

그러나 중한 환자인데 보호자가 관심을 두지 아니하니 치유가 잘 되지를 않았다. 이것은 영적인 논리로 보면 맞아떨어지게 된다. 마음이 하나 되지 못한 것이다. 한 가정에 두 가지 영이 흐른다고 보아도 맞다. 영적인 것, 악한 영의 역사를 인정하는 것도 대단히 중요하다. 귀신역사를 인정하지 않으면 연단의 기간이 길어지거나 치유의 은혜를 받지 못한다.

일곱째, 사역상의 문제가 있을 때.
1)사역자의 진단착오로 기도의 사역방법이 잘못됨으로 치유가 안 된다. 정신질환과 귀신들림을 구별하지 못함으로 사역 방법이 잘못 됨으로 고쳐지지 않을 때가 있다. 의사는 귀신들린 영

적인 병을 정신병으로 다스리고 목사는 정신병을 귀신들린 병으로 진단에 대한 착오를 한다.

2)사역자의 사랑, 능력, 은사 등의 부족함에도 원인이 있을 수 있다. 사랑을 주는 동물, 식물, 화초는 잘 자라지만 소홀하면 죽게 된다는 것을 알아야 한다. 능력이나 은사의 부족으로 영적인 병을 예수 믿는 사람에게 무슨 귀신이 있느냐는 식의 영적 무지는 질병을 방치하기도 하고, 혼의 질병의 원인을 파악하지 못하고 방치하여 악화시키거나 치유가 일어나지 않기도 한다.

영적인 성령치유 사역자는 부단하게 연구하고 노력해야한다. 세상의 의사가 취급하지 않는 귀중한 영혼을 담당하기 때문에 세상 의사보다 더 전문성이 있어야 한다.

3) 사후 조치를 잘못한 경우에 재발되어 치유를 부인하는 경우도 있다(마12:45 일곱 귀신). 다시 죄를 범하든지, 혹은 감사하지 않는 인색한 마음이라든지, 귀신의 영향 하에 있는 분위기로 다시 방치하든지 하면 재발하게 된다. 치유당시와 같은 성령의 역사가 일어 날 수 있는 심령의 상태를 유지하도록 해야 한다. 자신이 영적 자립을 하여 영적투쟁을 할 수 있는 단계까지 능력 있는 사역자의 지도를 받아야한다.

여덟째, 인간이 헤아릴 수 없는 하나님의 섭리가 있을 때. 하나님의 승인에 의한 마귀의 저주가 풀리지 않아서 우상 숭배의 죄는 삼사 대까지 마귀의 저주가 임한다(출20:5)고 했다. 많은 분들이 하나님의 저주는 무엇이고, 마귀의 저주는 무엇인가 질문을 한다. 하나님은 저주하지 않는다. 단지 사람이 육체가 되어 영이신 하나님의 말씀을 듣지 못하니 상관하지 않는 것이다. 하나님은 영이시다. 영이신 하나님과 통하려면 성령으로 거듭나 영적인 상태가 되어야 가능한 것이다. 인간의 죄 문제가 해결이 되지 않으면 절대로 하나님과 통할 수가 없다. 사람이 육체가 되어 하나님과 교통하지 못하니 하나님이 상관하지 않는 것이다.

하나님이 버리니 옛 사람의 주인인 마귀가 와서 저주하는 것이다. 왜 마귀가 저주할 까? 하나님처럼 사람에게 경배를 받으려고 저주하는 것이다. 사단은 하나님처럼 사람에게 경배를 받는 것을 아주 좋아한다. 그래서 하나님을 반역한 것이 사단이다. 하나님의 자리가 너무나 좋으니 하나님과 같이 되려고 반란을 일으킨 것이다. 그래서 하나님에게 쫓겨나 사단이 된 것이다.

우리는 절대로 하나님의 자리를 넘보지 말아야 한다. 질병을 치유 받으려면 하나님에게 불순종 하므로 발생한 귀신의 저주를 풀기 위해서는 번제가 드려져야 하나, 심령을 찢는 회개가 없고, 마음과 정성이 드러나지 않으니까 마귀의 저주가 풀리지 않기 때문에 치유가 않는다. 그래서 환자는 "하나님 어찌하여 이러한 질병이 나에게 왔으며 어찌하여 치유되지 않습니까?" 라는 화살 같은 기도를 성령 안에서 하는 훈련이 필요하다.

11장 마음과 육체의 질병이 발생하는 원인

(출15:26)"이르시되 너희가 너희 하나님 나 여호와 의 말을 들어 순종하고 내가 보기에 의를 행하며 내 계명 에 귀를 기울이며 내 모든 규례를 지키면 내가 애굽 사람 에게 내린 모든 질병 중 하나도 너희에게 내리지 아니하 리니 나는 너희를 치료하는 여호와임이라."

하나님은 우리의 질병을 치유하여 주시기를 원하신다. 반면 에 예방 신앙으로 자신의 마음과 육체를 잘 관리하여 질병을 예 방하기를 소원하신다. 말씀과 성령의 충만한 신앙생활로 마음의 평안을 날마다 유지하기를 바란다. 하나님의 치료인 신유는 신 유의 은사가 있는 사람을 통하여 이루어진다. 그러나 이러한 신 유의 치료에도 치료받는 사람의 믿음, 영적 상태, 마음의 상태에 영향을 받으며, 또 이것이 재발에도 영향을 미친다. 또 하나님 의 치료에는 스스로 몸을 건강하게 유지할 수 있는 능력을 활성 화시킴으로 자연스럽게 치료하심도 포함되며, 시간이 걸려서 치 료하심도 포함되며, 약을 먹고 수술을 해서 치료됨도 역시 하나 님의 치료라고 할 수 있다. 중요한 것은 모든 치료는 기본적으로 사람이 아니라, 하나님이 우리에게 해주신다는 것이다.

그러므로 죄와 치료는 어떤 식으로든 관계가 된다. 용서와 치 료도 관계가 있다. 그리고 무엇보다도 내적 상처는 치료에 매우 중요하다. 아무리 좋은 약이 있어도 병이 잘 치료되지 않는 것은 깊이 숨어있는 내적 상처가 있기 때문이다. 상처가 치유되지 않으면 질병이 고쳐지지 않는다는 것이다.

삶을 살아가는 우리의 태도도 치료에 매우 중요하다. 이러한 태도가 질병을 불러일으키는 요인이 된다. 사람과 세상과 나 자신에 대한 시각은 질병의 원인에 깊이 관계된다. 무분별한 생활, 다른 사람과의 관계 등도 마찬가지이다. 그런데 육체만을 다루는 현대의학은 진정한 치료가 아니라, 질병의 진행을 잠깐 멈추는 것이다. 진정한 질병의 뿌리를 뽑는 것이 아니다. 병의 근원을 찾아서 뿌리를 뽑아내는 것이 진정한 치료이다. 마음의 치료가 진정한 치료이다. 말씀으로 성령으로 하는 영적치유라야 질병의 뿌리가 뽑히는 것이다. 무엇보다도 먼저 불안을 마음에서 뽑아내기를 바란다. 그래야 성령님의 능력이 마음에서 역사 하실 수 있다. 내 영혼이 잠잠히 하나님을 바라고 평안할 수 있을 때, 하나님의 치유가 시작된다.

치료의 첫 단계는 하나님이 나를 치유하기를 원하신다는 하나님에 대한 신뢰를 가짐으로, 내 마음을 평안으로 채우는 것이다. 치료의 두 번째 단계는 병에 집착하지 않고, 하나님에게 집착하는 것이다. 마음을 가라앉히고 자꾸 하나님을 크게 보는 것이다. 하나님을 기대하라는 것이다. 하나님의 치료를 기대하라는 말이다. 하나님의 치료를 상상하라. 현대의학에서도 상상요법을 매우 중요하게 여긴다. 단 우리의 상상은 성령님의 도우심이 있는 상상이다. 그래서 강력한 치료의 능력이 나타난다. 믿음을 가져야한다. 건강한 모습을 상상하라. 그 상상하는 모습에 성령님이 역사하시게 하라. 환자는 무엇보다도 질병이 치유된다는 믿음이 중요하다.

세 번째 단계는 입으로 시인하고 선포하는 것이다. 우리 안에 와있는 생명력과 질병치유의 권세를 사용하는 것이다. 이것을 말에 담아 내 것으로 사용하는 것이다. 하나님의 자녀에게 주신 이 치료의 능력, 창조의 능력을 사용하라. 믿음으로 사용하라. 영적 세계에 의하여 자연세계는 지배된다. 육은 영에 의하여 지배된다. 영의 능력, 권세를 가지고 명령하면 육은 치료받을 수 있다. 중요한 것은 우리의 믿음이다. 성령께서 역사 하시는 믿음의 언어로 치료된다. 그냥 하는 말은 중간에 떨어지지만, 성령의 인도하심, 성령의 함께 하심이 있는 언어는 땅에 떨어지지 않고 역사 한다.

중요한 것은 성령 충만과 믿음의 언어사용이다. 성령 충만이 우리의 사는 길이다. 우리는 성령 충만한 상태에서 나오는 믿음의 언어를 사용하여 우리의 환경을 지배하며, 새 창조를 할 수 있다. 이것이 바로 하나님의 참 형상이신 예수님이 오셔서 하신 일이며, 우리의 본이 되어주신 것이다. 우리도 그렇게 하라는 것이다. 할 수 있다는 것이다.

인간이 타락하기 이전에는 죽음과 관계가 없는 완벽한 존재였으며, 영-혼-육은 완전한 조화를 이루며 질서를 유지하였다, 영은 마음, 생각을 지배하였으며, 육체는 이성의 지배를 받는 조화를 이룬 상태였으나, 인간의 타락으로 죄가 유입되자 인간의 내적 질서는 균형, 조화를 잃게 되며 나머지 모든 부분들이 인간에게 유입되게 된다. 그리하여 인간에게 질병이 생기게 된다.

첫째, 질병은 자율신경의 계통의 흐름과 부조화로 생긴다.

모든 질병의 대부분이 자율 신경의 부조화에서 나오는 경우가 많기 때문에 내 영이 무거운 죄짐이나, 불평이나, 원망의 무서운 독소에서 자유 함이 있어야 하고, 자율 신경의 조화는 주로 마음의 평안과 영의 기쁨을 항상 유지하게 된다. 자율 신경의 교감신경은 불안, 좌절, 분노 등의 결과를 유발하고, 부교감 신경은 주로 기쁨, 화평, 감사, 용서, 사랑, 절제, 인내, 자비와 양선과 충성과 온유함을 주관한다.

그래서 하나님은 빌립보서 4장 4절에서 "주 안에서 항상 기뻐하라 내가 다시 말하노니 기뻐하라."고 하시는 것이다. 포도나무의 가지가 원줄기에 붙어 있어야 하듯이, 우리의 영적 생명과 성령의 역사는 생명의 근원 되시는 예수님에게 붙어 있어서, 영적 신령한 생명이 계속 공급을 받아서 끊임없이 흘러나오거나 솟아나야 한다. 이러한 생명의 흐름이나 성령의 흐름이 성경에서는 기름부음이라는 표현으로 설명되고 있다.

이러한 예수의 생명이 흘러넘치는 역사가 충만하기 위해서는 속사람(영)이 강건해야 하는데, 이 속 사람은 자율신경의 부교감

신경에 주로 영향을 받게 된다. 자율 신경의 조화를 이루지 못하고, 분노나 불안이나 좌절 등을 일으키면 위장, 간, 심장, 폐, 등 오장육부의 혈관 정맥, 근육 등에 뻗어 있는 자율 신경에 자극을 주게 되어, 신체에 이상을 일으키고 질병을 유발시킨다.

모든 쓰라림과 원한은 첫째 분노로부터 시작, 이것이 신체에 공급되는 아드레날린을 지나치게 분비시킨다. 신체는 분비된 아드레날린의 초과량을 흡수할 수 없다. 결과적으로 그것은 신장으로 가지만 그러나 신장은 이 초과량을 수용할 수 없다. 그 결과로 그것은 신체의 관절에 모여 관절염을 일으킨다. 관절염을 앓는 사람은 자신의 삶을 성찰하고, 혹 다른 사람에 대한 쓴 뿌리와 용서하지 않는 마음을 품고 있는지 여부를 알아보라고 성심성의로 충고하기 바란다.

둘째, 질병의 진행 과정. 어떠한 형태의 죄이든지 적은 것이 씨앗에 되어 누룩과 같이 우리들의 정신과 마음과 육체를 파괴해 나간다. 표면적인 생각이 잠재의식까지 진행되어 신경 세포가 파괴되고 자율 신경이 파괴되어 자신의 생각이나 의지대로 조절이 되지 아니하게 된다. 말초신경의 자극은 내장기관의 파괴를 가져오고 뿐만 아니라, 인체의 호르몬 기능이 조화를 잃게 되고, 체액과 혈액이 산성화되거나 혼탁해져서 인체의 여러 가지 질병에 대한 면역력이 상실되고, 특별한 부위의 세포가 비정상적인 세포로 파괴되면서 육체의 병으로까지 진행되어 간다.

영의 병과 원인이나 결과가 유사하다. 그러나 외적인 악한 영의 영향이나 침투로 인하여 질병이 발생하는 것이 아니라, 내적인 자신의 성품이나 인격(마음)이 조화를 이루지 못한 마음인 병든 영혼의 죄로 말미암아 일어나는 질병이다. 주로 특별한 신체적 장애가 없음에도 불구하고 신체적 통증을 동반하는 질병으로 대개 자율신경의 부조화를 통하여 병으로 진행이 된다.

자율 신경은 교감신경과 부교감신경으로 나누는데 좌절, 낙심, 분노, 미워하는 마음, 질투하는 마음, 원망하거나 불평하는 마음, 불안이나 염려나 낙심이나 등은 교감신경과에 속하고 기쁜 마음, 평안한 마음, 사랑의 마음이나 용서의 마음, 온유한 마음 등은 주로 부교감 신경에 속한다. 자율신경의 균형이 조화가 깨어질 때 각종 장기의 혈관 근육 등에 퍼져 있는 세포에 영향을 주므로 신체에 이상을 일으키게 된다. 자율 신경을 자극하는 것이 바로 인간의 감정이나 화나 정신적 혹은 심적 스트레스를 받게 되어 평안함이 깨트려지고, 하나님과의 불화가 시작되는데 이 스트레스는 하나님의 뜻대로 살지 못하거나 믿음으로 살지 못한 죄의 결과라고 할 수가 있다. "항상 기뻐하라. 쉬지 말고 기도하라. 범사에 감사하라. 이것이 그리스도 예수 안에서 너희를 향하신 하나님의 뜻이니라(살전5:16-18)"

감정적인 충격을 받으면 사고기능은 저하되고 합리적인 판단이 흐려져서 앞뒤를 생각할 겨를이 없이 공격적이 되고, 심령이 상하게 되어 본성인 육성이 드러나게 된다. 이러한 화가 분노로

격한 심령으로 확산된다. 이러한 화병이 통제되지 못하면 빈발하게 되어 병적이 되고 질병으로 진행된다. 충격이나 신경성 원인에 의한 모든 질병은 모두 이 마음에 속한 병인데 정신적인 질병과 육체적인 질병의 2가지 형태로 진행이 된다.

화나 분노가 내적으로 스며들거나 발산되지 않은 상태로 속으로 심령이 상하게 되고, 정신적인 손상이 계속되어 뇌신경 세포의 파괴가 진행되면 노이로제나 우울증 및 정신병으로 발전하게 된다. 그렇지 않고 내장기관의 신경세포가 손상이나 자극이 계속되면 육체적인 질병으로 발전하게 되어 신심 상관병(마음의 병)으로 발전하게 된다.

1) **제 1 단계 환경의 위기.** 사업이나 직장 가정 및 인간관계의 파탄이나 다른 사람으로부터 영향이나 자극이나 충격을 받게 된다.

2) **제 2 단계 자아의 위기.** 이를 자신의 인격이나 믿음으로 소화하지 못하면 내적인 갈등이나 불안, 염려, 의심, 초조, 미움, 원망, 불평 등이 발동하며 육성이 발동 된다.

3) **제 3 단계 영적 위기.** 갈등이나 불안이나 미움이나 원망이 심화되어 말로 불평을 나타내거나 행동으로 표현하게 되고 심령이 메말라오며 보복하려는 심령이 되거나 기도가 막히거나 여러 가지 육체의 일로 외적으로 나타나게 된다.

4) **제 4 단계 신체적 위기.** 정신적 혹은 육체적 이상 현상들이 외적으로 나타나기 시작하여 분명한 질병의 형태로 나타난다.

5) **제 5 단계 파멸의 위기.** 질병이 악화되어 영혼의 파멸을 가

져오거나 나아가서는 육신의 사망으로 연결되며 혹은 신경적으로 파멸이 오면 돌이키기 어려운 정신적인 이상을 가져오거나 영적으로 악화되면 악한 영의 침입으로 파멸의 위기를 맞게 된다. 보편적으로 마음의 병이란 여기서는 혼(마음)의 병으로 분류했으며 신경성 원인에 의한 질병으로 육체의 질병으로 외부적인 형태로 심하게 발전되어지지 않은 상태의 질병을 말하며, 특별히 내분비 계통과 신경 계통과 자율신경 계통에 발병되어진 질병의 경우를 말한다.

셋째, 내적 상처와 질병과의 관계

1) 현대 의학은 육신의 질병을 단순히 병리학적인 차원에서 다루지 않고 유전적, 심리적이며 영적인 분야를 함께 다루고 있다. 질병과 내적 상처와의 관계는 사회가 복잡해지면서 더욱 관계가 깊어지며 육체의 질병은 유전, 환경, 식생활 습관, 심리적, 영적으로부터 복합적으로 영향을 받아서 질병이 생기게 된다.

2) 과거 어떤 상황을 접하여 심한 감정의 상처를 입었다면 그 상황이 다시 생각날 때, 감정의 자극이 생기게 된다. 이러한 반복이 심하게 되면 신체적 질병, 심한 노이로제로 이르게 된다. 이렇게 됨으로 교감신경이 강화되어 분노하거나 앙심을 품는 다거나 하여 자신의 인체 속에서 분비되는 "아드레랄린"으로 인하여 신체 여러 장기와 뼈와 신경의 손상을 가져오게 된다. 그리하여 시간이 경과됨에 따라 질병으로 나타나게 된다. 그러므로 질

병이 몸 밖으로 나타났다면 상당히 시간이 많이 경과된 상태라고 이해하고 치유해야 할 것이다. 그러므로 미리미리 말씀과 성령 충만한 신앙생활로 예방하는 것이 중요하다.

3) 우리 민족은 역사를 통해 문화와 환경에서 아픔을 부둥켜안고 살아야만 했다. 반상 제도, 남존여비, 장유유서의 문화로 누르고 눌리는 악순환을 거듭했다. 이러한 아픔과 눌림은 단지 한 시대의 문화뿐만 아니라, 그 시대를 사는 사람들에게 커다란 감정적, 정서적 상처를 안겨 주게 된다. 이러한 내적 상처는 정신, 육체적 질병과 연결이 된다.

4) 여성인 경우 고부간의 갈등, 시댁 가족과의 관계, 남편의 문제, 경제적인 어려움 등 많은 갈등을 겪어왔다. 그런데 대부분의 경우 참으며 살아가는 것을 운명으로 체념하고 살아왔다. 이러한 이유로 인해 한국의 여성들에게 보이지 않는 내적인 질병인 화병이 생겨난 것이다. 정신 심리학에서 화병은 어떤 충격으로 인해 신체적, 심리적으로 6개월 이상 만성적인 고통을 겪게 되는 상태를 말한다. 화병은 심리적인 갈등, 긴장으로 인하여 심리적, 정신적 부분에 병이 발생하지만, 이 부분에만 국한되지 않고 어느 정도 기간이 지나면 심폐기능, 근육, 위장장애를 유발하게 된다.

5) 우리가 웃을 때, 행복할 때, 하나님을 찬양할 때, 운동을 할 때, 엔 돌핀이라고 불리는 물질이 신체 안에 배출되는데 그것은 고통을 덜고 신체의 조직에 치료(마치 약의 작용처럼)를 일으킨

다. 모든 쓰라림과 원한은 첫째 분노로부터 시작, 이것이 신체에 공급되는 "아드레날린"을 지나치게 분비시킨다. 신체는 분비된 아드레날린의 초과량을 흡수할 수 없다.

결과적으로 그것은 신장으로 가지만 그러나 신장은 이 초과량을 수용할 수 없다. 그 결과로 그것은 신체의 관절에 모여 관절염을 일으킨다. 관절염을 앓는 사람은 자신의 삶을 성찰하고, 혹 다른 사람에 대한 쓴 뿌리와 용서하지 않는 마음을 품고 있는지 여부를 알아보라고 성심성의로 충고해야 한다.

넷째, 마음과 육체의 질병의 실제적인치유

1) 자신에게 마음과 육체의 질병이 있다는 것을 인정해야 한다. 내가 지금까지 성령치유 사역을 해오면서 체험한 바로는 본인의 마음과 육체에 질병이 있다는 것을 인정하기만 하면 치유는 가능하다. 또 중요한 것은 세상 의술과 약물을 의지하여 치유하려는 생각을 가지지 말고, 말씀과 성령님의 역사로 치유 받겠다는 의지 또한 중요하다. 환자가 자꾸 세상 의술에만 의존한다면 마음과 육체의 질병의 근원의 치유가 거의 불가능하다. 세상 의술은 질병이 더 진행되지 않게 하여 자신에게서 치유의 항체가 나와 치유되기를 기다리는 치유 방법이기 때문이다.

그러나 영적인 치유는 하나님이 하시는 것이므로 마음과 육체에 발생한 질병의 근원을 찾아서 성령께서 깊은 곳에 역사하여 근원을 뽑아내며 치유하는 것이므로 완치가 가능한 것이다. 충만한 교회에서 열두 가지 질병으로 고생하던 환자도 모두 치유 받고 하나님에게 영광을 돌리고 있다. 하나님은 못 고치는 질병이 없다는 것을 믿어야 한다. 나는 정말 자신한다. 본인이 믿음을 가지고 집중적인 치유를 받으면 모두 하나님이 치유하신다.

2) 성령으로 세례를 받고 성령으로 충만 해야 한다. 마음과 육체의 질병을 치유 받으려면 아담(옛 사람)이 죽어 없어져야 한다. 그런데 아담을 죽어 없어지게 하는 것은 성령의 역사이다. 아무리 말씀을 외워도 성령이 장악하지 아니하면 아무런 소용이 없다. 하나님은 육체에는 역사하지 않기 때문이다. 하나님은 영이시기 때문에 사람이 영적이 되어야 역사하는 것이다. 그러므로 성령으로 세례를 받아야 한다.

그리고 지속적으로 성령을 요청하여 성령으로 충만해야 한다. 성령으로 충만하여 성령이 자신을 장악하여 옛 사람이 없어지고, 성령으로 장악되어 거듭나면 치유가 되기 시작한다. 그러므로 마음과 육체의 질병을 치유 받으려면 성령으로 세례를 받아야 하고 계속적으로 성령 충만해야 한다.

3) 말씀과 성령의 역사로 내적치유를 해야 한다. "성도님들 중에 목사님 저는 상처가 없습니다." 하는 분들이 있는데, 육체를 가진 성도가 상처가 없을 수가 없다. 이는 교만을 드러내는 것이다. 인생을 살아가는 것이 상처이기 때문이다. 그러기 때문에 하나님은 빌립보서 4장 4절에서 이렇게 말씀하시는 것이다. "주 안에서 항상 기뻐하라 내가 다시 말하노니 기뻐하라." 상처는 모

두가 다 있을 수 있다.

그래서 말씀과 성령의 역사로 상처를 내적 치유해야 한다. 그래서 미국의 병원에서는 환자들에게 약물만 투여하는 것이 아니라, 전문적으로 내적치유를 하시는 목사님들을 통하여 환자들에게 내적치유를 하고 있는 것이다. 원래 내적치유는 미국 병원에서 하던 것을 우리나라 의사 분들이 배워서 우리나라에 접목한 것이다. 그러므로 내적치유를 통하여 질병의 근원을 치유하지 않고는 질병의 완치는 불가능하다고 해도 과언은 아닌 것이다.

내적치유를 받으려면 먼저 예수를 자신의 주인으로 영접하고 성령으로 세례를 받고 성령으로 충만해야 한다. 내적치유는 전적으로 성령께서 하시는 사역이기 때문이다. 나는 개인적으로 이런 견해를 가지고 있다. 우리나라의 모든 교회의 목사님들은 내적치유를 받아야 하고, 또한 내적치유를 할 수 있는 능력을 소유해야 한다고 생각하고 있다. 모두 내적치유를 받기를 바란다. 그리고 자신의 내면에 상처가 머무르지 못하게 하기를 바란다. 상처는 만 가지 문제의 근원이다. 상처가 치유되어야 영성이 깊어진다.

4) 자신의 질병의 원인을 찾아야 한다. 내가 지금까지 성령으로 치유하역을 하면서 개인적으로 정립한 견해는 질병을 치유하려면 질병을 발생하게 한 원인을 찾아야 한다는 것이다. 원인만 정확하게 찾으면 질병치유는 문제가 되지를 않는다.

① 질병의 원인이 상처에 있다면 상처를 내적 치유해야 한다. 의사 분들이 이렇게 말한다. 질병의 원인의 70-80%는 스트레스

에 의하여 질병이 발생한다고 한다. 스트레스는 상처이다. 그러므로 상처로 인하여 질병의 70-80%가 발생하는 것이다. 그러므로 상처를 내적 치유해야 한다.

② 질병의 원인이 영적인 문제에 있다면 축귀해야 한다. 질병의 원인 중에는 죄로 인한 질병도 있다. 질병의 원인이 죄라면 회개하고 죄 뒤에 역사하던 귀신을 축귀해야 한다. 귀신을 축귀하려면 먼저 내적치유로 쓰레기를 청소하고 귀신을 축귀해야 한다. 쓰레기가 청소되지 않으면 귀신을 떠났다가도 다시 들어오게 된다.

환자의 영 안에 계신 성령의 강력한 역사로 인하여 귀신이 밀려나와 떠나가게 해야 하는 것이다. 물론 사역자가 밖에서 귀신을 불러내어 축귀를 해도 되지만, 이렇게 축귀하면 환자에게 귀신을 방어할 수 있는 능력이 없기 때문에 조금 지나면 귀신이 다시 들어올 수가 있는 것이다. 그러므로 귀신이 떠나갈 수 있는 영육의 상태를 만드는 것이 선행되어야 한다.

③ 질병의 원인이 가계에 대물림되는 것이라면 대물림을 끊고 귀신을 축귀해야 한다. 내가 지금까지 성령치유 사역을 하다가 보니까, 질병 중에는 가계로 대물림되는 질병이 많이 있더라는 것이다. 그래서 질병의 원인을 찾을 때 환자의 가계력을 점검하는 것도 필수이다. 만약에 혈통으로 질병이 대물림이 되고 있다면 대물림의 원인을 찾아 회개하거나 용서하고 내물림되는 질병의 줄을 끊고 질병에 역사하던 귀신을 축귀해야 한다.

5) 지속적으로 말씀과 성령 충만한 믿음생활과 내적치유로 성령이 자신을 장악하게 해야 한다. 성령이 자신을 장악하면 질병은 떠나가게 되어있다. 만약에 귀신에 의한 질병이라면 귀신 축귀하는데 너무나 많은 시간을 투자하지 말고, 말씀과 성령으로 충만하게 하는데 시간을 투자하는 것이 좋다. 귀신은 성령으로 충만해지면 힘이 자꾸 약해지기 때문에 나중에는 기침 한번으로 떠나가게 된다. 그러므로 무엇보다도 성령이 충만한 믿음생활이 중요한 것이다.

6) 치유 후에 관리도 중요한다. 나는 암으로 고생을 하다가 치유되었는데 관리를 잘못하여 재발해서 세상을 떠나는 사람들을 여러 명을 보았다. 암으로 고생하다가 치유되니 하나님에게 영광을 돌리고 성령으로 충만한 생활을 하지 않고 세상에 소망을 두고 살다가 재발한 분들이 있다. 무엇보다도 치유 후에는 치유받을 당시와 같은 성령 충만한 믿음생황을 해야 떠나간 질병이 다시 들어오지 못한다. 치유 후에 관리를 잘해야 제발하지 않는다는 것을 명심해야 한다.

12장 질병별로 쉽게 진단하는 진단 기술

(막9:21-23)"예수께서 그 아비에게 물으시되 언제부터 이렇게 되었느냐 하시니 가로되 어릴 때부터니이다. 귀신이 저를 죽이려고 불과 물에 자주 던졌나이다 그러나 무엇을 하실 수 있거든 우리를 불쌍히 여기사 도와주옵소서 예수께서 이르시되 할 수 있거든 이 무슨 말이냐 믿는 자에게는 능치 못할 일이 없느니라 하시니"

치유사역 치유기도에 있어서 환자의 질병원인을 정확하게 진단하고 질병상태를 바르게 알아낸 후에 그 증세에 따라, 기도한다는 것은 배우 중요한 일 중 하나이다. 어떤 면에서 사역자가 "예수 이름으로 성령의 능력으로" 기도하여 그 능력으로 기적적으로 병이 고쳐지는데, 인간이 질병 원인을 반드시 진단해야 할 필요가 있겠는가? 하고 생각할 수도 있을 것이다. 예를 들어서 복부의 통증을 호소하는 환자가 있는데, 그에게 무조건 하고 '예수 이름으로' 기도한다고 하여, 그 환자의 머리에 손을 얹고 기도하는 것보다는 복부의 통증 원인을 진단하여, 그 통증 부위에 손을 얹고 기도하는 것이 환자의 믿음을 유발시켜 주는데 도움이 되는 것이다. 또 환자가 기도 사역자를 향한 신뢰감을 심어 주어 마음을 여는데, 절대적인 효과를 거둘 수 있는 것을 체험하게 되는 것이다.

일반 병원이나 한의원에서도 환자의 질병원인을 정확하게 진단하여 병명을 바로 알았다면, 그 병에 대한 약 처방이나 치료방법은 의사나 의원이라면 누구나 할 수 있을 것이다. 아무리 유명한 명의라도 오진을 하면 환자를 죽일 수도 있는 것이다.

그러기에 우리 치유기도 사역자들도 질병 진단하는 방법을 배워서 그 질병에 맞는 기도 방법을 써야 하는 것이 중요하고 당연한 일인 것이다.

그러나 치유기도 사역자들 모두가 전문 의학을 공부한 것도 아니고, 질병 진단의 기술이나 인체 해부학이나, 인체의 뼈대, 골격의 구성이나, 오장육부 사지백체 신경세포 등의 위치, 모양, 기능에 대한 기본 지식도 없으면서, 어찌 수만 종류의 질병을 찾아내어 진단을 할 수가 있겠는가 하는 생각을 하게 될 것이다. 하지만 신유사역을 하다가 보면 진단은 그렇게 어려운 것만은 아니다. 성령께서 알려주시기 때문이다. 고로 성령님과 인격적인 관계만 되면 되는 것이다.

첫째, 소화기 계통의 질병. 소화기 계통이라면 위장뿐만 아니라 입, 식도, 위장, 간장, 쓸개, 담도 췌장, 십이지장, 소장, 대장, 직장, 항문 등 전부를 일컫는 말이다.

1)얼굴을 보고 소화기 질병 진단하는 법.

① 희고 창백한 얼굴: 이는 위장과 심장질환이 있기 때문에 위장벽이 헐고 상처가 있어 심장의 기능이 약해져 빈혈상태로 나타나는 증상으로 진단할 수 있다.

② 붉게 충혈된 얼굴: 소장장애, 신열이 있고 심장기능이 약하여 고혈압 상태, 신경성 질환으로 진단할 수 있다.

③ 누렇게 뜬 얼굴: 간기능 약화로 황달증세로 진단, 오른쪽 신장기능이 안 좋아 요독이 몸에 퍼지는 상태로 진단할 수 있다.

④ 검게 변색된 얼굴: 간, 신장질환, 소변이상, 소화불량, 중한 피로감, 눈의 피곤, 안질환 등으로 진단할 수 있다.

⑤ 피부가 거친 얼굴: 소장의 변비, 과민성 대장염, 영양실조 등으로 진단할 수 있다.

⑥ 부어있는 얼굴: 오른쪽 신장염, 몸 안에 요독이 퍼져있고, 신경성 쇠약, 정력 감퇴 등으로 진단할 수 있다.

⑦ 안면신경마비상태: 구안와사증, 중풍 시초로 진단할 수 있다.

음식을 먹으면 위장은 계속 맷돌질을 하듯이 움직여서 약 2시간동안 걸쭉한 죽같이 만들어 십이지장, 소장, 대장으로 내려 보내면 거기서 음식물의 모든 영양분을 섭취하고 찌꺼기는 대변으로 배설하는 것이 소화기 계통의 하는 일이다. 이때에 5대 소화 효소액이 위장으로 공급이 되어야 한다.

① 입에서 침이 나오고

② 위장에서 위액이 분비되고

③ 이자(췌장)에서 이자액이 나오고

④ 간 쓸개에서 담즙이 생산되어 담도를 통해 위장으로 공급되고

⑤ 뇌의 작용으로 인해 소량 분비되는 염산 백신이 들어와 위장 속

에 들어온 음식물이 먼저 분해된 후에 소화가 되도록 진행된다.

위장 속에 5대 소화 효소 액이 정상공급 분비가 되지 않으면 위장에 들어온 음식물이 고기든 채소든 과일 밥이든 먼저 분해되지 않으니 소화가 되지 않는다. 분해되지도 않은 음식물이 위장 속에서 시간이 초과되어 장으로 내려가면 장이 부담을 느껴서 소화불량, 잦은 체증, 심한 트림, 구토증, 속 쓰림 등, 위장병 증세를 나타내고, 십이지장에는 응어리가 형성되고, 심하면 적 덩어리라고 하여 속 알이 병과 담석증 등의 병을 일으키고, 소장 대장에서는 영양섭취를 못하게 되고, 숙변, 변비, 설사, 복통을 일으키게 되어 몸은 영양실조, 허약한 상태가 된다.

위장 자체는 아무 병이 없어도 간장 쓸개 췌장 등 기능이 약하여져서 소화 효소 액의 공급이 잘되지 않고, 뇌의 작용으로 만들어지는 염산백신이 정상공급이 되지 않으면 마치 위장에 병이 있는 것처럼 느끼게 된다. 위장병 유무는 혓바닥을 보고 짐작한다. 혓바닥이 선홍색으로 깨끗하면 위장에는 병이 없는 것이고 혓바닥에 백태가 끼고 혹은 누렇게 지저분하면 위장에 병이 있는 것으로 진단한다.

공복에 배가 아프면 위벽이 헐었거나 위염이라 진단할 수 있고 음식을 먹은 후에 배가 더 아프다면 담즙과 염산백신의 공급불량으로 소화불량, 위벽의 심한 상처, 위궤양, 위암 같은 중한 병이 있다고 진단하며, 사과, 살구 같은 신 과일을 먹으면 속이 쓰리고, 배가 아프다면 위산과다증으로 진단하며, 먹으나 안 먹으나 항상 배가 아프다면 위암, 위하수, 위확장 등으로 진단한다.

평소에는 배가 아픈 일이 없다가 음식을 먹은 후 갑자기 위장을 쥐어짜듯이 창자가 꼬이듯이 통증이 심하고 속이 뒤틀리면서 구토 설사를 겸하며 한기가 들면서 배가 많이 아프다면 급성 식중독으로 진단한다. 예수 이름으로 배에다 손을 얹고 기도하면 깨끗하게 낳는다. "식중독은 사라질 지어다. 위장은 정상으로 회복될지어다." 식중독을 그냥 약으로 병원치료로 해결하려면 최소한 3일 이상 일주일은 소요되지만 예수 이름으로 기도할 때 순간에 치유된다. 차가운 것은 금물이다. 끓인 보리차 물이라도 차면 먹지 말고 반드시 뜨겁게 해서 먹어야 한다.

내가 한창 병원전도를 다닐 때의 일이다. 시화에는 사화병원이 있다. 5층은 일인실과 산부인과가 있다. 하루는 일인 실을 돌아보는데 문이 열려있었다. 그래서 안에다 대고 저 목사입니다. 그랬더니 반갑게 대하는 것이다. 안에는 여자가 둘이 있었다. 나이가 든 분이 환자이고, 젊은 여자는 딸로서 보호자였다. 자초지종을 물어보니 자신의 어머니가 위경련이 일어나서 물도 먹지 못한 다는 것이다. 몇 칠이나 되었느냐고 물어보니 십오일이 되었다고 한다. 예수를 믿느냐고 물어보니 집사라는 것이다. 안수를 했다.

안수를 하면서 성령의 감동을 받으니 기도를 하지 못했다는 것이다. 그래서 일단 젖는 기도를 했다. 질병이 치유되려면 본인이 기도를 하여 성령이 장악을 해야 순간 질병이 치유가 되는 것이다. 나오면서 환자에게 호흡을 들이쉬고 내쉬고 하면서 마음으로 하나님을 찾는 기도를 하라고 했다. 기도를 해야 질병이 치유되니 누워서 자연스럽게 하라고 권면하고 나왔다. 하루가 지나고 다시 시화병원에 갈 일이 생겨서 갔다. 이왕 왔으니 5층에 있는 환자를 찾아가 안수를 해주고 싶은 감동이 왔다. 찾아가서 상황을 보니 기도를 해서 얼굴이 많이 좋아졌다. 그래서 내가 무릎을 꿇고 앉아서 배에다가 손을 얹으라고 하고 내손을 올리고 기도를 했다. 본인에게 호흡을 들이쉬고, 내쉬라고 하면서 기도를 시작했다.

"성령이여 임하소서, 강하게 임하여 주옵소서, 이 시간 이 환자의 위경련을 치유하시어, 주님의 살아 역사하심을 나타내소서. 임하소서. 강하게 사로잡으소서" 기도를 하는데 성령이 임재한 상태가 눈으로 보였다. 그래서 명령을 했다. "나사렛예수 이름으로 명하노니 위경련은 풀어질지어다". "예수 이름으로 명하노니 위경련은 풀어질지어다" 하고 명령을 했다. 순간 배가 출렁하는 것이다. 그러면서 기침을 사정없이 하는 것이다.

내가 더 강하게 역사하소서. 기침을 한동안 숨을 재대로 쉬지 못할 정도로 했다. 안수를 하면서 "예수 이름으로 위경련은 풀리고 위장은 정상이 될지어다" 그리고 나서 보호자에게 물을 드려보라고 했다. 물을 한 컵 받더니 벌꺽벌꺽 들여 마셨다.

위경련이 치유가 된 것이다. 십육일동안 입원을 했어도 치유되지 않던 위경련이 안수 두 번에 치유가 된 것이다. 하나님께 영광을 돌리고 나왔다.

소화기 계통의 질병 중, 소장, 대장의 질병을 알아보자. 심장의 기능저하로 그 합병증으로 소장 대장의 병이 되는 수가 있다. 태중에서나 유아 때 놀란 일이 있는 분들이 심장이 약하다. 그러므로 반드시 내적치유가 필요하다. 신유사역을 하려면 내적치유를 알아야 한다. 소장은 숙변이 장의 꾸부러진 곳마다 생겨 엉켜서 변비가 되어, 대변을 잘 배설하지 못하고, 영양섭취도 불량하여지며, 대장은 과민성(혹은 신경성) 대장염이 되어 설사를 하게 되고 대장염이 직장으로 전달되면 치질이 된다. 이를 진단하였다면 먼저 심장기능이 회복되도록 기도하고, 간, 쓸개 췌장 등을 기도하고, 소장 대장의 기능회복을 기도하면 소화기 계통이 건강해질 것이다.

소화기 계통의 중요 질병에는 급만성 위장 카타르, 위확장, 위하수, 위궤양, 위산과다증, 변비, 설사, 맹장염, 식상, 담석증, 황달증, 췌장암, 간질환, 식중독, 위염, 위암 등이 있다. 치유 기도는 질병부위에 손을 얹고 명령하라. "나사렛예수 이름으로 명하노니 ○○장기에 있는 질병은 치유될지어다" "나사렛예수 이름으로 명하노니 ○○장기는 깨끗해질 지어다" 직설화법으로 명령을 하라.

둘째, 간장질환. 인체의 오장육부 모든 장기 중에 유일하게 간장만은 신경선이 통해 있지 않는 장기이므로 간장 자체로서는 간경화, 간암, 간염, 지방간 등의 간장 질환이 있어도 자각증세가 없고 아픈 통증을 전혀 느끼지 않는다. 대개는 부근의 다른 장기에 이상이 생기거나 합병증세가 있을 때에 비로소 간장의 질병을 발견하게 되므로 치료시기를 놓치는 경우가 많다. 간 기능이 저하되면 심장병, 신장병, 혈압이상, 당뇨병, 치질, 시력감퇴, 성력 감퇴, 몸의 겹친 피로감 등을 유발하게 된다.

다음과 같이 자신의 간 기능을 테스트해 볼 수 있는 10가지 문제를 제시한다. 간장 질환이 있거나 간 기능이 저하될 때의 증상이다. 정직하게 아래 물음에 나는 그렇다고 생각되면 O표를 나는 그렇지 않다고 생각되면 X표를, 그럴 수도 있고 아닐 수도 있다고 생각되면 세모 표를 번호에 기입 해보라.

① 어깨와 목이 뻐근하고 몸이 무겁고 중한 피로감을 느낀다.

② 눈병이 생기고 눈이 피곤하고 시력이 감퇴되는 것을 느낀다.

③ 소화가 잘 안되고 구역질이 나고 속이 답답함을 느낀다.

④ 아랫배 복부 팽배 감이 있고 변비증이 종종 생긴다.

⑤ 성력이 감퇴되고 양기 부족을 느끼며, 부부생활에 자신이 없다.

⑥ 소변색이 탁하고 소변 냄새가 많이 나고 거품이 심하다.

⑦ 가슴이나 등, 목 등에 고추 가루가 붙은 것 같은 윤곽이 뚜렷한 크고 작은 붉은 반점이 있다.

⑧ 스트레스 해소가 잘 안되고 기억력 집중력이 떨어진다.

⑨ 코, 잇몸, 항문에 피가 날 때가 있고 자꾸만 짜증이 나고 신경질적이며 피부가려움증도 종종 있다.

⑩ 가슴 명치끝 담도를 누르면 통증이 심하고 음식을 먹으면 자주 체증이 오는 것을 느낀다.

이상 10가지 질문에 정직하게 표시를 했다면 그중 O표가 5개 이상이거나 O표 세모 표를 합하여 7개 이상이면 나는 간 기능이 좋지 않다. 간에 질병이 있다고 생각해야 한다. 이상 표시에서 X표가 5개 이상이거나 X와 세모를 합하여 7개 이상이면 나의 간장은 이상 없다. 간장의 질병은 걱정하지 않아도 된다.

셋째, 부인과 계통의 질병. 부인과 계통의 질병은 자궁질환, 난소종양, 자궁 근종, 나팔관 이상 증, 냉증, 대하증, 월경불순, 불임증, 산후 통, 산후요통, 산후 풍, 자궁 내막염, 갱년기장애, 입덧, 자궁암 등이 있다. 진단방법은 여자들 배꼽 아래 3,4cm 속이 자궁의 중심부 이다. 자궁 중심부에서 좌우로 4,5cm쯤 난소가 있고 난소에서 자궁 으로 연결된 나팔관, 난소에서 생산되는 난자의 통로이다.

자세하고 정확한 질병진단은 X-Ray 사진이나 MRI검진이나 정밀한 진단을 해야 하겠지만, 본인이 자궁 부위를 눌러 보아, 통증이 심하면 자궁 내에 질병이 있는 증거이며, 자궁외부 좌우를 눌러보아, 어떤 응어리 같은 손에 만져지는 덩어리가 있으면 이를 물혹이라 하나. 자궁 쪽에 가까이 붙어 있으면 그 물 혹을 자궁 긍종이라 진단하고 난소 쪽에 붙어 있으면 대게 난소종양으로 진단한다.

부인과 계통의 질병이 있으면서 심장 기능 저하로 손발이 저리고 두통이 심하고 팔 다리에 신경통, 허리에 요통이 겸하여 나타나면 이를 산후 풍으로 진단한다. 머리부터 온몸에 통풍이 되도록 신경 계통의 치유를 기도하고 부인과 계통의 질병이 치유되도록 기도할 것이다. 치유기도를 하거나 성령의 강한 임재가 되면 피 덩어리가 빠져나오기도 한다. 우리 교회 집회할 때 자주 있는 현실이다

넷째, 심장질환. 심장은 외부의 충격을 잘 받아 쉽게 그 기능이 저하되고 약해지기 쉽다. 심장의 주요기능은 이렇다.

① 혈액순환

② 혈압 정상적으로 조종

③ 자연 소모되는 좋은 피 생산

④ 온몸의 원기와 기력을 튼튼하게 한다.

⑤ 목 부분과 장기의 기능을 원활하게 하고, 소화기 계통을 튼튼하게 한다. 심장의 기능이 떨어지고 심장질환이 생기게 되면 혈액순환 불순, 고혈압, 저혈압증세, 성대, 갑상선, 기관지 등, 호흡기 계통의 병이 생기고 손발이 저리고, 소장 대장의 기능 저하로 숙변, 변비, 설사, 심하면 호흡장애, 심장마비(심근경색증)이 오게 되고 혈압이 높아져서 뇌졸중, 뇌일혈, 중풍증 등을 일으킨다.

신유사역자들은 환자의 질병 진단이 심장병이라 한다면 예수 이름으로 성령의 능력으로 심장의 모든 기능이 정상으로 회복되고 강심장이 되도록 심장질환의 합병으로 오게 된, 몸의 다른 부위들의 질

병들도 치유가 될 것을 명하여 기도할 것이다.

다섯째, 신장 질환. 신장(콩팥)은 소변을 걸러내면서 몸 안에 나쁜 노폐물들을 씻어내는 기능을 한다. 신장이 약해지고 질병이 오면 신장염, 신장결석, 신장결핵, 신장염, 신부전증, 신허증, 요로염, 요로결석, 방광염, 방광결석, 소변이상, 전립선염, 전립선염비대증, 야뇨증, 얼굴 손발의 부음 등의 질병을 일으킨다.

신장질환의 진단은 환자의 뒤쪽에서 좌우 갈비뼈 끝 부분 옆구리를 주먹으로 톡톡 두들겨 보아 환자가 깜짝깜짝 놀랄 만큼의 통증을 느끼면 신장에 병이 있다고 진단한다. 신장결석이면 결석이 타원형이나 작은 원형으로 매끌매끌하면 소변 따라 밖으로 빠져나오기도 하는데, 결석모양이 별 모양으로 쭈빗 쭈빗하게 모가 난 것이면, 요로에 걸려서 빠져 나오지를 못하고 통증이 심하며 피 섞인 소변(혈뇨)을 보게 된다.

이런 경우를 병원에서는 레이저 치료로 결석을 파괴하여 가루가 되게 해서 소변 따라 흘러나오도록 하거나 아니면 수술을 하게 된다. 우리 치유 사역자들은 이 병에 대한 상식을 가지고 "예수 이름으로 성령의 능력으로 신장결석 요로 결석이 녹아져서 없어질 지어다. 사라질지어다. 깨끗이 고쳐질 지어다"라고 치유 명령기도를 하면 많은 경우 요로를 타고 내려와 없어진다. 때로는 허리나 골반이 아파서 꼼짝을 못하는 경우도 있으니 진단에 참고하라.

신장염의 염증이 요로를 거쳐 방광에까지 전달되면 방광염이 되기도 한다. 방광염은 다른 이름으로 "오줌소태"라고 도 한다. 소변 빈번이 되고 소변을 자주 보면서도 시원하지 않아 잔뇨감이 있게 된다. 이럴 때에도 사역자들은 방광의 염증이 고쳐지고 오줌소태, 소변 빈번 상태가 깨끗이 치유되라고 치유 명령 기도를 할 것이다. 방광염의 원인으로 야뇨증이란 병이 되어 밤에 잠자면서 어린아이가 아닌 어른이라도 자신도 모르게 소변이 흘러나와 오줌싸개가 된다.

이것은 방광에 소변이 나오는 문이(방광문) 힘이 없어 필요할 때 열리고 닫히는 수축작용이 잘 되지 않고 힘없이 열려있는 상태라 방광에 소변이 고이게 되나 잠자다가 돌아눕게 되면 저절로 열려있는 방광문으로 소변이 흘러나오게 되어 야뇨증이 되는 것이다. 이럴 때에도 "방광문이 힘이 있어 수축작용이 잘 될 지어다. 방광문은 정상으로 회복될지어다. 야뇨증이 깨끗이 고쳐질지어다" 하고 기도하면 된다.

여섯째, 호흡기 질환. 폐결핵. 폐암, 폐렴, 기관지염, 기관지천식, 감기기침, 편도선염, 호흡장애. 폐문 임파선 염, 인후카타르 등이 호흡기질환이다. 대개 호흡기 질환은 산소공급이 부족하거나 호흡을 따라 세균 등의 영향으로 질병이 생긴다. 심한 기침, 각혈, 고열 등 병증세가 나타난다. 치유사역 기도를 해야 할 것이다. 호흡기 질환을 예방하거나 치료하기 위해서 "복식 호흡법"을 배워서 복식호흡이 습관화되어 지면 호흡기 질환은 예방되고 치유될 수 있다.

일곱째, 기타 육신의 질환 진단과 치유 시 참고 사항

환자를 안수전과 안수 간 필히 진단해야 할 사항은 이렇다.

-예수는 믿는 가? 영접을 하였는 가?

-믿음은 있는 가? 성경에 나와 있는 예수님의 치유를 믿는 가?

-치유 받고자 하는 욕망이 있는 가?

하나님의 은혜에 갈급하고, 갈망하는 상태인 가?

-병의 원인은 무엇인가? 성령에게 문의하시라.

본인 상처, 유전, 영적인 게으름, 대물림 등.

-무슨 병인가? 영적인 병, 유전, 육적, 괴로움, 마음상처 등.

-조치: 말씀, 기도, 금식, 세미나 참석 등.

결론을 말한다면 진단의 능력은 한 번에 배양되지 않는다. 많은 환자의 치유의 경험, 체험과 성령의 초자연적인 역사로 배양되는 것이다. 고로 받은 은사를 열심히 사용하라.

13장 영안으로 질병을 진단하는 진단 기술

(막10:51-52)"예수께서 일러 가라사대 네게 무엇을 하여주기를 원하느냐 소경이 가로되 선생님이여 보기를 원하나이다 예수께서 이르시되 가라 네 믿음이 너를 구원하였느니라 하시니 저가 곧 보게 되어 예수를 길에서 좇으니라"

하나님은 영육의 질병을 치유하여 주시기를 원하신다. 고로 치유사역은 하나님이 원하시는 사역이다. 내가 지금까지 치유사역을 하면서 임상적으로 경험한 바로는 치유안수기도 하는 것보다 중요한 것이 질병의 원인의 정확한 진단이라고 결론을 내렸다. 진단만 정확하게 되면 모든 질병이 치유된다고 자신한다. 아마 하나님도 치유사역자들이 말씀과 성령으로 진단을 정확히 하여 치유하기를 원하실 것이다. 진단이란 질병의 뿌리, 원인을 아는 것을 말한다. 고로 질병의 진단은 치유사역에서 핵심적으로 중요한 부분이다. 치유가 일어나도록 어떤 기도의 수단과 어떤 방법을 택하여야 하는가 하는 문제가 있기 때문이다. 예수님의 치유사역을 보면 예수님은 질병의 원인이 무엇인지 분명히 알아서 상황에 따라서 꾸짖기도 하시고 기름을 바르기도 하셨다. 이 병은 하나님의 영광을 위한 병이라 하셨고, 저 병은 죄의 용서를 통하여 치유하시기도 하였다.

어떤 병은 믿음으로 고치시고, 어떤 병은 믿음이 없는 자에게도 치유를 해주셨다. 이 말은 질병에 따라서 어떤 방식이 보다 더 좋고 합당한 방법이 있다는 것을 의미하는 것이요, 질병의 원인 또한 몇 가지 유형이 있다는 것을 추정할 수 있는 것이다. 어떤 질병을 어떤 유형으로 분류하고 어떤 질병은 원인이 무엇이다 하는 문제는 가장 난해한 문제이지만, 그래도 어떤 기준을 설정하여 분류하는 것은 필요한 사항이다. 성경에서 이러한 분류를 나누고 있는 부분이 없기 때문에 내가 옳다 네가 옳다 할 수 있는 근거는 없다고 본다.

그러나 사역의 경험을 통하여 이러한 분류에 대한 원칙이 서있으면 귀신의 정체를 파악하는 문제와, 사단의 세력이 어디까지 어떻게 영향을 미치는지 파악하는데도, 질병의 원인을 진단하는 안목도, 그리고 질병의 상태가 어디까지 진행되었는지 파악하는데도 도움이 되고, 치유의 사역에 임하는 자세와 어떤 영적인 원리를 적용하며, 기도 방법의 선택이 어떻게 되어야 하는가 하는 문제도 쉽게 해결된다. 질병을 치유하려면 무엇보다도 질병의 원인이 무엇인가를 먼저 알고, 그 원인을 근본적으로 제거해 주어야 질병이 치유된다. 질병을 다루는 치유 사역자는 무엇보다도 이러한 질병이 어떠한 원인에서 온 것인가, 생물학적인 육체의 기관이나 기능의 고장에서 일어나는 것인가, 아니면 상처에 의하여 발생한 것인가, 아니면 가계에 대물림되는 질병인가를 정확히 진단하여 근본적으로 대처하지 않으면 근본적으로 치유가 되지 아니한다.

첫째, 진단의 방법과 진단의 능력. 진단의 능력은 치유의 능력에 못지않게 중요한 것이다. 그러나 이 진단의 능력이 어느 때에 한꺼번에 열려지는 경우도 있지만, 본인의 경우에는 사역을 하면서 점진적으로 터득하게 되었다. 먼저 이론을 통한 습득의 결과가 영적인 능력으로 진전되었다. 나도 많이 배우고 훈련을 받았다. 치유 사역자는 그렇게 쉽게 되는 것이 아니다. 본인의 노력도 필요한 것이다.

진단의 능력은 질병의 원인이 되는 영과 혼과 육의 이해는 필수적이다. 영의 질병의 원인이 되는 영물의 특성과, 이 영물들의 실체와, 이 영물들을 축사하는 성령의 능력과, 성령의 사역에 대한 이해와, 혼의 질병의 원인이 되는 정신적인 요인과, 정서적인 요인 및 육신의 질병의 원인이 되는, 생물학적인 요인들과 환경적인 요인들을 잘 이해 할 필요가 있다. 이러한 질병의 원인들이 서로 유기적인 관계로 얽히고설키는 복잡한 관계에서 발생됨으로 이러한 이해는 필수적이다. 특히 영의 질병, 특히 귀신이 침입하는 단계와 심령 구조를 알고, 어느 정도 깊이 침입하여 있는가를 진단하는 것이 중요하다. 질병의 원인을 알아서 질병을 진단하는 것은 성경의 진리를 분명하게 파악하여 환자의 질병의 영적인 원인을 찾아내고, 그 다음 그 처방에 따라 치유사역의 방법을 택하여 사역하는 것이다. 이러한 진단 사역 중 특별히 영적인 세계와, 영물들의 사역과, 성령의 사역을 분별하고, 대처하는 것은 무엇보다도 중요하다고 할 수 있다. 이것은 고도의 영적 수준과 체험을 요하는 것이다. 많이 해보아야 한다는 말이다.

이러한 능력이 바로 영적인 신령한 능력의 총화요, 성경의 구원 사역의 진수라 할 수 있다. 그러므로 이 진단의 능력을 통하여 심령이 병들은 원인을 알게 되고, 그들의 문제점이 무엇인가를 알게 되며, 영적인 원리에 따라 환자를 어떻게 인도해야 하는가를 알게 된다. 이러한 능력이 바로 신령한 능력이고, 성령께서 나타나는 결과로서 되는 것이기 때문에, 진단할 수 있는 능력은 성령 사역에 동역하는 법을 내 영이 경험하는 것이다.

그래서 치유사역은 많은 실전적인 체험이 필요하다. 내 심령 속에 기름 부어지는 성령의 사역으로 말미암아, 영분별의 능력이 나오고 지식의 말씀의 은사가 나오고, 이 능력이 바로 진단의 능력이다. 이 영적 분별의 능력과 지식의 말씀은 성경의 영적인 맥을 확실하게 뚫게 되는 유익을 가져오게 된다. 왜냐하면 이 진단의 능력을 갖추기 위해서는 영적인 진리와 복음의 핵심이 되는 하나님 나라와 사단의 나라를 똑바로 알게 되는 영적인 안목이 열려야 가능하다. 성령의 인도 하에 많은 사역을 하다가 보면 성령으로 영적인 안목이 열리게 되어 영적인 분별의 은사와 진단의 능력으로 나타나게 된다.

둘째, 진단의 방법과 분류
1) 환자와 대화하며 질문하여 진단하는 법(상담법)
가장 기본적이고 일반적인 방법이다. 망진법과 촉진법 및 절진법을 모조로 활용하면서 진단의 능력을 키워간다. 치유기도의 준비 단계로서 주로 환자나 보호자와의 상담이나 질문을 통하여 질병의 원인이 될만한 여러 가지 상황을 파악하여 진단한다.

망진법: 환자의 언어와 얼굴과 피부를 보고 오장의 기운과 그 강약을 알 수 있다.

촉진법: 손으로 만져 보고 진단하는 방법으로서 예를 들어

- 각질상태 - 피부상태 - 통증정도 등등등.

절진법 : 아픈 부위를 손으로 만져서 질환을 진단하는 방법.

문진법(聞診法) : 환자에게서 풍기는 냄새와 환자의 특유한 음성을 듣고서 판단하는 방법으로 기관지염이 있는 폐질환 환자에게서 풍기는 비린내, 신실증이나 부인질환이 심한 상태에서 풍기는 썩은 냄새, 간질환이 심한 상태에서 풍기는 누린 냄새, 심질환이 심한 상태에서 풍기는 불냄새, 비질환 환자에게서 풍기는 단 냄새등 각기 특유한 냄새가 있다.

① 영적인 상황. 부모의 가족관계의 신앙에서 특별히 우상에 관계된 사실과 본인의 신앙 경력과 신앙정도, 수면 상태나 꿈, 신비술에 관계하였던 경험이나 귀신이 침입하는 경로에 접했던 기회에 대하여 질문하여 영적 속박상태가 어느 단계에 와 있으며 기타 영적 상황을 분석한다. 부모의 우상숭배는 3-4대까지 저주하리라는 십계명 중에 제 1계명은 조상들의 귀신들이 후손들에게 전이되어 나타나기 때문이다. 예를 들어 여성분이 오셨다. 예방 신앙이니까. 앞으로 일어날 일을 미리 막는 것이 중요하기 때문에 여기에

맞추어서 진단한다. 모계, 부계, 시가 등을 복합적으로 확인하는 것이다.

예를 들어 시어머니가 중풍으로 고생하다가 세상을 떠났다. 며느리에게 중풍이 올 확률이 있는 것이다. 이를 인정하고 치유를 해야 한다. (회개, 용서, 끊고, 축사, 반대영). 이렇게 해서 미리 예방하는 것이다.

② 혼적인 상황. 본인의 정신적 정서적 상태 및 인격적인 상태에 대하여 과거 현재를 질문한다. 충격 받은 사실이나 본인이 꺼리는 문제에 대하여 질문한다. 원인 없는 문제가 없다. 반드시 원인이 있다.

- 심령에 괴로운 일
- 말을 하지 못할 비밀
- 마음에 응어리진 일
- 특별히 마음에 집히는 일이 있는가.
- 때로는 하나님 앞에 본인이 무엇이 잘못되었다고 생각하는가? 등등을 살피라.

특별히 주의할 점은 본인의 대답하는 태도와 자세가 진실한지 감추고 있는 일이 있는지 거짓말을 하고 있는지 분별해야 한다. 왜냐하면 대개 자신의 약점이나 비밀을 감추려하는 경우가 대 부분이다. 사역자는 환자에게 모든 비밀은 하나님은 다 알고 계시므로 하나님에게 드러내고 용서를 받으라고 권면한다.

③ 육신 적인 문제: 외견상의 상태, 질병의 기간, 질병의 증세

(귀신들림의 현상에 대한 여러 가지 사항을 참조하여 진단한다).

④ 환경의 문제: 가족관계, 직장이나 사업관계, 경제적, 사회적 관계, 직장에서 해고, 퇴직, 사업이 망했다면 큰 충격으로 질병으로 나타날 수도 있다.

⑤ 병원의 진단명이나 의사의 견해를 참조한다. 병원에서는 무엇이라고 하며 무엇이 잘못되었다고 하는 가 질문하라, 또 하나 주의 할 것은 의사가 고칠 수 없다는 부정적인 말에 암시에 걸려 있지 아니하는 가? 를 잘 살펴 보아야한다.

⑥ 다른 사람, 가족들의 도움이나 의견 교환으로 판단하기도 한다. 그래도 분명치 못하면 하나님의 도우심만이 해결되어짐으로 하나님께 맡기는 수밖에 없다. 사역자는 많은 사역의 경험과 체험을 통하여 이러한 통찰력과 분별력을 길러가야 하고, 하나님의 말씀을 듣는 훈련이 되어야 한다. 이론과 세미나를 통한 훈련과 본인의 기도 훈련이 필요하다.

2) 환부에 손을 얹고 손에 오는 촉감으로 진단하는 촉진법(촉각 진단법). 손으로 아픈 부위를 얹어서 손에 닿는 촉감으로 진단한다. 귀신이 집을 짓고 있는 곳은 팔딱 팔딱 뛰기도 한다. 망진법(눈이나 언어와 자세를 보고 진단하는 법)의 보조로 촉진법과 절진법(환부를 눌러가며 진단하는 법)을 겸하여 사용한다. 맥박이 뛰는 현상을 오진할 수도 있으므로 주의하여 관찰하며 뛰는 속도가 1분에 70회 전후의 속도로 뛰는 맥박의 속도보다 빠르면 의심해 보아

야 한다. 또 불규칙하면 심장의 질병을 의심해 보아야 한다.

이 팔딱 팔딱 뛰는 부위에 손을 얹을 때 다른 곳으로 도망하면 이것은 분명하게 귀신의 장난이다. 그러나 손을 얹었다고 무조건 도망하는 것은 아니다. 계속적인 기도로 축출하여야 할 때도 있는 것이다. 이러한 경험이 축적 되면 자연히 한 단계 더 발전하게 된다. 환자를 많이 접촉해 보아야 한다.

3) 아픈 부위를 손으로 누르면서 진단하는 절진법(일명 지압법).

환부를 지압하여 아픈 부위는 질병이 있는 증거이며 특별히 귀신이 붙어있는 부위는 끊어지듯 통증이 있고, 지압하는 여러 부위의 통증의 차이에 따라 환부의 증세를 진단한다. 복부에는 인체의 기관에 따라 병의 특징 있는 증세가 있다. 이러한 특징과 영물의 증세와 특징을 구별한다.

조상으로부터 내려오는 귀신의 질병은 주로 배에 딱딱한 두 줄기 근육의 띠가 만져지는 경우가 많았다. 병원에서 장에 암이 있다고 하여 대기 중인 여 성도를 기도한 적이 있는 데 아래 배에서 간이 있는 곳까지 딱딱한 줄기가 형성되어 있었다. 임재를 요청하고 기도를 하니 황소 울음소리를 열 세번 하더니 없어졌다.

그리고 암이 없어졌다하며 퇴원을 하였다. 그때 기도를 받지 않았더라면 영락없이 암 수술을 해야 한다. 그러나 아주 없어진 것이 아니다. 기도할 때 떠났지만, 그 환부에 기도해준 사역자와 같은 성령으로 충만한 사람의 보살핌을 받지 아니하면 금방 재발한다.

반드시 성령으로 충만한 생활을 해야 한다.

4) 환자의 말하는 태도와 얼굴 등을 보며 느끼는 감동으로 진단하는 망진법(일병 관찰법). 환자의 말하는 자세와 태도를 보아 느끼는 마음과 그 사람의 얼굴과 피부나 기타 노출되는 외부의 여러 가지 증상을 보아 진단한다. 초기에 이러한 단순한 관찰을 통하여 분별력을 길러간다. 특히 사단에 눌려서 지낸 얼굴의 표정과 모습을 본다. 귀신에게 눌려 지낸 사람들의 얼굴을 겁에 질려있거나 색이 누렇게 변해 있거나, 냄새가 특이하게 난다. 향냄새도 같은 썩는 냄새가 나기도 한다. 그러나 여러 가지 영적인 원리를 이해하게 되면 이러한 영적인 원리를 적용하고 응용하여 청중이나 환자를 관찰하면 망진법(얼굴, 피부보고)이 개발되고 훈련되어진다.

이러한 망진법의 훈련이 영분별과 영진법과 더불어 활용되어진다. 보다 더 분명해지면 특별히 심령기도를 하지 않아도 영분별과 심령의 병적인 상태를 알게 된다. 설교 시에는 무리들의 영적 상태와 분위기를 파악하게 된다. 현 상황에 적절한 말씀을 전하여 성령의 도움을 입을 수 있게 된다. 성령의 기름부음이 있는 능력 있는 설교를 할 수 있게 되는 것이다. 양무리를 푸른 초장으로 인도하기 위한 말씀과 권면을 할 수 있게 된다.

5) 영들을 분별하여 보는 방법(영분별 진단법). 영분별에 대한 훈련이나 지식 또는 경험에 의한 직관력과 통찰력으로 진단하여

영의 질병, 혼의 질병, 육체의 질병을 진단한다. 기도 전 준비사항에 대한 여러 가지 현상에 대한 경험이 축적되면 자연히 이러한 능력이 있게 됨을 알게 된다.

이러한 영분별 능력이 하늘에서 갑자기 뚝 떨어지는 것도 아니고 학자들이 말하는 소위 초자연적인 어떤 능력도 아니다. 점진적인 경험이나 훈련에 의하여 민감하게 되고, 그 다음에는 영감으로 분별하는 법을 할 수 있게 되는 것을 본인이 알게 된다. 주로 대중을 상대로 할 때에나 가볍게 진단할 때 사용한다.

6) **영감으로 분별하는 법(영감 진단법).** 개인적인 사역에서 좀 더 정밀한 분별을 위해서는 성령 안에서 보다 더 깊은 기도를 하면서 좀 더 깊은 영적인 기능이 동원되어 성령이 나타나는 심령상태에서 영감이나 환상이나 느낌이나 냄새로 분별한다. 손을 머리에 얹거나 사역자가 여자라면 상대방의 가슴에 손을 얹어 기도하면서 심령을 들여다보면서 기도한다.

사단이나 귀신이 눈앞에 스쳐 지나가는 모습으로 보이기도 하며, 냄새를 풍기기도 한다. 예를 들어 음란 마귀는 강한 음욕을 자극하며, 인색한 마귀는 인색한 마음이 느껴지며, 교만한 마귀는 완악하고 교만한 마음이 느껴지며, 사랑의 마음은 사랑으로 전달되어 눈물이 흐를 정도로 강하게 전해 올 때도 있다.

이러한 민감한 영적인 감각이 항상 느껴지는 것은 아니지만, 영적으로 예민해지는 분위기나 영이 예민해지는 상황에서 느껴지는 것을 볼 수 있다. 연기가 빠져나가는 것과 같은 모습으로 사라지는 것처럼 느끼거나 볼 수도 있다. 얼굴이나 눈이나 머리 부위에 검은 어둠이 쌓여 있거나 사악한 느낌을 주기도 하며, 때로는 머리가 쫑긋 서고 두려움을 주기도 한다.

이러한 현상이 강하게 느껴지기 시작하면 더러운 영을 가진 환자를 대하면 구역질이 나오거나 토하기도 한다. 상대방의 아픈 부위와 같은 부위가 아프게 하여 고통을 받기도 하며, 일반적으로는 특별히 머리가 아파 올 때가 주로 많다. 이 때 즉시 감지하면 기도로 물러가지만, 이러한 영적인 감각이 둔한 사람은 느끼지 못한 체 방치하면 침입하여 자리를 잡게 된다.

신유사역자는 이렇게 사악한 자들과 접촉이 많기 때문에 특별히 주의하지 않으면 자신도 모르게 고통을 당할 수가 있으므로 주의하지 않으면 안 된다.

예수님의 권세는 있을지라도 자신의 실제적인 권능이나 능력이 없으면 당하게 된다는 사실을 주지시키고 싶다. 이로 말미암아 주위의 가까운 사랑하는 사람들이 이를 방심하여 한 동안 귀신들의 영향으로부터 고통을 당하고 있는 경우를 많이 보아 왔다.

이는 자신이 성령으로 장악을 당하지 못했는데 자신의 힘으로 사역하다가 당하는 것이다. 지금 교회에 영적인 지식이 없어서 망하는 사람들이 많이 있다. 성경은 호세아서 4장 6절에서 "내 백성이 지식이 없으므로 망하는도다 네가 지식을 버렸으니 나도 너를 버려 내 제사장이 되지 못하게 할 것이요 네가 네 하나님의 율법을 잊었으니 나도 네 자녀들을 잊어버리리라."하신다.

7) 영안으로 분별하는 영 투시법. 영안이 완전히 열린 사람은 투시로 질병을 볼 수 있고 또는 영에 깊이 몰입되어 있는(입신 상태의)제 3자를 통하여 투시하여 볼 수도 있다. 분명하게 직접 투시하여 몸 어느 부위에 무엇이 어떻다는 것을 분명하게 보는 것이지 환상을 통하여 보는 것과는 다르다. 가장 정확히 진단 할 수 있지만 사단이 주는 경우에는 위험하며 틀릴 경우가 많아서 오히려 어려움을 겪을 경우가 있기 때문에 투시는 특별히 주의하지 않으면 안된다. 성령의 불세례를 강하게 받게 되면 일시적 현상으로 투시가 되기도 한다. 대부분의 사람들이 투시되는 현상을 견딜 수 없는 상태임으로 하나님 앞에 이러한 현상을 거두어 달라고 기도하는 경우가 대부분이다.

그러나 거의 대부분 이러한 현상은 일시적인 현상으로서 오래 가지 않고 자연히 소멸된다. 특별히 주의할 것은 말씀이 없는 초신자나 영성이 훈련되어 있지 않은 자가 입신 상태가 아닌 보통 상태에서 투시되는 것은 백발백중 귀신이 주는 것이다. 이러한 질병의 진단 사역은 결코 쉽다고는 할 수 없다. 그렇다고 어렵다고 무턱대고 기도만 하는 태도는 결코 발전할 수가 없다. 노력하고 경험을 쌓아가노라면 언젠가는 자동차의 운전 기술을 습득하는 것처럼 보다 더 숙련된 진단을 할 수 있다.

목에 피부병이 이상하게 생겨서 고통을 당하는 여 목사님을 치유할 때 경험한 사례를 말한다. 이 여 목사님은 교회를 개척하여 목회를 잘하고 계시는 목사님이었다. 그런데 이 목사님이 여러 가지 질병을 가지고 있었다. 간에 담석도 있었다. 신장에 결석도 있었다. 그리고 목에 이상하게 생긴 피부병도 있었다. 그래서 병원에서 치료를 했는데 잘되지 않고 영적으로 갈급하여 저희 교회 치유집회에 참석하여 치유를 받았다. 그런데 담석 결석은 다 치유가 되었는데 이상하게 귀에서부터 목까지 마치 줄이 연결된 것 같은 피부병은 치유되지를 않았다. 그래서 내가 치유기도 시간마다 손을 얹고 안수를 했다. 그러던 어느날 집회를 마치고 잠간 쉬는 시간에 저는 강대상 뒤에서 기도하며 쉬고 있고, 그 분은 뒤에서 나의 사모하고 여러 사람들하고 대화하며 쉬고 있었다.

그런데 갑자기 나의 마음에 성령의 감동이 오기를 뒤에 쉬고 있는 사람들을 보라는 감동이 오는 것이었다. 그래서 강대상 옆으로 얼굴을 내밀고 뒤를 바라다보았다. 그런데 그 여 목사님하고 나하고 눈이 딱 마주쳤다. 그런데 순간 보이는 이상한 형체가 있었다. 여 목사님이 빨간 립스틱을 진하게 칠하고 무당이 쓰는 모자인 꿩 깃이 꽂인 모자를 쓰고 모자가 벗어지지 않게 하기 위하여 모자 옆에 줄이 있는데 귀에서부터 목까지 걸치게 줄을 하고 있는 것이었다. 올다! 알았다.

지금까지 귀에서부터 목까지 피부병이 생긴 것은 모자를 벗어지지 말라고 걸어놓은 끈이 일으키는 피부병 이였구나 하고, 여 목사님을 앞으로 불러 축사를 했다. 성령이여 임하소서. 야! 이 더러운 무당 귀신아 정체를 밝혀라, 정체를 밝혀 하니까, 조금 있다가 막 발작을 하는데 무당이 굿거리를 할 때와 똑같은 발작을 한 동안 하다가 귀신이 축사되었다. 그리고 몇 칠 있다가 그 피부병이 완전히 나았다. 나중에 알고 보니 이 여 목사님의 올케가 무당이란다. 그리고 시 아버지는 무당 옆에서 피리를 부는 사나이라는 것이다. 그 무당의 영이 목사님에게 붙어서 고생을 시키다가 성령이 밝히 보여주심으로 전체가 폭로되어 축사를 한 사례이다. 성령님은 이렇게 필요할 때 이렇게 축사 사역자의 영의 눈을 열어 보게 하신다. 그러나 주의하기를 바란다. 내가 정신적으로 문제가 있는 사람들을 상담하며 들은 이야기 인데 항상 눈에 악한 것들이 보여 진다는 것이다.

그래서 여기도 귀신이 있고, 저기도 귀신이 있다고 한다. 그러니까 만약에 교회에 어떤 성도가 계속적으로 영물들의 보여 진다는 사람은 정신적으로나 심령구조상에 이상이 있는 사람이다. 그러므로 특별한 지도가 필요한 성도들이다. 성령은 인격이시기 때문에 필요할 때만 보여주신다는 것을 알아야 할 것이다. 영적으로 혼탁한 사람들이 평상시에도 영물들은 잘본다.

우리 교회에 다니는 권사님으로부터 주일 아침 9시경에 전화가 왔다. 아침에 일어나려는 데 심신이 나른하고 다운되어 꼼짝을 못하여 교회를 오지 못하겠다는 것이다. 그런데 전화를 받는 순간 무엇인가 좋지 못한 예감이 왔다. 그래서 조금 있다가 봉고차를 운전하여 권사님 댁으로 갔다. 집 앞에 봉고차를 세워놓고 아파트에 들어갔다. 권사님이 사시는 아파트는 1층이다. 그래서 초인종을 눌렀다. 누구세요. "예 저 강 목사입니다" 문 열렸어요.

그래서 문을 열었다. 문을 열고 보니 권사님이 나를 탁 처다 보았다. 그런데 순간 보이는 것이 마귀할멈의 형상이 보였다. 그래서 신을 벗고 들어가 다자 고자 할 것 없이 머리에 손을 얹고 기도를 했다. "성령이여 임하소서, 힘이 없게 하고 교회가지 못하게 하는 더러운 악마야 예수 이름으로 명하노니 떠나가라" "힘이 없게 하고 교회가지 못하게 하는 더러운 악마야 예수 이름으로 명하노니 떠나가라" "힘이 없게 하고 교회가지 못하게 하는 더러운 악마야 예수 이름으로 명하노니 떠나가라" 이렇게 명령을 하니 권사님이 "아멘"으로 화답을 했다. 그리고 권사님을 보니 얼굴이 정상으로 돌아 왔다.

그러자 권사님이 나에게 하는 말이 이랬다. "목사님! 어젯밤 꿈에 미국에 이민 가서 살다가 교통사고 당하여 죽은 딸이 검정 드레스를 입고 저에게 찾아 왔습니다. 그래서 너무나 반가워서 끌어 앉았습니다. 그랬더니 순간 없어졌습니다" 그래서 내가 막 나무랐다. "권사님 꿈에 죽은 사람이 나타나거든 예수 이름으로 물리치라고 했지 않습니까?" 그러니까, 권사님이 하시는 말씀이 이렇다. "목사님 우리 딸은 예수 믿고 죽었습니다" 성도님들의 영적인 수준이 이렇다. 아니 예수 믿고 죽은 사람이 천국에 가 있는데 어떻게 와요. 올 수가 없다. "그뿐 아니라 너희와 우리 사이에 큰 구렁텅이가 놓여 있어 여기서 너희에게 건너가고자 하되 갈 수 없고 거기서 우리에게 건너올 수도 없게 하였느니라(눅16:26)"

　천국에서 지옥도 갈수도 없고 올수도 없는데 어떻게 죽어 천국에 있는 사람이 세상에 나올 수가 있나, 권사님이 꿈에 본 자신의 딸은 진짜가 아니고 마귀가 권사님에게 들어오려고 가장하여 나타난 귀신이다. 그러니까 그 꿈을 꾸고 난 다음에 온몸이 나른하고 힘이 들어 교회를 나오지 못할 정도가 되지 않았는가. 우리는 속지 말아야 한다. 그래서 권사님 댁에서 나와서 다른 성도들을 봉고 차에 태워서 교회에 와서 주일 예배를 드렸다. 그리고 예배를 마치고 성도들을 이끌고 권사님 댁에 가서 성령집회를 하고 안수를 해서 귀신을 몰아내 주었다. 그러자 바로 온몸이 나른하고 다운되게 했던 질병들이 치유 되었다.

14장 축귀 통한 고질병 순간치유 사역 기술

(행8:4-8)"그 흩어진 사람들이 두루 다니며 복음의 말씀을 전할 새 빌립이 사마리아 성에 내려가 그리스도를 백성에게 전파하니 무리가 빌립의 말도 듣고 행하는 표적도 보고 일심으로 그의 말하는 것을 좇더라. 많은 사람에게 붙었던 더러운 귀신들이 크게 소리를 지르며 나가고 또 많은 중풍병자와 앉은뱅이가 나으니 그 성에 큰 기쁨이 있더라."

하나님은 귀신에게 고통을 당하는 성도를 해방하여 주시기를 원하신다. 지금 교회에는 축귀에 대한 올바른 지식이 없어서 영육으로 고통을 당하는 성도가 많다. 귀신축사는 사람의 힘으로 하는 것이 아니다. 반드시 성령의 권능을 힘입어야 가능한 일이다. 성령의 권능은 축사를 하는 사역자도 힘입어야 한다. 귀신으로 고통을 당하는 성도도 성령으로 장악이 되어야 한다. 그러므로 축귀사역의 키는 성령의 권능을 힘입는 것이다. 사역자 자신이 어떻게 하면 성령의 권능을 힘입을 수 있는지를 알아야 한다. 또, 사역자 자신에게 임재 하여 계시는 성령의 역사를 피 사역자에게 전이 시켜 환자를 성령으로 장악하게 하는 비결도 터득하고 있어야 한다. 이를 위해서 사역자는 성령의 깊은 임재를 체험해야 한다. 성령의 임재는 사역자에게 역사하는 성령의 역사만큼 환자에게 전이되기 때문이다. 그러므로 사역자가 깊은 임재를 체험했다면 축귀사역을 좀 더

수월해질 것이다.

작년(2012년) 추석집회를 놓고 기도를 했다. "성령님 추석집회를 어떻게 했으면 좋겠습니까?" 성령께서 개별 집중치유를 해보라고 감동을 하시는 것이다. 개별 집중치유는 한 번도 해보지 않은 것이다. 그래서 특별 개별집중치유라고 제목을 부치고 집중치유받을 분은 예약을 하라고 했다. 생각지도 못하게 호응이 좋아 정원을 초과했다. 4-6명씩 개별로 2시간 30분씩 안수를 하는 것이다.

3일 동안 했는데 말로 표현할 수 없는 역사가 일어났다. 상황을 요약해서 정리하면 이렇다. 안수기도를 하고 30-60분 사이에는 상처가 치유되었다. 악~악~악~ 하면서 분노가 터져 나왔다. 40대 중반의 여성은 손가락을 입어 넣고 빨면서 엄마를 찾았다. 야~ 이 새끼야~ 그래 잘났다. 잘 났어! 하면서 욕을 해대는 여성도 있었다. 으흐응~ 으흐응~ 으흐응~ 하면서 앓는 소리를 하는 70대 여성도 있었다. 이렇게 상처가 치유가 되었다. 상처가 치유되고 70분 정도 되니, 이제 세대의 영들이 축사되었다. 아이고~ 아이고~ 아이고~ 곡을 하면서 떠나는 귀신도 있었다. 나갈게 나가면 되잖아~ 하면서 떠나는 귀신도 있었다. 손발이 오그라들면서(중풍) 떠나가는 귀신도 있었다. 아이고~ 아이고~ 내가 지금까지 여기에서 살았는데 어디로 가라는 거야! 하소연을 한동안 하다가 떠나가기도 했다. 그래 간다. 이 새끼야~ 가면 되잖아 하면서 떠나기도 했다. 오십견을 일으키던 귀신은 악~ 악~ 하면서 어깨통증을 일으키며 떠나갔다. 현장에서 오십견, 허리디스크, 근육통 복부통증 등등이 치유가 되었다.

허리와 근육에 강한 통증을 유발하며 떠나갔다. 약 90정도까지 세대의 영들이 별별 희한한 행동과 소리를 하면서 떠나갔다. 늦은 분들은 120분까지 악한 영들이 떠나갔다. 제가 이 사역을 하면서 깨달은 것은 성령이 충만한 사람들에게도 귀신이 역사하고 있었다는 것이다. 이 귀신들이 떠나가는데 90-120분 정도의 시간이 걸린다는 것이다. 그래서 성령께서 감동하신 2시간 30분이 맞아떨어진다는 것이다.

그러므로 축사를 하려면 2시간 이상 깊은 임재기도를 해야 한다는 것이다. 한마디로 쉬운 사역이 아니라는 것이다. 성령이 역사하여 성도를 장악하니 귀신들이 쉽게 떠나가더라는 것이다. 그러므로 다음에 제시되는 대로 성령의 깊은 임재가 축사사역에서는 무엇보다도 중요하다는 것이다.

첫째, 본인이 인정해야 한다. 환자가 자신에게 악한 영이 역사한다는 것을 인정해야 한다. 자신에게 일어나는 일련의 현상들이 악한 영에 의하여 일어난다고 인정하고 축귀를 사모해야 한다. 축귀는 마음을 열지 않으면 절대로 할 수가 없다. 사역자가 아무리 성령의 권능이 강해도 피사역자가 축귀를 거부하는 마음이 조금이라도 결부가 되면 축귀는 되지 않는다. 본인이 기도하지 않으면 축사는 할 수가 없다. 그러므로 무엇보다도 환자가 귀신축사를 인정해야 한다. 만약에 환자가 인정하지 않았는데 억지로 축귀를 할 경우

축사가 되지 않을뿐더러, 축귀가 이루어지더라도 다시 들어오게 된다. 이를 방지하게 위하여 여러 실증의 예화를 들어가면서 말씀을 전해야 한다. 환자에게 자신에게 일어나는 현상이 귀신역사라는 것을 인정하도록 해야 하기 때문에 무엇보다도 실증과 말씀이 있어야 한다. 보편적으로 처음에 인정하려고 하지 않지만 말씀을 듣고 기도를 시작하면 성령의 감동으로 인정하는 경우도 있다. 사역자는 너무나 빨리 안 된다고 속단하지 말고 말씀을 전해야 한다.

둘째, 성령으로 세례를 받아야 한다. 환자에게 역사하는 귀신은 사람보다 강한 영적인 존재이다. 고로 축귀사역을 하는 사역자나 축귀를 받는 환자 모두가 성령으로 장악되어 영의 상태가 되어야 귀신이 떠나갈 수 있는 조건이 되는 것이다. 성령은 귀신보다 강한 분이기 때문에 성령의 역사에 의하여 귀신이 정체를 폭로하는 것이다.

그런데 문제는 성령의 세례라는 영적인 활동을 잘 이해하지 못한다는 것이다. 그래서 예수를 믿으면서도 귀신에게 고통을 당하는 것이다. 예수를 믿을 때 성령으로 세례를 받았다는 관념적인 론리를 그대로 믿는 것이다. 그리고 일반적으로 성도들이 성령세례를 한번만 받으면 끝나는 줄 알고 있다. 그래서 한번 체험했다고 계속 자신이 성령으로 충만한 줄로 믿어버린다. 한마디로 신경을 쓰지 않는 것이다. 그러니 자신에게 역사하던 귀신이 완전하게 떠나가지 않고 고통을 가하는 것이다. 다른 한편은 성도들이 뜨겁게 기도했다고 성령세례 받았다고 한다. 몸이 찌릿찌릿 했다고 성령세례 받았다고 한다. 방언기도가 터졌다고 성령세례 받았다고 한다. 일반 성도들이 방언 기도하고 성령의 불 받으면 다된 것으로 알고 있는 것이 문제이다.

자신에게 역사하던 귀신은 성령으로 세례를 받은 다음부터 떠나간다. 성령세례를 받고 지속적으로 성령의 불세례를 받으면서 귀신이 떠나가는 것이다. 성령께서 자신을 장악하는 만큼씩 귀신이 떠나가는 것이다. 그러므로 자신에게 역사하던 귀신이 완전하게 떠나가게 하려면 지속적으로 성령으로 불세례를 받으면서 축귀하야 한다. 한번 성령세례 받았다고 귀신은 떠나가지 않는다. 사람은 육성이 있기 때문이다.

셋째, 성령의 임재가 되어야 한다. 성도에게 역사하는 귀신은 사람보다 강한 존재이다. 사람에게서 역사하던 귀신이 떠나가려면 반드시 영적인 조건이 되어야 가능하다. 절대로 육적인 상태에서는 귀신은 떠나가지 않는다. 반드시 성령으로 전인격이 장악이 되어 영적인 상태가 되어야 떠나간다. 그러므로 사역을 하는 사역자도 성령의 임재가 되어야 한다. 왜냐하면 사역자에게 임한 성령의 역사가 피사역자에게 전이되어 성령으로 장악되기 때문이다. 축귀사역에서 무엇보다도 중요한 것이 성령의 임재이다. 사역자가 성령의 임재가 깊으면 축귀는 더 잘된다. 피사역자를 성령으로 깊게 임재 시킬 수가 있기 때문이다. 그러므로 사역자는 피사역자가 성령으로 장악될 때까지 인내하면서 기다려야 한다. 피사역자가 성령으로 장악되게 하려면 기도하게 해야 한다. 환자가 기도하지 않으면 절대로 성령으로 장악될 수가 없다. 기도하도록 지도를 해야 한다. 기도하지 않으면 절대로 귀신으로부터 해방 받지 못한다고 강조해야 한다.

　피사역자는 성령으로 임재 시키는 비결은 두 가지가 있다. 첫째, 여러 사람을 한꺼번에 축귀하는 경우는 찬양을 한다. 통성기도를 하도록 한다. 실증 있는 말씀을 40분 이상 전한다. 일어서게 하여 찬양을 2-3곡을 부fms다. 그리고 성령의 임재를 요청한다. 피사역자들에게 호흡을 들이쉬고 내쉬라고 한다. 지속적으로 호흡을 들이쉬고 내쉬게 해야 한다. 사역자는 성령의 임재를 구하는 기도를 한다. 보편적으로 10분정도 되면 성령의 임재가 나타나기 시작을 한다. 성령의 임재가 나타는 것이 눈으로 보이면 명령을 한다. 예수이름으로 명하노니 귀신은 떠나가라. 기침으로 떠나가라. 목 위로 올라와라. 하면서 기도한다. 두 번째는 2-3명을 동시에 축사할 경우는 이렇게 한다. 찬양을 한다. 기도한다. 간단하게 주의사항을 알려줍니다. 그리고 환자를 앉거나 눕게 하고 호흡을 들이쉬고 내쉬라고 한다. 사역자가 성령의 임재를 요청한다. 좀 더 빨리 임재가 되게 하려면 손을 이마에 올리면 된다. 손을 이마에 올리지 않아도 성령의 임재는 된다. 성령의 임재가 되어 눈으로 성령의 역사가 나타나기 시작하는 사람부터 축귀를 시작하는 것이다. 소리를 크게 한다고 귀신이 떠나가는 것이 아니다. 성령의 임재가 강하게 나타나면 귀신은 소리 없이 떠나간다.

넷째, 내적치유가 되어야 한다. 축귀 사역을 하다가 보면 어떤 귀신은 성령의 임재만 되면 떠나간다. 그러나 상처가 있으면 귀신이 떠나가지 않다. 이때에는 상처를 치유해야 한다. 상처의 치유 역시 성령께서 하시는 것이다. 상처가 잠재의식에 형성되어 있기 때문이다. 사역자는 성령의 인도에 따라 행동하면 된다. 더 자세한 것은 "내적치유 쉽게 하는 법"을 참고하기를 바란다.

다섯째, 죄의 처리가 필수이다. 귀신은 죄가 해결되기 전에는 절대로 떠나가지 않다. 죄는 자신이 지은 죄도 있을 수 있다. 또 자신도 모르는 조상이 지은 죄도 있을 수 있다. 조상이 지은 죄라면 이렇게 회개한다. 자세한 기도문은 "가계가 축복받는 선포기도문"을 참고하기를 바란다.

여섯째, 성령으로 장악이 되어야 한다. 성령의 임재가 되어 축귀를 하면서 내적치유도 한다. 죄도 회개를 한다. 지속적으로 하다가 보면 성령으로 장악이 완전하게 된다. 그러므로 사역자는 인내하면서 성령으로 완전하게 장악이 될 때까지 기다려야 한다. 성령으로 완전하게 장악이 되면 귀신이 쉽게 떠나간다. 기침을 하면서 떠나기도 한다. 호흡으로 떠나기도 한다. 그러나 알아야 할 것은 자신의 정체가 폭로된 귀신만 떠나간다. 그래서 성령의 은사인

지식의 말씀으로 찾아내어야 한다. 제가 지금까지 축귀사역을 하면서 체험한 바로는 자신이 정체가 폭로되지 않는 귀신은 절대로 떠나가지 않고 숨어있는 것이 보통이었다. 축귀 사역의 성공여부는 무엇보다도 성령의 깊은 임재로 귀신의 정체를 폭로하는 것이다. 무조건 이 사람에게 역사하는 귀신아 떠나가라. 귀신아 떠나가라. 소리쳐도 꼼작도 하지 않고 버티고 있다. 그래서 사역자는 순간순간 성령께서 알려주시는 레마를 받으면서 사역을 해야 한다. 한마디로 떠나갈 시기가 되지 않은 귀신은 버티고 있다는 것이다.

일곱째, 귀신이 떠나는 시기가 있다. 제가 지금까지 축귀 사역을 하면서 체험한 바로는 귀신이 떠나는 시기가 있다는 것이다. 그래서 하나님에게 마음과 시간을 많이 드려야 한다는 것이다. 그런데 많은 성도들이 쉽게 빨리 축귀를 하려고 한다. 그러나 자신이 영적으로 완전하게 변하여 하나님이 원하시는 수준이 되지 않으면 귀신은 떠나가지 않다. 하나님은 문제를 통해서 성도를 영적으로 깊은 사람으로 만들어 가신다.

그러기 때문에 영적인 수준이 되지 않으면 귀신이 떠나가지 않는 것이다. 귀신을 빨리 떠나보내려고 기도만 많이 한다고 귀신이 떠나가지 않다. 자신의 전인격이 영적으로 변하여 말씀의 비밀을 많이 깨달아야 한다. 말씀 속에서 영적인 원리들을 찾아내서 적용할 수 있는 수준이 될 때 귀신은 떠나간다.

여덟째, 사역자는 자신을 먼저 축귀해야 한다. 필자가 성령 치유 사역을 하면서 체험한 바로는 사역자가 먼저 축귀를 해야 한다는 것이다. 그런데 많은 분들이 성령체험하고 치유 받고 은혜 몇 번 받았다고 다된 줄로 안다. 그래서 자신을 관리하지 않아서 영육의 문제가 발생함으로 탈진이 찾아와 사역을 할 수 없는 지경에 이르기도 한다. 사역자는 자신을 먼저 치유하고 축귀를 해야 한다. 부단하게 자기관리를 해야 한다. 사역자라도 육체를 가지고 있기 때문에 귀신을 축사하다가 자신이 도리어 귀신에게 공격을 당할 수도 있다는 것이다.

영육치유를 행하는 사역자나 축사를 행하는 사역자는 환자의 상태에 대한 지식의 말씀으로 영적 전이를 경험하게 된다. 환자가 앓고 있는 질병의 정도나 또는 아직 환자가 질병을 제대로 깨닫지 못하고 있는 경우에 또는 사역자가 어느 곳에 손을 얹어야 할 것인지를 깨닫게 하기 위해서, 그리고 자신이 감당할 수 있는 문제인지를 가늠하게 하기 위해서 성령께서 환자의 고통을 사역자에게 전이시켜 느끼게 하는 것이다. 예를 들어서 머리가 아픈 사람을 치유 기도하려고 하면 사역자의 머리가 아프다는 것이다.

예를 든다면, 상대방의 통증부위가 동일하게 아프고 힘들게 되기도 하고…. 속이 더부룩하거나…. 쓰리거나…. 어지럽거나…. 현기증을 느끼거나…. 구토증이 생기거나…. 냉기를 느끼거나…. 온 몸의 뼈나 근육이 뭉쳐들고 뻣뻣해지는 것 같은 체험을 하게 되며…. 눈앞이 아찔해지며…. 독한 약에 취한 사람처럼…. 넋을 잃은 것처럼…. 몽롱한 현상을 겪기도 한다.

아주 약한 전기에 노출된 듯 손이나 팔이나 어깨에 찌릿해지는 정전기 같은 체험도 있다…. 몸살이나 오한처럼…. 몸이 밑으로 쳐지며…. 미열이 나고….식은땀이 나기도하고…. 몸이나 팔다리가 욱신욱신 아프게 되는 영적다운 현상을 경험하기도 한다. 이것이 바로 영적인 손상의 현상이다.

사역자는 성령께서 앞서시면서 축사를 하시게 해야 한다. 그래야 사역자에게 피해가 생기지 않는 것이다. 사역자는 부단하게 자신의 관리에 힘써야 한다. 만약에 환자가 영적으로 강하여 귀신이 축사되지 않을 할 경우는 성령으로 완전하게 장악한 다음 축사를 하도록 해야 한다. 어느 정도 시간이 경과되어야 한다. 그렇지 않으면 그 악한 영의 영향으로 사역자가 고통을 당한다.

자신이 감당할 수준이 아닌 문제를 다루고자 하면 문제가 해결되지 않을 뿐만 아니라, 자신도 피해를 입게 되는 것이다. 영적 전이의 현상은 사람마다 상황마다 다를 수 있다. 환자를 접촉하기 전인 중보기도 단계에서도 경험할 수 있으며, 환자를 직접 대하고 사역을 행할 때 느낄 수 있으며, 사역을 마치고 귀가한 후에 나타날 수도 있다.

현장에서는 전혀 느끼지 못했던 것을 집에 돌아온 후에 서서히 증상을 느끼기 시작하여 힘이 빠지고 통증이 일어나기도 한다. 이런 경우 대부분은 잠깐 경험하게 되지만, 경우에 따라서는 몇 시간 또는 며칠이 될 수도 있다. 그러나 이런 경우는 예외적이며, 대부분은 기도하면 사라지게 된다. 성령으로 인도받지 못하고 성령이 보증해 주지 않는 이런 영적 사역은 자신이 지니고 있는 영적 능력을 소진하게 되는 소모성 사역이다. 성령이 보증을 하여 주지 않는다는 증거이다.

그러므로 사역자는 사역 전후로 충분한 기도로 무장해야 한다. 이런 증상을 자주 경험하게 되면 일부 사역자에게는 악한 기능으로 고정되기도 한다. 영적 사역은 영적 분별을 몸으로 느껴야만 하기 때문에 환자의 질병 정도를 가늠하기 위한 인식 수단으로 사역자의 영적 전이 현상이 환자 분별의 기능이 된다.

다시 한 번 강조하면 자신에게 강하게 고통이 찾아오는 경우는 영적으로 강하게 눌린 상태이므로 말씀과 찬양 안수로 계속 성령의 깊은 임재가 장악한 다음에 사역을 하기를 바란다. 급하면 사역자가 당한다. 인간 욕심으로 사역하면 안 된다. 이 기능은 일대일 치유를 하는 경우 전인치유를 위해서 주어지는 성령의 지식의 말씀의 한 부분이기도 한다. 그러나 지식의 말씀은 환자를 치유할 때 나타나는 현상이지 치유가 끝난 다음에 나타나는 현상은 아니라는 것을 알아야 한다. 사역을 끝낸 다음에 나타나는 현상은 역적손상으로 나타나는 현상이니 치유하고 사역자 자신의 관리를 하여야 한다. 이런 영적 전이와 비슷한 영적 손상은 악령의 공격에 의해서 영적 능력이 급격히 소진되었을 경우에 나타나게 되며, 간혹 충분한 기도와 성령의 역사 없이 인간적인 욕심으로 혼적인 사역을 행한 결과 영적 능력이 상당히 소진되어 버렸기 때문에 나타나는 현상이다.

영적 탈진은 과도하게 능력을 소모했거나, 자신이 감당하기에 벅찬 악한 영으로부터 충격을 받았을 경우 나타난다. 마귀의 집요한 공격을 받게 되면 영적 탈진이 일어나, 영적인 일이 시들해지거나, 무기력해져서 무덤덤한 신앙생활을 하게 되는 경우가 있다. 성령 충만이 사라지고 육신적으로 신앙생활을 해야 하기 때문에 신앙생활이 힘이 들게 된다. 그리고 기도가 되지 않고, 몸이 이곳저곳 아프기도 하고, 힘이 없고 피곤하기만 한다. 짜증도 심해지기도 한다. 이것이 일반적인 성도들과 경험이 부족한 사역자들이 경험하게 되는 영적 탈진이다. 알고 대비해야 한다.

아홉째, 단번에 할 수 있는 사역이 아니다. 축귀사역은 단번에 할 수 있는 사역이 아니다. 어디까지나 하나님의 시간표에 맞추어야 한다. 그런데도 많은 사역자들이 지금도 단번에 축귀를 하려고 날을 세워가며 축귀를 한다. 절대로 축귀는 단번에 되지 않는다. 피사역자가 영적으로 변하는 만큼씩 귀신이 떠나간다. 이는 하나님의 방법이다. 나도 사역초기 환자 한사람을 붙잡고 6-8시간씩 사역을 했다. 이렇게 오랜 시간 축귀를 하면 완전하게 회복이 된다. 그러나 환자가 귀신을 방어할 수 있는 영적인 능력이 없기 때문에 2-3일만 지나면 똑같아진다. 이럴 때는 정말로 힘이 빠지게 된다. 그러나 영적으로 보면 맞다. 환자가 영적인 능력이 약하여 육체가 되기 때문에 귀신이 다시 침입하는 것이다. 그래서 제가 알려드리는 방법을 가지고 환자 스스로가 영적으로 바르게 설수 있도록 영성훈련을 해야 한다. 절대로 단번에 정상으로 회복되지 않다. 이렇게 오랜 시간 축귀를 하게 되면 환자도 고생스럽지만 사역자의 체력이 많이 소진이 된다. 지혜롭게 하나님의 방법으로 사역을 하면 사역자도 편하고 피사역자도 영적으로 변하면서 사역을 할 수가 있다.

열번째, 인내할 줄 알아야 한다. 축귀를 행하는 사역자나 피사역자 할 것 없이 인내해야 한다. 우리가 영적으로 변하는 것도 인내해야 한다. 지신이 변하고 있다면 하나님에 역사하고 계시는 것이다. 그러므로 순간에 완전하게 치유가 되지 않더라도 낙심하지 말고 인내하면서 기다려야 한다. 하나님에게 마음과 시간을 드리면서 인내하며 기다려야 한다. 성령의 역사에 맞기면서 기다리면 자신이 영적으로 깊은 성도가 되는 것을 몸으로 느끼고 눈으로 보게 된다. 우리는 신명기 7장 17-24절 말씀을 비밀을 알아야 한다. "네가 혹시 심중에 이르기를 이 민족들이 나보다 많으니 내가 어찌 그를 쫓아낼 수 있으리요. 하리라마는 그들을 두려워하지 말고 네 하나님 여호와께서 바로와 온 애굽에 행하신 것을 잘 기억하되, 네 하나님 여호와께서 너를 인도하여 내실 때에 네가 본 큰 시험과 이적과 기사와 강한 손과 편 팔을 기억하라.

네 하나님 여호와께서 네가 두려워하는 모든 민족에게 그와 같이 행하실 것이요. 네 하나님 여호와께서 또 왕벌을 그들 중에 보내어 그들의 남은 자와 너를 피하여 숨은 자를 멸하시리니, 너는 그들을 두려워하지 말라, 너희의 하나님 여호와 곧 크고 두려운 하나님이 너희 중에 계심이니라. 네 하나님 여호와께서 이 민족들을 네 앞에서 조금씩 쫓아내시리니, 너는 그들을 급히 멸하지 말라.

들짐승이 번성하여 너를 해할까 하노라. 네 하나님 여호와께서 그들을 네게 넘기시고, 그들을 크게 혼란하게 하여 마침내 진멸하시고, 그들의 왕들을 네 손에 넘기시리니 너는 그들의 이름을 천하에서 제하여 버리라. 너를 당할 자가 없이 네가 마침내 그들을 진멸하리라."

하나님이 우리가 영적으로 성장하고 자라는 만큼씩 귀신을 몰아내시는 것이다. 성령의 인도에 따라 인내하면서 기다려야 한다. 하나님에게 마음과 시간을 드리면서 자신이 하나님이 원하시는 수준을 만들면 자신에게 역사하던 귀신은 모두 떠나가는 것이다.

열한번째, 귀신이 떠나갈 때 현상. 보면 쉽게 할 수 있을 것 같은데 막상 하려고 하면 제대로 되지 않는 것처럼, 성경에 이렇게 기록되어 있으니, 이런 현상을 보면 귀신이 쫓겨나간 것으로 확인할 수 있겠다고 생각하게 되지만, 실제 축사의 현장에서는 도무지 감을 잡을 수 없을 정도로 혼란스럽기 마련이다. 귀신은 여유를 주지 말고 쫓아내야 한다. 귀신에게 틈을 주면 자신들이 방어할 구실을 찾아내어 교묘하게 사역자를 속이게 된다. 그러면 축사에 실패할 수밖에 없다.

귀신은 축사하려고 오는 사역자의 능력이 어느 정도인지 알지 못하며 축사자도 역시 귀신의 능력이 어느 정도 강한지 알지 못한다. 그래서 서로의 탐색전이 시작되고, 그렇게 십여 분이 지나면 본격적인 영적 싸움이 시작된다. 귀신이 약하다면 그 때부터 위장술을 펴면서 어떻게 해서든지 이 순간을 모면하고 살아남으려고 갖은 수단을 다 사용한다. 그 중에 거짓으로 나간 척 하는 것이 일반적으로 많이 사용하는 귀신들의 위계이다.

소리도 지르고 경련도 하고, 부르짖고, 거품도 뿜어낸다. 이런 모습을 보고 귀신이 나갔다고 판단하고 섣불리 축사를 마무리하게 되면 사역자가 떠난 다음에 다시 들어와 괴롭히게 되며, 이렇게 위장술로 모면한 귀신은 더 강한 귀신들을 불러들려, 그 환자의 사정이 전보다 더 나빠지게 되는 것이다. 그 다음 다시 쫓으려고 하면 쉽게 나가지 않고 결국 실패하게 되는 결과가 된다.

귀신은 더 이상 견딜 수 없게 되면 소리를 지르는데, 경험이 없는 사람은 도대체 어떤 소리를 어떻게 지르는지 알지 못한다. 큰 소리로 “아악~~~”하고 지르기도 하고, “나 죽네~~~”하기도 하고, “악!”하고 단발마적으로 지르기도 한다. 때로는 “끄응!”하고 신음하듯 하기도 하고, “제발 이러지 말아!”라면서 애원하듯 하기도 한다. 어떤 경우에는 입을 악물고 얼굴이 일그러지면서 아무 소리도 내지 않는 경우도 있다. 이런 모든 형태를 다 포함하여 성경은 “소리 지르며 나간다”라고 서술하고 있다.

경련을 일으키는 경우, 온몸을 부르르 떨듯이 진동한다. 억울한 일이 있으면 사람들은 몸을 떨고, 흉악한 일을 목격하면 분노해서 사지를 떨지 않는가? 그처럼 부르르 떤다. 여러 차례 몸을 떨 때 얼굴은 몹시 일그러지고 괴로워한다. 상체만 떨기도 하고 온 몸을 떨기도 한다. 때로는 그 떠는 힘이 강해서 잡고 있던 사람들이 튕겨나가기도 한다.몸을 떨 때 강력한 영적 진동이 일어나 곁에 있던 사람들이 혼절하여 쓰러지거나 넘어지기도 한다.

거품을 흘리는 경우, 입이 찢어지도록 하품을 하기도 하고, 위 속에 있는 음식물을 토하기도 하며, 거품이 일어나면서 썩은 냄새를 뿜어내기도 한다. 입에 게거품을 품듯이 부글거리기도 하지만 기침을 할 때 가래를 토해내듯이 하는 경우도 있다. 이런 경우 역시 얼굴이 일그러지고 몸은 요동하며, 경련을 일으키고 소리 지르면서 토해낸다. 이 모든 행위가 복합적으로 그리고 동시에 일어나기도 하고 분리되어 일어나기도 한다.

몹시 몸을 상하게 하는 경우, 축사자는 조심하지 않으면 안 된다. 머리를 바닥에 찧고 손으로 할퀴고 갖은 자해행위를 하면서 눈동자는 희게 뒤집어지고, 물건을 내던지기도 한다. 무릎을 갑자기 강렬하게 꿇어 쿵 소리가 날 지경이다. 흉기를 들고 설치며 위협하기도 한다. 식식거리면서 분난 사람이 이성을 잃고 나다니는 것 같아서 무척 위험하다. 성경은 '몹시'라는 단어로 이를 강조하고 있다. 귀신은 쫓겨나가지 않기 위해서 사역자를 이와 같은 자해 행위를 하면서 위협하는 것이다. 이런 귀신의 상하게 하는 행위에 주눅이 들면 축사는 실패하게 된다.

죽은 것 같이 되는 경우, 역시 사역자는 크게 놀라지 않을 수 없을 것이다. 간혹 어설픈 축사자들이 축사를 흉내 내다가 사람을 죽이는 경우가 있다. 이런 사례 때문에 축사자는 환자가 죽은 것처럼 되어버리면 덜컥 겁을 먹게 된다. 축사 사역에서 가장 위험한 것이 겁을 먹는 일이다. 축사자가 겁을 먹으면 귀신은 절대로 나가지 않는다. 그래서 축사자로 하여금 겁을 먹고 위축되게 하려고 몹시 상하게 하거나 갑자기 죽은 자처럼 되는 속임수를 사용하는 것이다.

죽은 것처럼 되어버린 모양을 보고 겁먹고 축사를 더 이상 진행하지 않으면 실패할 수 있다. 축사는 마무리가 고비이다. 99% 귀신이 항복할 때 나타나는 증상이 이와 같은 현상들인데 이를 완전히 축사가 되었다거나 겁을 먹었다거나 해서 축사를 서둘러 마무리하게 되면 다 죽어가던 귀신이 기사회생하게 되어버리고 그렇게 되면 쫓아내는 일이 무척 어려워진다.

축사는 마무리가 중요하다. 귀신이 모두 쫓겨나갔는지를 확인해야 하는데, 우선 환자의 눈을 살펴야 한다. 귀신이 충만했을 때는 눈동자가 미친 사람 눈 같지만 귀신이 쫓겨나가면 눈동자가 맑아진다. 초점이 흐리던 눈동자에 선명한 초점이 생기고 맑아진다. 그런데 어느 정도가 맑은 눈인지는 설명할 수 없고 실제로 경험해야만 알 수 있는 것이다. 따라서 여러 차례 경험을 하게 되면 분별력이 생기기 마련이다.

일그러진 얼굴에 평안이 깃들게 되고 피부가 밝아진다. 그러나 이런 차이는 미묘하기 때문에 많은 경험이 필요하다. 이 단계에서도 귀신은 위장을 할 수 있기 때문에 역시 면밀한 주의가 필요하다. 따라서 초보 축사자는 반드시 경험이 많은 노련한 축사자 곁에서 배울 필요가 있다. 섣불리 다루면 귀신은 더욱 강해져 쫓아내기가 점점 어려워질 뿐이다. 돌팔이 의사가 사람을 상하게 하듯이 경험이 미천한 사역자는 귀신을 더욱 강하게 만들어 치유할 수 있는 소중한 기회를 잃게 할 수 있다.

제에게 도움을 청하는 귀신들린 환자들의 경우, 여러 차례 축사를 경험한 환자들이 많다. 그래서 다루기가 더욱 어렵고 힘이 든다. 그러나 경험 앞에서는 귀신도 어쩔 수 없다. 강력한 성령의 도우심과 경험으로 무장되면 귀신은 쫓겨 나가기 마련이다. 그러나 너무 오랫동안 귀신이 들렸던 사람은 회복하는데 많은 시간과 노력이 필요하다. 귀신은 쫓겨나갔지만 그 후유증이 오래 간다. 후유증은 귀신들린 상태와 별로 다를 바가 없기 때문에 가족들은 귀신이 쫓겨나가지 않았다고 생각한다.

귀신이 없어도 상당기간 동일한 행동을 하게 된다. 귀신이 들렸던 기간에 비례해서 그 후유 장애가 남기 마련이며, 이를 치유하기 위한 회복 치유는 축사와는 전혀 다른 관점에서 다루어야 한다. 이것이 귀신들림이 오래 진행된 환자의 경우 완쾌를 방해하는 요인이 된다. 더 상세한 것은 "귀신축사 차원 높게 하는 법"과 "귀신축사 속전속결"을 참고하기를 바란다.

15장 심장, 순환기 질병 순간치유 사역 기술

(막16:17-18)"믿는 자들에게는 이런 표적이 따르리니 곧 그들이 내 이름으로 귀신을 쫓아내며 새 방언을 말하며 뱀을 집어 올리며 무슨 독을 마실지라도 해를 받지 아니하며 병든 사람에게 손을 얹은즉 나으리라 하시더라"

하나님은 치유하시는 하나님이시다. 우리는 예수를 믿고 거듭난 선민이다. 우리가 이 광야 같은 세상을 지나는 동안, 스트레스와 마음의 치료를 받고, 육신의 치료를 받고, 정신적인 문제를 치유 받고 교회에 영적 장막을 치고, 그 안에서 하나님과 교통하고 살아가는 것이 선민의 생활인 것이다. 우리의 마음에 태어날 때부터 가지고 있는 쓴 연못물이 그리스도의 십자가를 통해서 단물이 되고, 우리가 들어오며, 나가며, 하나님의 병원인 교회에서 치료를 받고, 이 세상에 엘림이라는 교회에 들어와서 샘물을 마시고, 종려나무 밑에서 하나님의 축복을 얻어 영혼이 잘 되고, 범사에 잘 되며, 강건하고 생명을 얻되 넘치게 얻는 신앙생활을 하는 우리가 되기를 주의 이름으로 소원한다.

첫째, 질병의 치유가 되려면 영적인 조건이 되어야 한다. 즉, 치유가 일어나는 생명의 말씀을 듣고 성령으로 장악되어야 치유가 이루어진다. 환자는 무엇보다도 예수를 믿어야 한다. 예수를 믿어 내면으로 들어오신 하나님의 영은 인간의 능력을 초월하여 나타나는 영적 능력으로 역사하신다. 그래서 사람은 할 수 없으나 할 수 있는 하나님의 영력(형상)이 나타나서 성령이 충만하게 되고 질병의 치유도 된다. 질병의 치유가 되는 영력은 나타나는 상태와 조건을 만들어야 나타난다. 그 조건과 상태는 여러 가지이지만 첫째 환자의 의지를 발동시켜야 한다.

환자의 의지를 발동하게 하여 성령세례를 받는 것이 제1의 원리고, 그 다음은 말씀과 성령으로 내적 치유하는 것이 제2의 원리고, 귀신 축사의 제3 원리이다. 그리하여 생각이 바뀌고, 성령으로 마음이 감동되어, 믿음이 생겨서, 본인의 의지가 발동되어, 몸이 움직여지고, 행동으로 옮겨지는 과정을 거쳐야 한다. 그래야 질병이 치유된다. 이 영적 원리는 모든 것에 적용된다. 성경에서는 내 뜻과 정성과 힘을 다하여 하나님을 섬기라 했고(신28장), 크게 사모하는 자에게 제일 좋은 길을 보여 준다고 했다(고전12:31). 네가 낫기를 원하느냐고 예수님은 말씀했다(요5:6). 진정과 신령으로 예배하는 자에게 찾아오신다 했다(요4:23). 모든 영적인 일에 진심으로 구하고 구하면 얻을 것이요, 찾고 찾으면 찾을 것이고 두드리면 열린다. 강한 순종과 믿음과 승리의 의지를 발동시키고 행동으로 옮기기 바란다. 행동으로 옮기지 못하게 하는 장애요인(죄)이 자신에게 있다. 이것을 깨닫고 제거하기를 바란다.

둘째, 올바른 치유의 순서를 알아야 한다. 먼저 영적인 치료가 있어야 한다(요삼 1:2). 예수님을 주인으로 영접해야 한다(요 1:12). 성령세례와 성령충만을 받아야 한다(엡 5:18). 죄를 끊고 회개해야 한다(약 5:13-16). 인간에게 오는 질병의 70%가 죄로 인해 오는 질병이다. 환경을 바르게 해야 한다(마 12:25-29). 가족 모두 악한 영의 역사를 인정해야한다. 가족 치료가 되어야한다. 믿고 구원을 받고 성령의 역사를 인정하고 번제가 드려져야 한다. 자신의 옛사람이 죽어 없어져야 한다. 그리고 예수로 다시 태어나야 한다. 구약의 번제는 짐승을 죽여 태워드리는 제사이다. 기도와 안수의 물리적 치료도 이때부터 해야 한다(약 5:13-14).

셋째, 치유가 효과적이게 하는 법. 성령이 역사 하시는 현상이 나타나면 환영하면서 계속 기도하라. 더 많이 역사하여 달라고 성령님께 요청하면서 기도하면 성령님이 기뻐하신다. 환자도 자신에게 붙인 종을 만나야 빨리 낳는다. 호전현상이 나타나면 감사하고, 안수나 치유를 계속하며, 지속적으로 성령치유를 하며, 본인 역시 무시로 기도해야 한다. 믿음이 견고해지도록 하고 마귀에게 속지 않도록 해야 한다. 신유의 안수를 자주 받는 것이 좋다. 안수 한 번에 낫겠다는 생각은 곤란하다. 영적치유는 세상에서 질병을 치유할 때 약 바르고, 약 먹고 치료하는 것과 같다.

시간 맞추어서 일정기간 동안 먹듯이, 영적치유도 동일하게 해야 질병의 뿌리가 빠진다. 자신의 의지를 동원해서 자기가 일어나야 한다. 자신이 낫겠다는 믿음이 있어야 한다. 성령의 각종 감동이 왔다면 순종해야 한다. 예를 들어 헌금이나, 봉사, 성물봉헌, 등 등을 말하는 것이다.

넷째, 신유 역사 때 성도에게 나타나는 성령의 치유현상

1) 안수를 받는 데 불이 붙은 것같이 환부가 뜨거워진다.

2) 환부가 불 받아 시원해진다. 환부의 통증이 없어진다. 환부에서 악한 기운이 떠났을 때 일어나는 현상이다.

3) 안수 받는 손에서 불이나 온기가 들어오는 경우도 치유가 되는 것이다. 안수할 때 불이 들어가면 치유가 되는 것이다.

4) 온몸에 불이 들어오는 것도 치유가 된 것이다.

5) 자신도 모르는 순간 기도하면서 병이 나았다 느낄 때는 치유가 된 것이다.

6) 신유 영이 오는 느낌의 경우는 냄새가 나는데 소독약 냄새가 주로 난다.

7) 신유의 확신이 오는 경우에도 치유가 된 것이다. 내 병이 나았다. 감동이 오는 경우를 말한다.

8) 집회시 저 목사에게 안수 받으면 낳을 것 같다. 그러면 그 목사에게 안수를 받으면 낳는다.

9) 자기가 아픈 부위를 쓰다듬는다. 두드린다. 누가 시키지 않았는데 그냥 하고 싶다. 마치 목욕탕에서 때를 미는 것과 같이 등과 가슴과 배를 자기 손으로 문지르며 만지는 환자도 있다. 이런 환자는 모두 치유가 되었다.

10) 환부에서 기름이나 물 같은 것이 흐르는 것을 느낀다. 물이 뚝뚝 떨어지는 경우도 있다.

11) 구토나 심한 기침이 동반 안에서 무엇이 빠져나가는 것과 같은 현상을 체험적으로 느낄 때는 치유가 된 것이다.

12 환부가 칼로 자르는 것 같은 통증을 느낄 때도 치유가 된 것이다. 머리, 허리, 어깨 아랫배 등등이 통증이 강하게 온 후에 평안해지면 치유가 된 것이다.

13) 안수 받은 후에 하열을 한다. 질병(암)이 빠져나가는 것이다. 나의 교회에서 자주 일어나는 현상이다. 화장실에서 핏덩이를 쏟아 내는 환자도 있다.

14) 찌릿, 찌릿 하면서 통증 없어지는 경우도 치유가 된 것이다.

15) 암이나 종양은 물러지면서 터진다. 대장암이 있는데 본인은 모르고 있다가 성령의 역사로 암이 터져서 혈변을 보는 경우도 있다. 그런데 믿음이 있는 성도는 수술하지 않고 치유를 받는다. 그러나 믿음이 없는 성도는 병원에 가서 검사하여 수술을 받는 환자도 있다. 그러나 우리 사역자는 무어라고 말할 수 없다. 본인의 믿음에 맡기는 수밖에 별도리가 없다. 절대로 병원치유를 권하지 말라.

16) 꿈이나 환상 중에 예수님이나 천사가 만진다. 내가 몇 년 전에 등이 아파서 고생을 했는데 꿈에 하얀 옷을 입은 사람 둘이 와서 주사기로 피를 뽑고 나서 깨끗이 나았다. 예수님은 잘 아는 목사님으로 나타나는 경우가 많이 있다. 그러므로 꿈에 목사님을 만났다면 예수님을 만난 것이라고 생각하면 맞는 것이다.

17) 꿈에 뱀, 귀신이나 악한 영과 싸워서 이겼다. 뱀을 던져버렸다. 이는 질병이 치유된 것이다. 내가 병원에 전도하러 다닐 때 위장병으로 고생하던 60세의 여성이 내가 전해준 주기도문을 계속 외웠다고 한다. 그런데 꿈에 자기가 깊은 구덩이에 빠져있는데 많은 개들이 자기를 보고 막 짖더라는 것이다. 그래서 꿈속에서도 주기도문을 계속 외우니, 개가 한 마리씩 떠나가더니, 자기가 구덩이 밖으로 나왔다는 것이다. 그래서 검사를 해보니 치유되어 퇴원한다고 나에게 감사하다고 하면서 간증을 했다.

18) 환자가 목욕이나 세수 등등으로 더러운 것이 씻어지는 꿈을 꾸면 치유가 되는 것이다.

19) 성령의 임재 하에 허리관절이나 다리관절이 움직인다. 이는 허리 디스크나 다리 관절이 치유되는 현상이다. 성령이 허리나 골반을 장악하면 마치 뱀이 움직이는 것같이 흔들리면서 치유가 된다.

20) 아무 느낌이 없는 데 환부가 안 아프다. 이런 경우 치유가 된 것이다. 그런데 주의 할 것은 절대로 의심을 하면 안 된다. 의심이 생기면 대적기도를 하라고 가르쳐 주어야 한다.

다섯째, 육신의 질환 진단과 치유에 참고 사항. 환자를 안수 전과 안수 간에 필히 진단하라. 예수는 믿는가? 영접을 하였는가? 믿음은 있는가? 성경에 나와 있는 예수님의 치유를 믿는가? 치유받고자 하는 욕망이 있는가? 갈급하고, 갈망하는 상태인가? 병의 원인은 무엇인가? 성령에게 문의하라. 본인 상처, 유전, 영적인 게으름으로 왔는가, 아는 것이 좋다. 무슨 병인가? 영적인 병, 유전, 육적, 피로, 마음상처로 온 병인가? 반드시 조치를 하라. 조치란 치유 집회에 참석하여 말씀을 듣고, 깊은 영의기도를 하고, 필요하면 금식을 하게하고, 치유세미나 참석 등을 하도록 유도해야 한다.

여섯째, 호흡 순환기계통 질병별 치유기도 방법. 환부와 해당 중추 신경에 손을 얹고 질병 이름을 부르면서 안수 기도 한다. 성령으로 충만한 상태를 유지하는 것이 좋다. 치유는 성령께서 하시는 것이므로 사역자는 성령께서 주시는 감동을 받아서 그대로 명령하고 행동하면 되는 것이다. 내가 지금까지 성령치유 사역을 한 결과 성령의 임재만 제대로 되면 무슨 질병이라도 치유가 된다. 나는 항상 확신이 있다. 하나님은 못하시는 것이 없다. 이는 내가 그간 신유사역을 하면서 체험을 했기 때문이다. 그러므로 사역자는 담대하면서도 편안하게 성령의 인도에 순종하면 되는 것이다. 절대로 사역자 자신이 치유하는 것이 아니라는 것을 명심하라.

1) 호흡기 질환

① 폐결핵: 환자에게 호흡을 들이쉬고 내쉬라고 하라. 사역자는 환부에 성령의 임재를 요청하라. 손은 한손은 가슴에 얹고, 한 손은 등(중추신경)에 대고, 성령이여 임하소서. 어느 정도 성령이 임재가 되면 "내가 나사렛 예수 이름으로 명하노니 폐결핵을 일으키는 질병의 영은 정체를 밝힐지어다.""폐결핵을 일으키는 질병의 영은 떠나갈지어다.""폐장은 정상으로 회복될지어다.""폐장은

튼튼해질지어다.”

②천식: 환자에게 호흡을 들이쉬고 내쉬라고 하라. 사역자는 환부에 성령의 임재를 요청하라. 손은 한손은 목에 얹고, 한 손은 뒷목에 대고, 성령이여 임하소서. 어느 정도 성령이 임재가 되면 “내가 나사렛 예수 이름으로 명하노니 천식을 일으키는 질병의 영은 정체를 밝힐지어다.” “천식을 일으키는 질병의 영은 떠나갈지어다.” “천식은 치유될지어다.” “천식은 떠나갈지어다.”하면서 명령을 하면, 목에서 시커먼 천식을 일으키는 근원들이 빠져나온다.

천식환자를 치유할 때 주의사항은 천식이 발작하여 기침을 심하게 할 때 안수사역은 금하라. 어느 정도 기침이 멈추고 환자가 안정을 찾을 때 사역을 하라. 잘못하면 안수하고 더 해졌다고 말을 들을 수가 있다. 질병의 치유는 환자가 심할 때하는 것이 아니다. 어느 정도 안정이 된 다음에 사역을 하는 것이다. 병원에서 수술할 때도 마찬가지이다. 환부가 안정이 되었을 때 수술을 한다. 이는 영적치유 할 때도 적용해야 한다. 그러므로 사역자는 환자별로 치유 사역을 하는 다양한 방법을 터득해야 한다. 치유사역이 해보면 그리 쉽지 않다는 것을 알 수가 있다. 다양한 환자를 접해보고 전문 사역자의 경험을 들어서 자기 것으로 삼아야 할 것이다.

③감기: 감기 환자는 열이 있다. 먼저 해야 할 것은 열을 떨어지게 하는 것이다. 환자에게 호흡을 들이쉬고 내쉬라고 하라. 사역자는 환부에 성령의 임재를 요청하라. 손은 한손은 목에 얹고, 한 손은 이마에 대고, 성령이여 임하소서. 어느 정도 성령이 임재가 되면

"내가 나사렛 예수 이름으로 명하노니 열은 떨어질지어다.""열은 떨어져라." 하고 안수를 하라. 믿기 힘들지 몰라도 순간 열이 떨어진다. 어느 정도 열이 떨어지면 이렇게 명령하라. "감기를 일으키는 질병의 영은 정체를 밝힐지어다.""감기를 일으키는 질병의 영은 떠나갈지어다.""호흡은 정상으로 회복될지어다.""호흡은 잘되고 열은 떨어질지어다.""다시는 감기에 걸리지 말지어다."

④ 편도선염: 염증환자는 우선 열을 떨어지게 하는 것이 급선무다. 환자에게 호흡을 들이쉬고 내쉬라고 하라. 사역자는 환부에 성령의 임재를 요청하라. 손은 한손은 앞 목에 얹고, 한 손은 뒷목에 대고, 성령이여 임하소서. 어느 정도 성령이 임재가 되면 "내가 나사렛 예수 이름으로 명하노니 편도선염을 일으키는 질병의 영은 정체를 밝힐지어다. 편도선염을 일으키는 질병의 영은 떠나갈지어다.""심장은 강심장이 될지어다.""심장은 튼튼해질지어다.""신장도 튼튼해질지어다." 편도선염은 대략적으로 심장과 신장이 약할 때 자주 발생하기 때문에 심장과 신장을 동시에 기도해야 한다. 스트레스를 많이 받아도 발생한다. 신유 사역자는 각 장기의 복합적인 관계도 알아야 한다. 이 책을 잘 읽어보면 모두 다 알게 된다.

⑤ 후두염: 환자에게 호흡을 들이쉬고 내쉬라고 하라. 사역자는 환부에 성령의 임재를 요청하라. 손은 한손은 앞 목에 얹고, 한 손은 뒷목에 대고, 성령이여 임하소서. 어느 정도 성령이 임재가 되면 "내가 나사렛 예수 이름으로 명하노니 후두염을 일으키는 질병의 영은 정체를 밝힐지어다. 후두염을 일으키는 질병의 영은 떠나

갈지어다.""후두는 깨끗하여 질지어다.""심장은 강심장이 될지어다.""심장은 튼튼해질지어다.""신장도 튼튼해질지어다."후두염은 대략적으로 심장과 신장이 약할 때 자주 발생하기 때문에 심장과 신장을 동시에 기도해야 한다. 후두염은 목회자들이 많이 걸린다. 목을 많이 사용하기 때문이다. 그래서 목회자는 복식호흡을 숙달해야한다. 말을 할 때 목으로 하지 말고 배에서 나오는 소리로 하는 습관을 들여야 한다. 예방이 중요하기 때문이다. 신유는 질병이 발생한 다음에 치유하는 것도 신유지만, 무엇보다 중요한 것은 예방하게 하는 것이다. 기독교의 신앙은 예방 신앙이어야 한다.

⑥ 인후염: 환자에게 호흡을 들이쉬고 내쉬라고 하라. 사역자는 환부에 성령의 임재를 요청하라. 손은 한손은 앞 목에 얹고, 한 손은 뒷목에 대고, 성령이여 임하소서. 어느 정도 성령이 임재가 되면 "내가 나사렛 예수 이름으로 명하노니 인후염을 일으키는 질병의 영은 정체를 밝힐지어다.""인후염을 일으키는 질병의 영은 떠나갈지어다.""인후는 깨끗하여 질지어다.""인후는 정상으로 회복될지어다."

2) 순환기 질환

① 고혈압: 고혈압환자는 혈통으로 대물림되는 경우가 많으므로 환자와 대화하여 대물림이라면 대물림을 치유하는 영적인 조치를 취해야 한다. 환자에게 호흡을 들이쉬고 내쉬라고 하라. 사역자는 성령의 임재를 요청하라. 성령이여 임하소서. 어느 정도 성령이 임재가 되면 "내가 나사렛 예수 이름으로 명하노니 고혈압을 일

으키는 질병의 영은 떠나갈지어다." "혈압은 정상으로 회복될지어다." "심장은 튼튼해질지어다." 대물림되는 고혈압의 경우 대물림의 영을 축사하라.

② 동맥경화: 환자에게 호흡을 들이쉬고 내쉬라고 하라. 사역자는 성령의 임재를 요청하라. 성령이여 임하소서. 어느 정도 성령이 임재가 되면 "내가 나사렛 예수 이름으로 명하노니 동맥을 경화시키는 질병의 영은 떠나갈지어다." "혈관이 깨끗해지고 피는 맑아질지어다." "심장은 튼튼해져 피를 깨끗하게 만들어낼지어다."

③ 뇌일혈: 환자에게 호흡을 들이쉬고 내쉬라고 하라. 사역자는 성령의 임재를 요청하라. 성령이여 임하소서. 어느 정도 성령이 임재가 되면 "내가 나사렛 예수 이름으로 명하노니 뇌일혈을 일으키는 질병의 영은 떠나갈지어다." "뇌의 혈관은 깨끗하여 질지어다." "뇌에 맑은 피와 산소가 공급될지어다."

④ 협심증: 환자에게 호흡을 들이쉬고 내쉬라고 하라. 사역자는 성령의 임재를 요청하라. 성령이여 임하소서. 어느 정도 성령이 임재가 되면 "내가 나사렛 예수 이름으로 명하노니 심장에 문제를 일으켜서 협심증을 일으키는 질병의 영은 떠나갈지어다." "심장과 혈관은 확장될지어다." "심장은 튼튼해질지어다." "피가 원활하게 공급될지어다."

⑤ 심계항진: 환자에게 호흡을 들이쉬고 내쉬라고 하라. 사역자는 성령의 임재를 요청하라. 성령이여 임하소서. 어느 정도 성령이 임재가 되면 "내가 나사렛 예수 이름으로 명하노니 심계항진의 질

병의 영은 떠나갈지어다." "혈압은 정상으로 회복될지어다." "심장은 튼튼해질지어다."

⑥ 심장판막증: 환자에게 호흡을 들이쉬고 내쉬라고 하라. 사역자는 성령의 임재를 요청하라. 성령이여 임하소서. 어느 정도 성령이 임재가 되면 "내가 나사렛 예수 이름으로 명하노니 심장에 판막증을 일으키는 질병의 영은 떠나갈지어다." "심장은 정상으로 회복될지어다." "심장은 튼튼해질지어다."

⑦ 부정맥: 환자에게 호흡을 들이쉬고 내쉬라고 하라. 사역자는 성령의 임재를 요청하라. 성령이여 임하소서. 어느 정도 성령이 임재가 되면 "내가 나사렛 예수 이름으로 명하노니 심장에 문제를 일으켜서 맥박이 부정확하게 하는 질병의 영은 떠나갈지어다." "맥박은 정상으로 회복될지어다." "심장은 정상으로 화복될지어다." "심장이 강심장이 될지어다."

⑧ 빈혈: 내가 지금까지 신유사역을 하면서 체험한 바로는 빈혈 환자의 대다수가 태아 때나 유아시절에 충격적인 상처를 받은 분들이 어른이 되어 빈혈로 고생을 많이 했다. 고로 빈혈 환자는 지속적으로 내적치유를 받아 상처를 치유해야 한다. 상처가 치유되면 빈혈은 쉽게 치유가 되었다. 안수기도는 환자에게 호흡을 들이쉬고 내쉬라고 하라. 사역자는 성령의 임재를 요청하라. 성령이여 임하소서. 어느 정도 성령이 임재가 되면 "내가 나사렛 예수 이름으로 명하노니 빈혈을 일으키는 질병의 영은 떠나갈지어다." "피는 정상으로 공급될지어다." 다시 말하면 내가 지금까지 빈혈환자

를 치유하여 본 결과 태아시절에나 유아시절에 상처를 받아 심장이 약한 분들이 많았다. 그러므로 빈혈환자는 반드시 내적치유를 받아야 한다.

⑨목과 어깨 근육통의 치유. 목이나 어깨통증이나 근육통으로 고생하는 크리스천들이 많이 있다. 필자가 그동안 치유 사역을 하면서 체험한 바로는 조상 중에 무당에 관련된 일을 했거나, 무당 이였거나 이방신을 지극정성으로 섬긴 조상이 있는 크리스천이 각종 통증으로 고생을 많이 했다. 중학생이 등과 허리 통증으로 잠을 제대로 자지 못하면서 고생하는 분들이 있다. 그런데 알고 보면 무지해서 당하는 고통이다. 환자 안에서 성령의 역사가 일어나면 순간 치유되기 때문이다. 이들의 치유는 반드시 성령으로 세례를 받고, 마음 안에 있는 성전에서 성령으로 분출되는 구송기도나 방언 기도하여 성령으로 지배되고 장악되면 쉽게 치유가 되었다.

성령께서 장악하여 잠재의식에 역사하는 혈통에 흐르는 영들이 떠나가면서 치유가 되었다. 치유하는 비결을 통증부위에 손을 얹고 환자에게 호흡을 들이쉬고 내쉬면서 기도하라고 하면 성령의 역사가 환자를 장악한다. 성령께서 장악이 되면서 환자 안에서 분출되는 성령의 역사로 혈통에 흐르는 영들이 떠나가는 것이다. 성령께서 환자를 장악하는 시간이 필요함으로 몇 시간에서 수일, 몇 주가 소요되기도 하니 급하게 서두르지 말아야 할 것이다.

16장 소화기질병 순간치유 사역 기술

(막10:51-52)"예수께서 일러 가라사대 네게 무엇을 하여주기를 원하느냐 소경이 가로되 선생님이여 보기를 원하나이다. 예수께서 이르시되 가라 네 믿음이 너를 구원하였느니라 하시니 저가 곧 보게 되어 예수를 길에서 좇으니라."

예수님의 사역에는 항상 치료의 역사가 따랐다. 예수님 죄 사함 따로 하시고 병 고침 따로 하신 적이 없다. 주님 계신 곳에는 항상 죄 사함과 병 고침은 손과 손을 마주잡고 같이 나타나신 것이다. 예수님의 소문을 들은 수많은 사람들이 귀신들린 사람 각종 앓는 사람을 데리고 왔다. 주님이 말씀으로 귀신 쫓아내시고 병든 자들을 다 고쳤다. 한사람도 남김없이 다 고쳤다. 주님을 간절히 찾고 나오는 모든 죄인을 다 용서하신 것같이 주님을 간절히 찾고 나오는 모든 병든 자는 주님 다 고치신 것이다. 예수님께서 천국 복음에는 반드시 병 고침이 따른다는 것을 보여주신 것이다. 천국복음의 기초는 치료에 있다는 것을 주님께서 보여주신 것이다. 이제 우리가 이일을 해야 한다. 신유는 지나간 시대에 있었던 일이 아니다. 지금 현재 진행형이다. 신유의 능력을 배양하자. 주님이 우리에게 위탁한 성스러운 일을 하자.

첫째, 실제적인 치유기도. 나는 거의 비슷한 경우이지만 일반적으로 설교를 한 연후에 찬양을 한곡 이상하고 통성기도를 뜨겁게 하도록 인도한다. 기도가 뜨거워지면 내려가서 일일이 공개적으로 젖는 안수하여 치유한다. 특이 환자는 강단 앞으로 나와서 교회의 형편을 따라 서거나 앉게 하여 먼저 성령님의 임재와 기름부음 그리고 치유를 간구하고 머리에 안수하므로 치유한다. 이때 개인의 형편을 물을 시간적인 여유가 없기에 초청의 내용과 부합된 줄로 알고 기도한다.

일일이 머리에 안수하여 "성령님 임하여 주옵소서" "○○질병을 사로잡아 주시옵소서." "주님의 보혈을 ○○성도의 환부에 붓고 뿌리노니 괴롭히는 ○○병은 즉시 떠나갈 지어다." "예수의 이름으로 명하노니 이 원수마귀 병마야 너는 한길로 들어왔다가 일곱 길로 물러가라."고 명령하며 일일이 안수 기도를 한다. 참고로 우는 사람은 그대로 두라. 절제시키지 말고 계속 울다가보면 묶임이 풀린다. 어느 정도 절제가 된 후에 명령하라. 지금 이렇게 울도록 조정한 악한 영을 떠나가라. 명령하면 기침이나 하품으로 떠나간다. 성령이 임재된 상태라 명령하는 대로 역사하며 치유가 잘 된다.

둘째, 치유가 일어나는 영적원리.

1) **쌍방간에 믿음으로 역사 한다.** 예수님도 믿음 있는 것을 보고 고쳐주셨다. 믿음이 있어야 치유가 되기 때문이다. "예수께서

머물러 서서 그들을 불러 이르시되 너희에게 무엇을 하여 주기를 원하느냐, 이르되 주여 우리의 눈 뜨기를 원하나이다. 예수께서 불쌍히 여기사 그들의 눈을 만지시니 곧 보게 되어 그들이 예수를 따르니라(마 20:32-34)"

성령이 지시하시는 어떤 흐름, 원하시는 의도대로 환자의 가운데로 나가셨다. 그리고 그 사람의 인격에 맞게, 성령의 주권에 맞게 역사하셨다. 치유를 받으려면 환자가 믿음이 있어야 한다. 그런데 믿음이 있는가, 무엇을 보고 아는가? 본인의 입술의 고백과 본인의 믿음의 행위와 성령의 계시로 아는 것이다.

사역자가 성령의 임재 하에 담대하게 명령하는 입술의 선포는 환부에 생기가 들어간다. 한부에 생기 즉 생명이 들어가 사망을 몰아내니 치유가 되는 것이다. 신유 사역을 받기 원하는 사람은 믿음을 달라고 기도하라. 항상 저의 믿음 없는 것을 도와주소서. 하며 기도하라. 그리고 믿음으로 성령님의 역사를 바라보라. 믿음의 주요 온전케 하시는 예수를 바라보라. 우리는 항상 예수님에게 집중해야 한다. 그러면 성령이 역사하여 치유하신다. 성령께서 구한 데로 주시려고 불로 임하셨다.

에스겔 골짜기 생기야 들어가라. 마른 뼈가 일어났다. 나사렛 예수 이름으로 일어나 걸어라. 나는 걷지 못하겠지만 목사님의 말씀과 성령의 능력을 의지해서 걷겠나이다. 그리고 걸어야 묶임이 풀리는 것이다. 치유는 성령의 권능으로 묶임을 푸는 것이다. "베드로가 이르되 은과 금은 내게 없거니와 내게 있는 이것을 네게 주노니 나사렛 예수 그리스도의 이름으로 일어나 걸으라 하고 오른손을 잡아 일으키니 발과 발목이 곧 힘을 얻고 뛰어 서서 걸으며 그들과 함께 성전으로 들어가면서 걷기도 하고 뛰기도 하며 하나님을 찬송하니(행 3:6-8)"

우리는 이 영적인 원리를 가지고 신유사역을 하는 것이다. 성령의 권능이 순간 환부에 들어가니 묶인 것이 순간에 풀려서 치유되는 원리이다. 영에 계신 성령께서 하시는 명령을 혼과 육체가 듣고 순종하니 치유되는 것이다. 초자연적인 성령님의 권위에 순종할 때 치유가 일어나는 것이다. 당신도 이 원리를 터득하여 신유 사역 시 적용하라.

2) 치유는 이렇게 일어난다. 신유에 말씀을 깨닫는 순간 그 통로를 통해서 신유의 영이 들어온다. 말씀을 듣는데 갑자기 성령이 감동하기를 "오늘 네 병이 치유된다." "네 병이 나았다." 이것을 믿으면 자신의 병이 치유가 된다는 것이다. 신유사역자가 환자의 특정 질병을 안수하는데 성령께서 "이 병이 치유되었다."하고 감동하신다. 그러면 환자에게 물어보면 아프지 않다고 대답한다. 그리고 강단에서 사역자가 선포하는 것을 믿는 믿음으로 치유가 일어난다. 예를 든다면 성령께서 이렇게 감동하신다. "이 시간은 뼈와 신경에 관한 질병을 치유한다." 그러면 신유사역자가 "이 시간 성령께서 뼈와 관절의 질병을 치유하십니다." 이렇게 선포하고 뼈와

관절의 질병을 치유 받겠다고 나오면 환부에 안수하라. 그러면 그 믿음을 보시고 치유가 일어난다. 나오는 사람을 치유하면 100% 치유가 된다.

신유의 영에 의한 영감에 의해서 치유된다. 감동에 의해 치유의 영이 임하심이 느껴진다. 안수를 할 때나 기도할 때 성령께서 감동을 주신다. 사역자와 피사역자에게 공동으로 성령께서 감동을 주신다. 이때는 담대하게 선포하고 행동에 옮겨야 치유가 된다. 성령의 임재와 터치에 의해서 치료가 된다. 묶인 것이 풀어지므로 치유가 일어난다. 성령이 치료의 영이라는 것을 믿어라. 아픈 곳에 성령의 임재를 요청하여 기도하라. 명령하라. 권세를 주장함으로 혼과 육이 복종함으로 치유가 된다. 하나님의 권세는 우주적이다. 주님이 우리에게 복음으로 하나님의 권세를 주셨다. 예수님의 권세는 사망권세를 깨뜨리는 권세이다. 초자연적인 권세이다.

이 권세는 세상 모든 만물이 예수님의 음성을 듣고 움직여야 하는 권세이다. 반대로 마귀는 허풍쟁이다. 힘이 없다. 왜냐하면 예수님이 십자가에서 다 깨뜨렸다. 마귀도 하나님의 법을 지켜야한다. 하나님의 법은 권세이다. 성도는 영이 성령으로 육과 혼에 명령할 권세를 가지고 있다. 예수 이름으로 권세를 주장하면 병이 도망가야 한다. 병이 나아야 한다. 열병아! 질병아! 권세로 명령하라. 세포 마디마디, 신경, 인대, 디스크는 정상으로 돌아와라. 이렇게 권세를 주장하라.

축귀를 통해 사망이 빠져나가고 생명이 공급되므로 치유된다. 둘을 병행해야 빨리 치유된다. 신유와 축귀는 연결이 된다. "그 때에 귀신 들려 눈 멀고 말 못하는 사람을 데리고 왔거늘 예수께서 고쳐 주시매 그 말 못하는 사람이 말하며 보게 되지라(마12:22)"

강한 신유는 축귀와 연결된다. 축귀를 통하여 사망이 빠져나가고 생명이 자리하니 질병이 치유되는 것이다.

셋째, 질병치유와 죄 회개와의 관계. 질병은 죄와 밀접한 관계가 있다. 모든 병이 다 그렇다고 할 수는 없지만 죄는 병을 일으키기도 한다. 죄를 지으면 사람의 혈액이 탁해진다. 생체 실험에서 판명된 것 중에 신경질적인 사람이 혈기가 심하게 끓어오를 때 피를 채혈하여 보니 4분 만에 응고되었는데, 편안한 사람이 기뻐할 때의 피를 채혈에 보니 12분 만에 응고되었다고 한다. 그러므로 사람은 평소에 분노, 혈기, 신경질, 포악함 등의 감정을 갖지 말고 죄를 회개하고 평안하고, 기쁜 마음을 가질 때에 온갖 질병이 치유된다는 것이 증명되었다. 그래서 말씀과 성령으로 치유하여 심령을 평안하게 유지하면 질병이 발생하지 않고 건강하게 지낼 수가 있다.

넷째, 소화기 질병의 치유기도. 신유사역자는 질병치유 안수기도에 앞서서 질병이 발생한 원인을 찾아야 한다. 원인을 찾아서 해결해야 완치가 되는 것이다. 예를 든다면 "무슨 질병은 예수 이름으로 떠나가라." "더러운 귀신은 예수 이름으로 명하노니 떠나가라." 이렇게 하는 사역은 3차원의 사역이다. 우리는 5차원의 사역을 해야 한다. 5차원의 사역은 원인을 진단하고 환자의 영성을 개발하여 의지를 발동하게 하여 근본을 치유하는 것이다. 그리고 환자가 스스로 일어서도록 영적 자립능력을 길러주는 것이다.

1) **소화기 질환:** 신유기도를 할 때 항상 관심을 가져야 할 것은 환부와 연결된 중추신경에 관심을 가져야 한다. 중추신경이 압박을 당하므로 질병이 생기는 경우가 많기 때문이다.

① 위궤양: 환자에게 호흡을 들이쉬고 내쉬라고 하라. 사역자는 환부에 손을 얹고 환부에 성령의 임재를 요청하라. 성령이여 임하소서. 어느 정도 성령이 임재가 되면 "내가 나사렛 예수 이름으로 명하노니 위궤양을 일으키는 질병의 영은 떠나갈지어다." "위장은 정상으로 회복될지어다." "위장은 튼튼해질지어다."

② 위하수: 환자에게 호흡을 들이쉬고 내쉬라고 하라. 사역자는 환부에 손을 얹고 환부에 성령의 임재를 요청하라. 성령이여 임하소서. 어느 정도 성령이 임재가 되면 "내가 나사렛 예수 이름으로 명하노니 위하수를 일으키는 질병의 영은 떠나갈지어다." "위장은 정상으로 회복될지어다." "위장은 튼튼해질지어다."

③ 황달: 환자에게 호흡을 들이쉬고 내쉬라고 하라. 사역자는 간에 손을 얹고 환부에 성령의 임재를 요청하라. 성령이여 임하소서. 어느 정도 성령이 임재가 되면 "내가 나사렛 예수 이름으로 명하노

니 황달을 일으키는 질병의 영은 떠나갈지어다." "황달을 일으키는 질병의 근원은 정체를 밝힐 지어다." "간장은 정상으로 회복될지어다." "간장은 튼튼해질지어다."

④ 간장염: 환자에게 호흡을 들이쉬고 내쉬라고 하라. 사역자는 환부에 손을 얹고, 환부에 성령의 임재를 요청하라. 성령이여 임하소서. 어느 정도 성령이 임재가 되면 "내가 나사렛 예수 이름으로 명하노니 간장염을 일으키는 질병의 영은 떠나갈지어다." "간장은 정상으로 회복될지어다." "간장은 튼튼해질지어다." "간장은 제 기능을 발휘할지어다."

⑤ 췌장염: 환자에게 호흡을 들이쉬고 내쉬라고 하라. 사역자는 환부에 손을 얹고, 환부에 성령의 임재를 요청하라. 성령이여 임하소서. 어느 정도 성령이 임재가 되면 "내가 나사렛 예수 이름으로 명하노니 췌장염을 일으키는 질병의 영은 떠나갈지어다." "췌장은 정상으로 회복될지어다." "췌장은 튼튼해질지어다." "췌장은 인슐린을 정상으로 분비할지어다."

⑥ 담석증: 환자에게 호흡을 들이쉬고 내쉬라고 하라. 사역자는 환부에 손을 얹고, 환부에 성령의 임재를 요청하라. 성령이여 임하소서. 어느 정도 성령이 임재가 되면 "내가 나사렛 예수 이름으로 명하노니 담석증을 일으키는 질병의 영은 떠나갈지어다." "담석은 부수어질지어다." "담낭은 튼튼해질지어다." "담낭은 정상으로 회복될지어다."

⑦ 간염: 환자에게 호흡을 들이쉬고 내쉬라고 하라. 사역자는 환부에 손을 얹고, 환부에 성령의 임재를 요청하라. 성령이여 임하소서. 어느 정도 성령이 임재가 되면 "내가 나사렛 예수 이름으로 명하노니 간염을 일으키는 질병의 영은 정체를 밝힐지어다.""간의 염증은 없어질지어다.""간의 수치는 정상으로 회복될지어다.""간은 튼튼해질지어다.""간은 정상으로 회복될지어다."

⑧ 지방간: 환자에게 호흡을 들이쉬고 내쉬라고 하라. 사역자는 환부에 손을 얹고, 환부에 성령의 임재를 요청하라. 성령이여 임하소서. 어느 정도 성령이 임재가 되면 "내가 나사렛 예수 이름으로 명하노니 간에 있는 지방은 녹아내릴지어다.""지방간을 일으키는 질병의 영은 정체를 밝힐지어다.""지방간을 일으키는 질병의 영은 떠나갈지어다.""간은 정상으로 회복될지어다."

⑨ 간경화: 간경화는 복수가 차는 것이 보통이다. 간경화의 원인을 진단하고 치유안수를 하라. 환자에게 호흡을 들이쉬고 내쉬라고 하라. 사역자는 환부에 손을 얹고, 환부에 성령의 임재를 요청하라. 성령이여 임하소서. 어느 정도 성령이 임재가 되면 "내가 나사렛 예수 이름으로 명하노니 간경화를 일으키는 질병의 영은 정체를 밝힐지어다.""복수는 소변으로 대변으로 배출될지어다.""간장은 정상으로 회복될지어다.""간장은 튼튼해질지어다.""간장은 정상기능을 발휘할지어다."

⑩ 간암: 간암환자는 성령으로 완전하게 장악이 되어야 한다. 그

러므로 성령이 장악할 수 있는 상당한 기간을 두고 치유사역을 받고 해야 한다. 안수 한번 받아서 나으려고 생각하면 안 된다. 환자에게 호흡을 들이쉬고 내쉬라고 하라. 사역자는 환부에 손을 얹고, 환부에 성령의 임재를 요청하라. 성령이여 임하소서. 어느 정도 성령이 임재가 되면 "내가 나사렛 예수 이름으로 명하노니 간염을 일으키는 질병의 영은 정체를 밝힐지어다." "간장은 정상으로 회복될지어다." "간장은 튼튼해질지어다." "간장은 정상기능을 발휘할지어다." 주의해야 할 것은 간에는 신경선이 통하지 않으므로 간에 질병의 내력이 있는 가문은 수시로 간의 건강상태를 확인 하는 것이 좋다. 무슨 이야기인가, 간에 질병이 생겨도 간자체로는 알지를 못한다는 것이다. 다른 장기에 질병이 있어서 검사를 한 결과 간에 질병이 있는 것을 아는 경우가 많이 있다. 이때는 간은 심각한 수준에 이른 경우가 보통이다.

⑪ 치질: 치질환자는 대변에 피가 섞여 나온다. 안수기도를 하면 치질이 물러 터져서 피가 더 많이 나올 수가 있다. 그러나 환자나 사역자나 놀랄 필요가 없다. 조금 지나면 지혈이 되고 치유가 된다. 환자에게 호흡을 들이쉬고 내쉬라고 하라. 사역자는 환부(꼬리뼈)에 손을 얹고, 환부에 성령의 임재를 요청하라. 성령이여 임하소서. 어느 정도 성령이 임재가 되면 "내가 나사렛 예수 이름으로 명하노니 치질을 일으키는 질병의 영은 떠나갈지어다." "치질은 치유될지어다." "깨끗하게 치유될지어다."

⑫ 변비: 변비 환자는 배변을 할 수 있는 조치를 취한 다음에 안수 기도를 하라. 그리고 변비 환자는 대부분이 심장이 약한 사람들이 많이 걸린다. 그러므로 심장을 강하게 하는 안수기도도 병행하여 하라. 환자에게 호흡을 들이쉬고 내쉬라고 하라. 사역자는 아래 배에 손을 얹고, 성령의 임재를 요청하라. 성령이여 임하소서. 어느 정도 성령이 임재가 되면 "내가 나사렛 예수 이름으로 명하노니 변비는 치유될지어다." "변비는 쏟아질지어다." "장은 정상기능을 발휘할지어다." "심장도 튼튼해질지어다." "장은 정상으로 회복될지어다." "장은 튼튼해질지어다."

⑬ 비만: 변비로 비만이 생기기도 한다. 환자에게 호흡을 들이쉬고 내쉬라고 하라. 사역자는 환부(배)에 손을 얹고, 성령의 임재를 요청하라. 성령이여 임하소서. 어느 정도 성령이 임재가 되면 "내가 나사렛 예수 이름으로 명하노니 비만을 일으키는 질병의 영은 정체를 밝힐지어다." "혈액순환은 원활하게 될지어다." "스트레스는 없어질지어다." "변비도 치유될지어다." "심장도 건강해질지어다." "장은 정상으로 회복될지어다." "비만은 치유될지어다."

17장 부인과 질환의 순간치유 사역 기술

(출15:26)"이르시되 너희가 너희 하나님 나 여호와의 말을 들어 순종하고 내가 보기에 의를 행하며 내 계명에 귀를 기울이며 내 모든 규례를 지키면 내가 애굽 사람에게 내린 모든 질병 중 하나도 너희에게 내리지 아니하리니 나는 너희를 치료하는 여호와임이라"

성경에는 주님께서 당신을 치료하는 하나님이라는 것을 계시하셨다. 너희가 내 말에 귀 기울이고 내 앞에 의롭게 살고 나의 율례와 계명을 지키면 내가 애굽 사람에게 내린 모든 질병의 하나도 너희에게 내리지 아니하리니 나는 너희 병을 치료하는 여호와라고 했다. 이스라엘 백성이 광야를 지나는데 몸이 병들거나 약하면 그는 광야로 갈 수가 없다. 인생을 살아가는데 돈을 잃으면 조금 잃은 것이다. 명예를 잃은 것이면 꽤 많이 잃은 것이지만 건강을 잃어버리면 다 잃어버린 것이다.

우리가 건강 없이 몸이 병들면 아버지 노릇도 어머니 노릇도 못한다. 남편 아내의 일도 할 수 없다. 이 세상에 시민으로서의 건전한 삶을 살아갈 수 없다. 건강은 우리의 삶에 가장 기본적인 요소인 것이다. 건강은 건강할 때 지켜야 한다. 그렇기 때문에 사람들은 건강에 대한 어마어마한 관심을 가지고 있는 것은 삶의 바탕이 그것이기 때문인 것이다. 우리가 이 광야 같은 세상에서 성공적인 크리스천 생활을 하려고 할 때 우리 하나님께서 말씀하기를 내가 너와 같이 하여 너를 치료하는 하나님이 되어 주겠다고 말씀하신 것이다.

첫째, 부인과 계통의 질병. 부인과 계통의 질병은 자궁질환, 난소종양, 자궁 근종, 나팔관 이상 증, 냉증, 대하증, 월경불순, 불임증, 산후 통, 산후요통, 산후 풍, 자궁 내막염, 갱년기장애, 입덧, 자궁암 등이 있다. 진단방법은 여자들 배꼽 아래 3,4cm 속이 자궁의 중심부이다. 자궁 중심부에서 좌우로 4,5cm쯤 난소가 있고 난소에서 자궁으로 연결된 나팔관, 난소에서 생산되는 난자의 통로이다.

자세하고 정확한 질병진단은 X-Ray 사진이나 MRI검진이나 정밀한 진단을 해야 하겠지만, 본인이 자궁 부위를 눌러 보아, 통증이 심하면 자궁 내에 질병이 있는 증거이며, 자궁외부 좌우를 눌러보아, 어떤 응어리 같은 손에 만져지는 덩어리가 있으면 이를 물혹이라 하나. 자궁 쪽에 가까이 붙어 있으면 그 물 혹을 자궁 긍종이라 진단하고 난소 쪽에 붙어 있으면 대게 난소종양으로 진단한다. 부인과 계통의 질병이 있으면서 심장 기능 저하로 손발이 저리고 두통이 심하고 팔 다리에 신경통, 허리에 요통이 겸하여 나타나면 이를 산후 풍으로 진단한다. 머리부터 온몸에 통풍이 되도록 신경 계통의 치유가 되도록 안수 기도하고, 부인과 계통의 질병이 치유되도록 기도할 것이다. 치유기도를 하거나 성령의 강한 임재가 되면 피 덩어리가 빠져나오기도 한다. 우리 교회 집회 때 자주 있는 현실이다.

둘째, 부인과 질병의 치유기도 방법. 내가 그동안 치유사역을 하면서 임상적으로 터득한 결과로 부인과 질환의 환자의 대다수가 골반이 틀어져서 중추 신경 중에 요추를 압박하여 생기는 경우가 대다수였다. 그리고 대물림이 되는 경우도 있었다. 그러므로 치유안수를 하기 전에 환자의 골반의 상태를 점검한 다음에 치유 사역에 들어가라. 골반의 상태를 진단하려면 일단 환자를 편안하게 눕게 하여 점검하라. 만약에 골반이 틀어져 있으면 골반을 정상으로 맞추는 기도를 한 다음에 부인과 질환의 질병에 대한 안수 사역을 하라.

① 자궁위치이상: 환자에게 호흡을 들이쉬고 내쉬라고 하라. 사역자는 자궁위치이상은 골반이 틀어져 있어서 생기는 경우가 많으므로 골반을 맞추는 기도를 한 다음에 환부에 손을 얹고, 환부에 성령의 임재를 요청하라. 성령이여 임하소서. 어느 정도 성령이 임재가 되면 "내가 나사렛 예수 이름으로 명하노니 자궁은 정상으로 돌아올지어다." "자궁은 정상으로 돌아올지어다."

② 자궁근종: 자궁근종의 성령의 깊은 임재가 되어야 한다. 상당한 시간동안 성령의 불세례를 체험하여 성령이 완전하게 장악이 되면 자궁근종이 치유되어 빠져나온다. 환자에게 호흡을 들이쉬고 내쉬라고 하라. 사역자는 환부에 손을 얹고, 환부에 성령의 임재를 요청하라. 성령이여 임하소서. 어느 정도 성령이 임재가 되면 "내가 나사렛 예수 이름으로 명하노니 자궁근종은 녹아내릴지어다. 근종을 깨어질지어다." "예수 이름으로 명하노니 자궁근종은 빠져나올지어다." 담대하게 명령하라. 그러면 즉시로 화장실로 가서 자궁근종이 피와 함께 배출되는 환자도 있다.

③ 난소종양: 환자에게 호흡을 들이쉬고 내쉬라고 하라. 사역자는 환부에 손을 얹고, 환부에 성령의 임재를 요청하라. 성령이여 임하소서. 어느 정도 성령이 임재가 되면 "내가 나사렛 예수 이름으로 명하노니 난소종양은 치유될지어다." "난소종양을 일으키는 질병의 영은 떠나갈지어다." "난소는 정상으로 회복될지어다." "난소는 튼튼해질지어다."

④ 대하증: 환자에게 호흡을 들이쉬고 내쉬라고 하라. 사역자는 환부에 손을 얹고, 환부에 성령의 임재를 요청하라. 성령이여 임하소서. 어느 정도 성령이 임재가 되면 "내가 나사렛 예수 이름으로 명하노니 대하증을 일으키는 질병의 영은 떠나갈지어다." "자궁은 정상으로 회복될지어다." "자궁은 튼튼해질지어다." "자궁은 깨끗하여 질지어다."

⑤ 냉증: 환자에게 호흡을 들이쉬고 내쉬라고 하라. 사역자는 환부에 손을 얹고, 환부에 성령의 임재를 요청하라. 성령이여 임하소서. 어느 정도 성령이 임재가 되면 "내가 나사렛 예수 이름으로 명하노니 냉증은 치유될지어다." "냉증을 일으키는 질병의 영은 떠나갈지어다." "자궁은 성령의 불로 뜨거워질지어다." 내증이 있는 환자는 상처로 인하여 심장이 약한 경우가 많다. 그러므로 심장이 강심장이 되고, 혈액순환이 잘되라고 기도하라. 성령의 불세례를 장기간 체험하면 몸의 체질이 바뀐다. 그러면 냉증과 대하증도 같이 치유된다.

⑥ 월경불순: 골반이 틀어져서 월경불순이 오는 경우가 있다. 환자에게 호흡을 들이쉬고 내쉬라고 하라. 사역자는 환부에 손을 얹

고, 환부에 성령의 임재를 요청하라. 성령이여 임하소서. 어느 정도 성령이 임재가 되면 "내가 나사렛 예수 이름으로 명하노니 월경불순을 일으키는 질병의 영은 정체를 밝힐지어다." "냉증은 치유될지어다." 틀어진 골반과 요추를 맞추어 주어야 한다.

⑦ 월경통증: 골반이 틀어져서 월경통증이 오는 경우가 있다. 이때에는 골반 맞추기를 한 후에 환자에게 호흡을 들이쉬고 내쉬라고 하라. 사역자는 환부에 손을 얹고, 환부에 성령의 임재를 요청하라. 성령이여 임하소서. 어느 정도 성령이 임재가 되면 "내가 나사렛 예수 이름으로 명하노니 월경 통증을 일으키는 질병의 영은 떠나갈지어다." "자궁의 모든 기능은 정상으로 회복될지어다." "자궁은 튼튼해질지어다." "심장은 튼튼해질지어다. 혈액 순환은 잘 될지어다." "골반은 정상으로 회복될지어다."

⑧ 불임증: 환자에게 호흡을 들이쉬고 내쉬라고 하라. 사역자는 환부에 손을 얹고, 환부에 성령의 임재를 요청하라. 성령이여 임하소서. 어느 정도 성령이 임재가 되면 "내가 나사렛 예수 이름으로 명하노니 태문을 막고 있는 더러운 영은 떠나갈지어다." "예수 이름으로 명하노니 태문은 열릴지어다." "잉태의 축복이 임할지어다." "생육하고 번성하는 복이 임할지어다." "태문이 열려서 잉태하는 축복을 체험할지어다." 지속적으로 안수를 받아야 한다.

⑨ 입덧: 입덧은 상처가 많거나 영적으로 혼탁한 경우 입덧이 심할 수 있다. 내적치유를 하고 기도를 해야 할 것이다. 환자에게 호흡을 들이쉬고 내쉬라고 하라. 사역자는 환부에 손을 얹고, 환부에 성령의

임재를 요청하라. 성령이여 임하소서. 어느 정도 성령이 임재가 되면 "내가 나사렛 예수 이름으로 명하노니 입덧을 일으키는 질병의 영은 정체를 밝힐지어다." "입덧은 치유되어 정상으로 회복될지어다."

⑩습관적인 유산: 요즈음 결혼이 늦어지면서 습관적인 유산으로 고통당하는 분들이 많다. 필자가 병원에 능력전도를 다닐 때의 일이다. 산부인과 병동에는 남자가 마음대로 들어갈 수가 없다. 문밖에 서서 여기 목사님에게 안수 받고 싶은 분이 없습니까? 하고 소리를 했더니 저 안쪽에서 "저요. 잠시만 기다리세요. 들어오세요." 해서 들어갔다. 자초지종을 들어보니 나이가 33세인 여성이었다. 자기는 지금까지 임신 3개월에 3번째 유산을 하다가 이번에 임심하여 2개월이지나 3개월이 되려고 하니 유산 끼가 있어서 입원을 했다는 것이다. 그녀의 말에 의하면 전에 다니던 교회에서 기도 많이 하고 능력이 있다는 권사가 하는 말이 기도하면 유산이 되지 않는 다고 하여 교회에서 철야 기도하다가 유산이 되어버렸다는 것이다. 교회에 이러한 샤머니즘의 잔재가 빨리 없어져야 한다. 그래서 기도에 대하여 상당한 거부감을 가지고 있었다. 필자가 이렇게 말했다. 무조건 기도한다고 유산이 되지 않는 것이 아니고, 성령으로 원인을 제거하면서 기도해야 된다고 말했다. 그러면서 안수를 해주었다. 2회에 걸쳐서 안수기도를 해주었는데 하나님의 은혜로 예쁜 딸을 출산하였다. 습관적인 유산에는 분명하게 원인이 있다. 그녀의 말에 의하면 임신하고 2개월이 지나면 유산이 되면 어쩌나 하면서 슬슬 두려움이 찾아온다는 것이다. 안수하여 잠재의식에서 올라오는 두

려움을 치유하면 유산이 되지 않는 것이다.

　다른 사례를 첫 째를 7달에 해산을 했는데 둘째도 6개월이 되니까, 자궁이 열리기 시작하다가 안수기도로 10개월 되어 정상 분만한 사례이다. 필자의 성도인데 주일날 교회를 나오지 않는 것이다. 그래서 월요일 날 집을 방문하여 확인한 결과 산부인과에 갔더니 조산 끼가 있다고 꼼작하지 말고 집에서 쉬라고 했다는 것이다. 본이 하는 말이 아기가 자궁 아래로 내려 앉아다는 것이다. 그래서 안수기도를 해주고 돌아왔다. 다시 목요일 날 방문했더니 아기가 다시 위로 올라 앉아다는 것이다. 필자가 눈으로 보더라도 지난 월요일과 확연하게 다르다는 것을 알 수가 있었다. 본인이 하는 말이 산부인과에 가서 확인하기 위하여 금요일 날 예약을 했다는 것이다. 그리고 주일날 밝은 모습으로 교회를 나왔다. 초음파를 보고 산부인과 의시가 하는 말이 아기가 정상적으로 자궁에 안착하고 있다는 것이다. 아무 일없이 지내다가 정확하게 10달을 채우고 출산을 하였다. 유산은 두려움과 습관적이라고 볼 수가 있다. 안수 기도하여 두려움을 제거하면 되는 것이다.

셋째, 기타 질환의 치유기도 방법

　① 류머티즘: 환자에게 호흡을 들이쉬고 내쉬라고 하라. 사역자는 환부에 손을 얹고, 환부에 성령의 임재를 요청하라. 성령이여 임하소서. 어느 정도 성령이 임재가 되면 "내가 나사렛 예수 이름으로 명하노니 류머티즘을 일으키는 질병의 영은 떠나갈지어다.""뼈

마디 마디의 염증은 치유될지어다.""관절은 정상으로 회복될지어다." 류머티즘 환자는 장기적인 치유를 받아야 한다. 내적치유를 먼저 받고, 영적치유를 지속적으로 받아야 치유가 된다.

② 관절염: 환자에게 호흡을 들이쉬고 내쉬라고 하라. 사역자는 환부에 손을 얹고, 환부에 성령의 임재를 요청하라. 성령이여 임하소서. 어느 정도 성령이 임재가 되면 "내가 나사렛 예수 이름으로 명하노니 관절염을 일으키는 질병의 영은 떠나갈지어다.""관절은 정상으로 회복될지어다.""모든 관절은 정상으로 회복될지어다." "관절에 붙어있는 악한 영을 떠나갈지어다."

③ 견 통: 환자에게 호흡을 들이쉬고 내쉬라고 하라. 사역자는 환부에 손을 얹고, 환부에 성령의 임재를 요청하라. 성령이여 임하소서. 어느 정도 성령이 임재가 되면 목을 앞으로 뒤로 흔들면서 뭉친 근육을 풀어라. 성령의 불을 집어넣으면서 기도하라."내가 나사렛 예수 이름으로 명하노니 견통을 일으키는 질병의 영은 떠나갈지어다.""어깨 근육은 정상으로 회복될지어다."성령의 임재가 장악이 된다음에 치유 안수를 하면 현장에서 즉가 치유가 잘 된다.

④ 요통: 먼저 환자를 눕게 하라. 환자에게 호흡을 들이쉬고 내쉬라고 하라. 사역자는 환부에 손을 얹고, 환부에 성령의 임재를 요청하라. 성령이여 임하소서. 어느 정도 성령이 임재가 되면 골반을 돌려서 맞추면서 기도하라."내가 나사렛 예수 이름으로 명하노니 요통을 일으키는 질병의 영은 떠나갈지어다.""허리 통증은 떠나갈지어다.""요통을 일으키는 요인은 치유될지어다."

⑤ 경련: 환자에게 호흡을 들이쉬고 내쉬라고 하라. 사역자는 환부에 손을 얹고, 환부에 성령의 임재를 요청하라. 성령이여 임하소서. 어느 정도 성령이 임재가 되면 "내가 나사렛 예수 이름으로 명하노니 경련을 일으키는 질병의 영은 떠나갈지어다." "몸은 정상으로 회복될지어다." "심장은 튼튼해질지어다." 시간을 가지고 영적치유를 지속적으로 받아야 완치가 가능하다.

넷째, 열이 동반되는 병 치유기도 방법. 열이 동반되는 병은 먼저 안수 기도하여 열을 떨어뜨린 다음에 질병을 치유하라. "머리에 손을 얹고 열은 떨어진다. 예수 이름으로 명하노니 열은 떨어질지어다."라고 기도하면 금방 열이 떨어진다. 손을 머리에 얹고 "성령이여 임하소서. 예수 이름으로 명하노니 열은 떨어져라. 열은 떨어져라. 열은 떨어져라."하면서 잠시 기도하면 열이 떨어진다.

① 감기: 환자에게 호흡을 들이쉬고 내쉬라고 하라. 사역자는 머리에 손을 얹고, 성령의 임재를 요청하라. 성령이여 임하소서. 어느 정도 성령이 임재가 되면 "내가 나사렛 예수 이름으로 명하노니 감기는 치유될지어다. 감기는 떠나갈지어다." "열도 떨어지고 기침도 멈출지어다."

② 일본 가와사끼병: 환자에게 호흡을 들이쉬고 내쉬라고 하라. 사역자는 환부에 손을 얹고, 환부에 성령의 임재를 요청하라. 성령이여 임하소서. 어느 정도 성령이 임재가 되면 "내가 나사렛 예수 이름으로 명하노니 일본 가와사끼 병을 일으키는 질병의 영은 떠나

갈지어다.”“열은 떨어지고 정상으로 돌아올지어다.”

③ 당뇨합병증: 환자에게 호흡을 들이쉬고 내쉬라고 하라. 사역자는 환부에 손을 얹고, 환부에 성령의 임재를 요청하라. 성령이여 임하소서. 어느 정도 성령이 임재가 되면 “열은 떨어질지어다.”“내가 나사렛 예수 이름으로 명하노니 췌장염을 일으키는 질병의 영은 떠나갈지어다.”“췌장은 정상으로 회복될지어다.”“췌장은 튼튼해질지어다.”“췌장은 인슐린을 정상으로 분비할지어다.”

다섯째, 기타질병

① 아토피 피부병: 나는 그동안 아토피 피부병 환자를 다수 치유한 경험이 있다. 아토피 환자는 마음의 상처로 생긴다. 물론 물이 좋지 않고, 공기가 나빠서 생기기도 하지만, 평안하지 못한 마음의 상태가 되지않고 불안한 상태가 될 때 많이 발생한다. 내적치유를 해야 한다. 내적치유가 어느 정도 되면 특별하게 안수하지 않아도 모두 치유가 되었다. 안수 기도는 이렇게 하라. 사역자는 머리에 손을 얹고, 성령의 임재를 요청하라. 성령이여 임하소서. 어느 정도 성령이 임재가 되면 “내가 나사렛 예수 이름으로 명하노니 아토피 피부병은 치유될지어다.”“피부가 깨끗해질지어다.”“어린아이 피부와 같이 치유 될지어다”“피부가 깨끗하게 치유 될지어다”

② 입 돌아간 것: 입이 돌아갔으면 튀어져 나온 볼 쪽에 손을 얹고 안수하라. 환자에게 호흡을 들이쉬고 내쉬라고 하라. 사역자는 환부에 손을 얹고, 환부에 성령의 임재를 요청하라. 성령이여 임하

소서. 어느 정도 성령이 임재가 되면 "내가 나사렛 예수 이름으로 명하노니 돌아간 입은 정상으로 회복될지어다." "입을 돌아가게 한 질병의 영은 떠나갈지어다."

③ 눈 돌아 간 것: 손가락으로 눈을 살짝 누르면서 안수하라. 환자에게 호흡을 들이쉬고 내쉬라고 하라. 사역자는 환부에 손을 얹고, 환부에 성령의 임재를 요청하라. 성령이여 임하소서. 어느 정도 성령이 임재가 되면 "내가 나사렛 예수 이름으로 명하노니 돌아간 눈은 정상으로 돌아올지어다." "눈은 정상으로 회복될지어다."

④ 치통: 환자에게 호흡을 들이쉬고 내쉬라고 하라. 사역자는 환부에 손을 얹고, 환부에 성령의 임재를 요청하라. 성령이여 임하소서. 어느 정도 성령이 임재가 되면 "내가 나사렛 예수 이름으로 명하노니 치통을 일으키는 질병의 영은 떠나갈지어다."

⑤ 중풍: 중풍 환자는 먼저 마음의 맺힌 것을 풀어야 한다. 내적인 상처를 치유해야한다. 용서를 하게 한다. 본인이 의지를 가지고 일어서게 해야 한다. 상당한 시일이 걸리는 사역이다. 일단 환자에게 호흡을 들이쉬고 내쉬라고 하라. 사역자는 환부에 손을 얹고, 환부에 성령의 임재를 요청하라. 성령이여 임하소서. 어느 정도 성령이 임재가 되면 "내가 나사렛 예수 이름으로 명하노니 중풍을 일으키는 질병의 영은 떠나갈지어다." "몸은 정상으로 회복될지어다."

⑥ 산소 정리하고 병: 일부 성도들이 산소를 정리하고 돌아와 자리에 누워 일어나지 못하는 경우가 있다. 이것은 상처로 인한 것이다. 자신의 친족 중에 누가 갑자기 죽어 상처를 받았는데 완전하게

치유하지 못하여 무의식에 상처가 남아있을 수 있다. 그래서 산소를 정리하다가 보니 갑자기 자기의 무의식속에 있던 상처의 영향으로 감정이 동하여 일어나는 현상이다. 이는 내적치유를 하고 안수기도를 하면 금방치유가 된다.

⑦ 초상집에 같다 와서 생긴 병: 이경우도 산소 정리하고 일어난 병과 동일한 현상이다. 환자에게 호흡을 들이쉬고 내쉬라고 하라. 사역자는 머리에 손을 얹고, 성령의 임재를 요청하라. 성령이여 임하소서. 어느 정도 성령이 임재가 되면 "내가 나사렛 예수 이름으로 명하노니 초상집 다녀와서 일어나는 질병은 떠나갈지어다." "마음 속의 상처는 치유될지어다." "정상으로 회복될지어다."

결론적으로 치유안수기도는 그 때 그 때 성령의 인도에 따라 기도를 하라. 신유의 성공요소는 성령이 장악하게 하는 것이다. 성령이 장악하면 어떠한 질병이라도 순간에 치유가 된다. 안수기도는 성령의 인도를 받아가며 해야 한다. 성령이 어떻게 기도할 것인가 알려주기 때문이다. 치유는 전적으로 성령의 일이다. 사역자는 성령이 역사하도록 피 사역자의 마음의 문을 열게 하는 것이다. 사역자는 피 사역자와 성령님이 만나게 하는 일만하는 것이다. 피 사역자가 마음의 문을 열면 성령께서 질병을 치유하시는 것이다. 절대로 사역자가 치유하는 것이 아니다.

18장 안과 이비인후과 신경계질환 순간치유 사역

(약 5:15-16)"믿음의 기도는 병든 자를 구원하리니 주께서 저를 일으키시리라 혹시 죄를 범하였을지라도 사하심을 얻으리라 이러므로 너희 죄를 서로 고하며 병 낫기를 위하여 서로 기도하라 의인의 간구는 역사하는 힘이 많으니라"

하나님께는 소원이 있었다. 예수님께서 상함을 받아서 우리 질고를 당하는 것이 하나님의 소원이었다. 하나님이 얼마나 우리가 병앓는 것을 원치 않았기에 예수님 보시고 "네가 대신 상처 받으라. 그래서 내 소원을 이루어라. 모든 사람들 너를 믿고 나오는 사람마다 병에서 놓여남 받게 하기를 나는 소원한다"고 주님께서 말씀하신 것이다. 그러므로 우리는 잊지 말아야 될 것은 하나님께서 우리에게 베풀어 주신 은택을 무시하지 말아야 된다. 하나님 우리에게 베풀어 주신 은혜를 우리가 무시해 버리고 감사할 줄 모르면 어떻게 되겠는가?

성경 시편 103편 1절로 3절에 "내 영혼아 여호와를 송축하라 내 속에 있는 것들아 다 그 성호를 송축하라 내 영혼아 여호와를 송축하며 그 모든 은택을 잊지 말지어다" 하신다. 많은 예수를 믿는 사람들이 하나님의 은택을 잊어버리고 있다. 감사하지도 아니하고 은택을 누리지도 않는다. 하나님이 주시는 은택을 우리가 감사히 받아들이고 누리기를 하나님 원하시는 것이다. 그러면 그 은택이 무엇인가? "저가 네 모든 죄악을 사하시며 네 모든 병을 고치시며"라고 말했다. 죄 사함과 병 고침은 똑같이 주님이 베풀어 주시는 은택이라고 말씀하고 있는 것이다.

첫째, 질병을 진단할 때 참고사항

① 머리(편두통, 두통): 위장병 영향과 비염이나 축농증일 때 두통이 올 수가 있다.

② 코(비염, 축농증): 성령이 임재하면 두통을 호소한다. 안수 기도 때 손에 무거움을 느끼기도 한다.

③ 목(천식, 후두, 기관지, 갑상선): 목이 자주 쉬는 사람은 심장이나 신장이 약해서 오는 경우가 있다.

④ 가슴(폐, 기타): 속에서 그르렁 그르렁하는 소리(울림)가 들린다. 심한 상처로 가슴이 아프기도 한다.

⑤ 간장: 눈을 본다. 눈 흰자위가 누렇던지 맑지 못하다.

⑥ 쓸개: 돌로 인하여 허리가 아프고, 부위에 심한 통증이 유발된다. 기도시나 평상시에 느끼게 된다.

⑦ 장(소장, 대장 등): 변에 피가 섞여 나오면 암으로 의심하라. 밖에서 나오는 것과 속에서 나오는 것을 분별하라. 밖에서 나오는 것은 치질일 수가 있다. 자꾸 깊은 기도하면 없어진다.

⑧ 콩팥: 돌, 염증, 기능이 약해져서 얼굴이 붓는다. 평상시나 기도 때 통증이 유발된다. 심부전증은 얼굴 손발이 자주 붓는다. 콩팥부위를 주먹으로 툭툭 쳐보라.

⑨ 전립선(요추뼈): 피가 소면에 나오기도 한다. 군산에 사는 목사님이 소변에 피가 섞여서 나오는 데 병원검사에도 정확한 원인을 발견하지 못하고 고생만하고 있다고 나를 찾아와 말했다. 그래서 머리에 손을 얹고 성령님 이 병의 원인이 무엇입니까? 하고 질문을 했더니,어렸을 때 엉덩방아를 찐 일이 없었는지 물어 보아라고 감동하셨다. 본인에게 물어 보았더니 9살 때 나무에서 떨어지면서 엉덩방아를 찌었다는 것이다.

그래서 눕게 하고 허리를 돌리면서 방광과 연결된 디스크는 제자리에 들어가고 신경은 정상으로 돌아오라고 명령을 했다. 그리고 나무에서 떨어질 때 들어온 귀신을 축귀했다. 이런 경우 반드시 축귀해야 한다. 군산으로 돌아갔다. 다음 주에 와서 이제 피가 나오지 않는 다는 것이다. 이렇게 모르면 생고생을 하는 것이다. 그래서 나는 항상 이렇게 말한다. 예수를 믿는 성도가 고생하는 것은 영육으로 무지해서 당한다고 한다. 또, 의사들을 너무 믿지 말라고, 전문성이 의심스럽다고 하기도 한다. 물론 의사들은 저보고 의술에 무식하다고 할 것이다. 그러나 나는 천지 만물을 초자연적으로 역사하시는 성령께서 함께하며 알려주신다. 그래서 저는 항상 담대하게 치유사역을 한다. 그리고 우리 교회에 오시는 치유사역자들에게 세상 의사보다도 박식해야 하니 공부를 많이 해야 한다고 한다. 세상의사는 육만 다루지만 우리는 영. 혼. 육을 모두 다루기 때문이다.

둘째, 질병별 신유기도 방법

1) 안과질환

① 안검염: 환자에게 호흡을 들이쉬고 내쉬라고 하라. 사역자는 성령의 임재를 요청하라. 성령이여 임하소서. 어느 정도 성령이 임재가 되면 한손은 눈에 한손을 목 디스크를 돌리면서 안수를 한다. "내가 나사렛 예수 이름으로 명하노니 안검염을 일으키는 질병의 영은 떠나갈지어다." "눈은 정상으로 회복될지어다." "눈이 밝아질지어다."

② 결막염: 환자에게 호흡을 들이쉬고 내쉬라고 하라. 사역자는 성령의 임재를 요청하라. 성령이여 임하소서. 어느 정도 성령이 임재가 되면 눈에 손가락을 가만이 대고 "내가 나사렛 예수 이름으로 명하노니 결막염은 치유될지어다." "결막염은 치유되고 정상으로 회복될지어다." "눈은 깨끗하여 질지어다." 그리고 사역자는 손을 씻어야 한다. 결막염은 전염성이 있기 때문이다.

③ 안저출혈: 환자에게 호흡을 들이쉬고 내쉬라고 하라. 사역자는 성령의 임재를 요청하라. 성령이여 임하소서. 어느 정도 성령이 임재가 되면 손가락을 눈에 대고 "내가 나사렛 예수 이름으로 명하노니 눈에 출혈은 멎을 지어다." "눈은 정상으로 회복될지어다."

④ 백내장: 환자에게 호흡을 들이쉬고 내쉬라고 하라. 사역자는 성령의 임재를 요청하라. 성령이여 임하소서. 어느 정도 성령이 임재가 되면 손가락을 눈에 대고 "내가 나사렛 예수 이름으로 명하노니 눈에 백내장은 녹아 없어질지어다." "눈이 깨끗하여 질지어다."

"백내장은 벗어지고 눈은 밝아질지어다."

⑤ 녹내장: 환자에게 호흡을 들이쉬고 내쉬라고 하라. 사역자는 성령의 임재를 요청하라. 성령이여 임하소서. 어느 정도 성령이 임재가 되면 손가락을 눈에 대고"내가 나사렛 예수 이름으로 명하노니 녹내장은 벗어질지어다." "눈은 정상으로 회복될지어다."

⑥ 시력저하: 환자에게 호흡을 들이쉬고 내쉬라고 하라. 사역자는 성령의 임재를 요청하라. 성령이여 임하소서. 어느 정도 성령이 임재가 되면 한 손은 눈에 한손은 목을 돌리면서"내가 나사렛 예수 이름으로 명하노니 시력은 정상으로 회복될지어다." "시력은 정상으로 회복될지어다." "눈은 깨끗해질지어다."

⑦ 안압: 환자에게 호흡을 들이쉬고 내쉬라고 하라. 사역자는 성령의 임재를 요청하라. 성령이여 임하소서. 어느 정도 성령이 임재가 되면 손가락을 눈에 대고 "내가 나사렛 예수 이름으로 명하노니 안압은 정상으로 회복될지어다." 그러면서 목 디스크를 한손으로 돌리면서 안압이 정상으로 회복되도록 명령하라.

안압은 스트레스를 받으면 올라간다. 반드시 성령의 깊은 임재를 체험하고 내적인 상처를 치유해야 한다. 안압은 병원에서도 치유하기가 곤란하다. 안정을 취하라고 한다. 그러나 성령으로 충만하여 마음에 평안을 찾으면 안압이 치유된다. 나는 안압으로 고생하는 분들을 예수 이름으로 다수 치유한 체험이 있다.

2) 이비인후과 질환

① 비후성염: 환자에게 호흡을 들이쉬고 내쉬라고 하라. 사역자

는 성령의 임재를 요청하라. 성령이여 임하소서. 어느 정도 성령이 임재가 되면 한손으로 코를 잡고 "내가 나사렛 예수 이름으로 명하노니 비후성염은 치유될지어다."하며 명령을 하라.

② 축농증: 환자에게 호흡을 하는데 입으로 숨을 들이쉬고 코로 내쉬라고 한다. 사역자는 성령의 임재를 요청하라. 성령이여 임하소서. 어느 정도 성령이 장악하면 "내가 예수 이름으로 명하노니 축농증은 빠져나올지어다." "내가 예수 이름으로 명하노니 축농증은 빠져나올지어다."명령을 하면서 환자에게는 코를 푸는 것같이 흥흥하면서 호흡을 하라고 한다. 그러면 축농증이 코에서 빠져나온다. 고름이 코에서 한 컵씩 빠져나오는 사람들이 있다. 꼭 국수가락같이 고름이 나오는 경우도 있다.

③ 중이염: 환자에게 호흡을 하는데 입으로 숨을 들이쉬고 코로 내쉬라고 한다. 사역자는 성령의 임재를 요청하라. 성령이여 임하소서. 어느 정도 성령이 장악하면 양 손가락을 귀속에 넣고 "내가 예수 이름으로 명하노니 중이염은 빠져나올지어다." "내가 예수 이름으로 명하노니 중이염은 빠져나올지어다."명령을 하면서 환자에게는 코를 푸는 것같이 흥흥하면서 호흡을 하라고 한다. 그러면 중이염이 코에서 빠져나온다. 귀에 있던 고름이 코로 빠져나온다.

④ 귀울림: 환자에게 호흡을 하는데 입으로 숨을 들이쉬고 코로 내쉬라고 한다. 사역자는 성령의 임재를 요청하라. 성령이여 임하소서. 어느 정도 성령이 장악하면 양 손가락을 귀속에 넣고 "내가 예수 이름으로 명하노니 귀울림은 치유될지어다." "내가 예수 이

름으로 명하노니 귀울림은 치유될지어다.”귀울림은 스트레스를 많이 받으면 생기기도 한다. 그러니 치유에 참고해야 한다.

⑤ 귓병: 환자에게 호흡을 하는데 입으로 숨을 들이쉬고 코로 내쉬라고 한다. 사역자는 성령의 임재를 요청하라. 성령이여 임하소서. 어느 정도 성령이 장악하면 양 손가락을 귀속에 넣고 “내가 예수 이름으로 명하노니 귀 속에 있는 병은 치유될지어다.” “내가 예수 이름으로 명하노니 귀 속의 병은 치유될지어다.”

3) 내 분비과 질환

① 당뇨병: 당뇨병은 스트레스를 받아 생기는 당뇨병과 혈통으로 대물림되는 당뇨병이 있다. 치유 안수 할 때 본인에게 물어보고 치유를 해야 한다. 스트레스를 받아 생긴 당뇨병은 내적인 치유를 해야 한다. 혈통으로 대물림되는 당뇨병은 대물림을 치유하는 조치를 취하고 안수를 해야 한다. 환자에게 호흡을 하는데 입으로 숨을 들이쉬고 코로 내쉬라고 한다. 사역자는 성령의 임재를 요청하라. 성령이여 임하소서. 어느 정도 성령이 장악하면 한 손은 등 뒤의 중추신경에 두고 한손은 취장에 올리고 “내가 예수 이름으로 명하노니 당뇨를 일으키는 질병은 빠져나올지어다.” “내가 예수 이름으로 명하노니 당뇨를 일으키는 질병은 치유될지어다.” “취장은 인슐린을 잘 분비할지어다.”하며 명령을 한다. “혈당은 정상이 되고 당뇨는 치유 될지어다.”

② 갑상선염: 감상성염은 심장이 약해서 걸리는 경우도 있다. 태중의 상처로 오는 경우도 있다. 혈통의 대물림으로 오는 경우도 있

다. 각각 발생 원인에 따라 조치를 취하고 안수를 해야 할 것이다. 우리는 3차원의 사역자를 초월하여 5차원의 사역자가 되어야 한다. 5차원의 사역자는 각 발생 원인에 따라 조치를 취하고 치유하는 사역자를 말한다. 갑상선을 치유할 때에 중추 신경기도를 포함하여 하는 것이 좋다. 환자에게 호흡을 하는데 입으로 숨을 들이쉬고 코로 내쉬라고 한다.

사역자는 성령의 임재를 요청하라. 성령이여 임하소서. 어느 정도 성령이 장악하면 목과 심장에 손을 얹고 "내가 예수 이름으로 명하노니 감상선염은 치유될지어다." "내가 예수 이름으로 명하노니 갑상선염은 치유될지어다." "목은 깨끗하여 질지어다." "심장은 강심장이 되어 피를 잘 공급할지어다."

4) 신경계 질환

① 좌골신경통: 죄골 신경통은 중추신경의 영향으로 생기는 것이 보통이다. 고로 뼈, 신경을 맞추는 기도를 해야 한다. 환자에게 호흡을 하는데 숨을 코로 들이쉬고 내쉬라고 한다. 사역자는 성령의 임재를 요청하라. 성령이여 임하소서. 어느 정도 성령이 장악하면 "내가 예수 이름으로 명하노니 좌골신경통은 치유될지어다." "내가 예수 이름으로 명하노니 좌골신경통은 치유될지어다." 그러면서 다리를 들고 허리를 돌리면서 "좌골신경통을 일으키는 신경은 정상이 될지어다." 하며 명령한다.

② 늑간신경통: 환자에게 호흡을 하는데 숨을 코로 들이쉬고 내쉬라고 한다. 사역자는 성령의 임재를 요청하라. 성령이여 임하소

서. 어느 정도 성령이 장악하면 한 손은 가슴에 대고 한손은 등 뒤의 중추신경 얹고 안수하라. "내가 예수 이름으로 명하노니 늑간신경통은 치유될지어다." "내가 예수 이름으로 명하노니 늑간신경통은 치유될지어다." 하며 명령한다.

③ 편두통: 편두통은 위장이 좋지 못해서 오는 경우도 있으니 참고하라. 환자에게 호흡을 하는데 숨을 코로 들이쉬고 내쉬라고 한다. 사역자는 성령의 임재를 요청하라. 성령이여 임하소서. 어느 정도 성령이 장악하면 한손은 머리에 얹고 한손은 위장 부근에 얹고 "내가 예수 이름으로 명하노니 편두통은 치유될지어다." "내가 예수 이름으로 명하노니 편두통은 치유될지어다." 필요하면 "편두통을 일으키는 원인은 밝혀질지어다." 하며 명령 기도한다.

④ 안면신경통: 이병은 스트레스로 오기도 한다. 환자에게 호흡을 하는데 숨을 코로 들이쉬고 내쉬라고 한다. 사역자는 성령의 임재를 요청하라. 성령이여 임하소서. 어느 정도 성령이 장악하면 손을 얼굴에 얹고 "내가 예수 이름으로 명하노니 안면신경통은 치유될지어다." "내가 예수 이름으로 명하노니 안면신경통은 치유될지어다." 하며 명령한다.

⑤ 전신마비: 누워있는 환자에게 호흡을 하는데 숨을 코로 들이쉬고 내쉬라고 한다. 사역자는 성령의 임재를 요청하라. 성령이여 임하소서. 어느 정도 성령이 장악하면 양다리를 들고 골반을 돌리면서 "내가 예수 이름으로 명하노니 전신마비를 일으키는 질병은 치유될지어다." "내가 예수 이름으로 명하노니 전신마비를 일으키

는 질병은 치유될지어다." "전신마비를 일으키는 원인은 밝혀질지어다." 하며 명령 기도한다. "눌린 신경과 디스크는 제자리에 들어갈 지어다."

다섯째, 아이들의 병 진단할 때 참고 사항

① 밤에 잠을 잘 자지 못하고 우는 아이는 배나 아랫배에 덩어리가 있고 성령 임재할 때 불룩 불룩한다. 영적인 문제다. 이런 아이들이 밤에 자다가 심야에 잠을 자지 못하고 잘 운다. 자다가 두려움으로 우는 것이다. 영적인 세계를 통과하면 평안한데 그렇지 못하니 두려운 것이다. 배에 다가 손을 얹고 안수기도 하라. "예수 이름으로 명하노니 장은 튼튼해지고 질병은 떠나갈지어다."

② 감기, 열이 나고 나중에 장염으로 발전한다. 열이 떨어지는 기도를 먼저 하고 장도 같이 기도하라.

③ 경기, 깜짝 깜짝 놀라고 자다가 놀라고, 눈이 커지면서. 눈에 빛이 난다. 안수기도는 "성령이여 임하소서." "예수 이름으로 명하노니 경기는 없어질지어다."

④ 장염. 열이 있고 아랫배를 만지면 뭉치가 잡힐 수도 있다. 감기 후 장염으로 발전한다. 이때에는 이렇게 안수기도를 하라. "예수 이름으로 열은 떨어지고 장속에 있는 질병은 떠나갈지어다."

⑤ 가슴. 심장에 이상 박동이 감지되기도 한다. "예수 이름으로 명하노니 부정맥은 정상이 될지어다. 심장은 강심장이 될지어다. 심장에 있는 질병은 떠나갈지어다."

⑥ 머리가 아픈 것은 위장병, 축농증이 나 비염. 감기인 경우에 머리가 아프다. 이때에는 이렇게 안수 기도를 하라. "예수 이름으로 명하노니 머리를 아프게 하는 근원은 정체를 밝혀 질어다.""머리가 아프게 하는 질병은 떠나갈지어다.""머리가 시원하여 지고 피와 산소공급이 원활하게 될지어다."

⑦ 뼈 계통: 다친 것과 선천적인 것으로 구분이 된다. 15장 뼈와 신경치유법을 활용하여 안수 기도 하라.

⑧ 눈의 병으로 사시인 경우 기도하면 정상으로 돌아온다. "예수 이름으로 명하노니 사시는 떠나가고 눈은 정상으로 돌아올지어다." 장기간 계속 기도하라. 어린 아이를 안수기도 할 때는 이렇게 하라. 7살 이하는 어머니와 함께 안수 기도를 하라. 7살 이상이면 아버지와 같이 안수기도를 하라. 그래야 치유가 된다. 이상은 일부에 해당하는 것으로 많은 경험과 훈련을 통하여 숙달하시라. 이러한 질병의 치유와 진단 사역은 결코 쉽다고는 할 수 없다. 그렇다고 어렵다고 무턱대고 기도만 하는 태도는 결코 발전할 수가 없다. 노력하고 경험을 쌓아가노라면 언젠가는 자동차의 운전 기술을 습득하는 것처럼 보다 더 숙련된 진단을 할 수 있다.

여섯째, 축농증 치유받은 간증. 저는 지난 토요일에 집중치유 기도 받았던 김○○입니다. 목사님이 어디서 왔느냐고 질문하셔서 대전에서 왔다고 했는데 기억하실런지요. 그때 제가 기도가 막히고 축농증수술 후유증으로 목에서 가래가 심하다고 기록하여 올려서 목사님께서 집중기도 해주셨습니다. 제가 유아 때부터 축농증 때문에 고생하다 어른이 되어 수술도 재발하는 바람에 3번이나 했고, 후유증 때문에 몹시 어렵고 고통을 많이 당해서 좋다는 것 다 먹어보고 고칠 수 있다는 한의원에 가서도 침 치료를 받았지만, 평생 가지고 가야 한다고 말했는데…. 목사님의 안수 기도로 깨끗이 완치되었습니다. 실제로 목사님의 안수기도 때 코에서 고름이 한 컵 정도가 나왔습니다. 병원에서 수술하여 머리에 있는 고름을 빼낼 수 없을 것입니다. 그러나 성령님은 하셨습니다. 너무 기쁘고 감사해서 이렇게 메일 보내드립니다. 그날 가기 전에 철야기도도하고 했는데…. 점점 기도가 힘들어지고 게다가 환경도 막혀 막막했는데…. 아는 지인의 소개로 목사님을 알게 되어 바로 서점가서 목사님의 저서를 읽고 망 서릴 틈도 없이 바로 서울에 올라갔습니다. 가기 전까지도 마음이 힘들고 이런저런 어려운 마음을 안고 갔는데 대전에 올 때는 코와 목도 시원하게 치료받고 마음도 가볍고…. 이제 목사님의 말씀대로 기도도 해보니 전에 느끼지 못한 변화가 느껴집니다. 앞으로 저에게 하나님의 더 큰 은총이 부어주실 것을 기대하고 감사하며, 그날 집중치유기도시간에 저 때문에 많이 힘을 더 많이 쏟아주신 것 같아 너무 죄송하고 감사드립니다. 목사님교회에 다니시는 성도들이 정말 부럽습니다. 돈으로 따질 수 없는 값진 것을 받고 돌아온 기쁨으로 감사드립니다. 하나님께 영광을 돌립니다.

19장 뼈 근육 통증 신경질병 순간치유 사역 기술

(겔37:7-8)"이에 내가 명령을 따라 대언하니 대언할 때에 소리 가 나고 움직이며 이 뼈, 저 뼈가 들어맞아 뼈들이 서로 연결되더 라. 내가 또 보니 그 뼈에 힘줄이 생기고 살이 오르며 그 위에 가 죽이 덮이나 그 속에 생기는 없더라"

세상에는 뼈와 신경으로 고통을 당하는 분들이 의외로 많이 있 다. 우리는 이들을 성령의 권능으로 치유해야 한다. 뼈와 근육 신경 의 질병에 치유가 일어나려면 성령이 장악을 하여야한다. 장악이 되려면 자신의 욕심을 버리고, 호흡이나 주여! 하면서 주님의 임재 가 자신을 장악하게 해야 치유가 된다. 치유에 욕심을 부리면 더 시 간이 길어진다. 하나님은 우리의 모든 질병을 치유하여 주시기를 원하신다. 하나님은 뼈와 신경계통의 질병을 치유하라고 하신다. 뼈와 신경계통의 질병치유는 성령으로 완전하게 장악이 되는 것이 치유의 관건이다. 성령이 장악한 다음에 사역을 하라.

첫째, 뼈 신경 계통에 질병이 발생하는 원인.
1) 뇌척수신경 계통의 흐름과 이상.
첫째,[목]의 신경 계통의 흐름과 이상이다. 목 디스크는 축농증, 비후성 질환, 코골이, 안면 마비, 두통 등의 질병을 유발하며, 이를 고치지 않고 수술함은 재발이 되는 원인이 된다. 특별히 목의 디스크로 인하여 정신질병과 이상이 생길 수가 있다. 정신질병이 마음의 상처나 문제로 발생되어진 것이 아니라면 목 디스크를 정확히 진단하여야 하는 것이다. 전신마비나 식물인간은 목의 신경계통에 이상이 생긴 경우가 많다.

둘째는 [어깨] 신경 계통의 흐름과 이상이다. 오십견이나 팔과 어깨의 여러 가지 통증이 수반하고 팔 길이가 다르고 한 손이 짧거나 길다. 팔을 내 밀게 하고 코를 중심으로 두 손을 모아보면 어깨가 아픈 사람은 한 손이 짧든지 길든지 하는데 주로 오른손을 많이 사용하기 때문에 오른손이 긴 경우가 대부분이다.

셋째는 [척추]신경 계통의 흐름과 이상이다. 원래가 척추는 33개의 추골이 연결되어 하나의 막대처럼 된 것인데 그 속을 위 아래로 척수 신경이 통하고 있다. 그리고 각 추골 사이에는 추간공(椎間孔)이라는 구멍이 생겨있고, 그 곳으로부터 각 신경이 나와서 전신에 분포되어 있다. 그런데 이 척추에 대한 무리가 추골을 어긋나게 하여 신경의 출구인 추간공을 삐뚤어지게 하므로 그 때문에 거기서 나오는 신경이 압박, 염전(捻轉)등의 장해를 받게 되어, 그 지배 영역의 근육이나 기관이 나빠지고 이것이 질병의 원인이 된다.

넷째는 [발]의 신경 계통의 흐름과 이상이다. 발은 우리 몸의 역학적 기초이고 건강과 불가분의 관계에 있다. 인간의 발은 서 있을 때나 걸을 때 전신을 지탱하는 기초라 할 수 있다. 발에 생기는 여러 가지 원인에 의한 과로나 무리나 허약으로 말미암은 발의 신경반사는 목이나 허리 등 전신에 부조화를 일으킨다. 더욱 진전하여 발의 균형을 무너뜨리거나 전신의 신경 계통을 압박하고 자극하여 질병을 일으킨다.

발은 신장과 심장과 장과 위장과 눈과 코와 관련이 있고 정력에도 관계가 있다. 특히 폐결핵과 관계가 있어 무릎에 고장이 있으면 인후가 나쁘고 폐가 나빠진다. 또한 입덧에도 관계가 있다. 누워 있을 때 균형을 이루지 못하고 한쪽 발이 쳐져 있는 발의 이상이나 발의 길이가 짧거나 긴 발의 불균형은 골반의 뼈가 틀어져 있어서 그렇게 되는 것이다. 이런 사람은 대부분 척추 디스크를 호소한다.

다섯째는 골반 신경계통의 이상이다. 골반은 척추를 받치고 있고 다리뼈와 연결되어 있다. 다리가 한쪽이 짧거나 틀어진 경우는 골반(엉덩뼈)이 비틀어져 있는 경우이다. 한쪽 발의 인대가 땅기면서 발이 아픈 경우나, 신장이 나쁜 경우나, 부인병으로 산후 조리를 잘못한 경우, 부인병으로 발생되는 경우, 몸의 균형이 틀어지는 작업을 하는 경우, 몸이 비대하여 다리의 버티는 힘이 균형을 잃어버렸을 때 등 허리의 요추와 골반이 틀어져서 생기는 병이다. 골반이 틀어짐으로 내장 기관에까지 장애까지 생길 수 있으며 관절염까지 생기는 원인이 된다.

2) **자율신경의 계통의 흐름과 부조화로 생긴다.** 모든 질병의 대부분이 자율 신경의 부조화에서 나오는 경우가 많기 때문에 내 영이 무거운 죄 짐이나, 불평이나, 원망의 무서운 독소에서 자유 함이 있어야 한다. 자율 신경의 조화는 주로 마음의 평안과 영의 기쁨을

항상 유지하게 된다. 자율 신경의 교감신경은 불안 좌절 분노, 등의 결과를 유발한다. 반면 부교감 신경은 주로 기쁨, 화평, 감사, 용서, 사랑, 절제, 인내, 자비와 양선과 충성과 온유함을 주관한다. 그래서 하나님은 빌립보서 4장 4절에서 "주 안에서 항상 기뻐하라 내가 다시 말하노니 기뻐하라." 말씀하시는 것이다.

포도나무의 가지가 원줄기에 붙어 있어야 한다. 그와 같이 우리의 영적 생명과 성령의 역사는 생명의 근원 되시는 예수님에게 붙어 있어야 한다. 그래서 예수님으로부터 영적 신령한 생명이 계속 공급을 받아서 끊임없이 흘러나오거나 솟아나야 한다. 이러한 생명의 흐름이나 성령의 흐름이 성경에서는 기름부음이라는 표현으로 설명되고 있다. 이러한 예수의 생명이 흘러넘치는 역사가 충만하기 위해서는 속사람(영)이 강건해야 한다. 이 속 사람은 자율신경의 부교감 신경에 주로 영향을 준다. 자율 신경의 조화를 이루지 못하고, 분노나 불안이나 좌절 등을 일으키면 위장, 간, 심장, 폐, 등 오장육부의 혈관 정맥, 근육 등에 뻗어 있는 자율 신경에 자극을 주게 되어, 신체에 이상을 일으키고 질병을 유발시킨다.

모든 쓰라림과 원한은 첫째 분노로부터 시작, 이것이 신체에 공급되는 아드레날린을 지나치게 분비시킨다. 신체는 분비된 아드레날린의 초과량을 흡수할 수 없다. 결과적으로 그것은 신장으로 가지만 그러나 신장은 이 초과량을 수용할 수 없다. 그 결과로 그것은 신체의 관절에 모여 관절염을 일으킨다. 관절염을 앓는 사람은 자신의 삶을 성찰하고, 혹 다른 사람에 대한 쓴 뿌리와 용서하지 않는 마음을 품고 있는지 여부를 알아보라고, 성심성의로 충고하기 바란다.

3) **기타 뼈 신경 계통에 질병이 발생하는 원인.** 몸 안에 물과 염분이 부족하여 생기게 된다. 사람은 흙으로 만들었다. 고로 흙이 웅고가 되려면 일정량의 물과 염분이 있어야 한다. 우리의 몸은 젊은 사람의 경우는 70%이상이 물로 되어있다. 그래서 물을 많이 먹는 것이 좋다. 그리고 우리 몸 안에는 항상 0.8%의 염분이 있어야 한다. 이를 조절하지 못하면 뼈와 신경에 문제가 생긴다. 금식을 할 때에도 필히 염분을 섭취해야 한다. 그리고 약물을 과다 복용할 경우 독소를 쌓이게 하므로 발생한다.

또 어려서나 젊어서 고생을 많이 한 경우에 발생하기도 한다. 내가 노인정에 능력전도 하러 다닐 때 뼈 신경에 질병이 있는 분들과 대화를 해본 결과는 이렇다. 젊어서 스트레스를 많이 받고, 먹고 살려고 머리에 짐을 이고 다니고, 속상하고, 고통 받으면서 이를 악물어서. 치아와 허리, 목, 무릎에 문제가 생겼다. 그래서 젊은 60대에 뼈 신경질병으로 고생하고 계셨다.

첫째, 뼈 신경의 구성. 척추 등뼈의 구성은 신경다발을 보호하는 뼈, 뼈와 뼈 사이를 연결하는 디스크와 뼈 속의 신경다발, 신경다발에는 부위별 중요한 신경이 연결되었다. 척추는 두 개골의 기저 바로 밑에서 시작된다.

1) **첫 부분을 경부척추-** 첫 번째 7개의 척추골로 가장 꼭대기의

것이 환추골, 두번째 것은 축추골이다. 머리가 환추골에서는 양옆으로 회전하고, 축추골에서는 앞뒤로 회전한다. 경부척추에서 나오는 신경은 얼굴과 머리, 목, 어깨 그리고 팔 아래 부분을 지배한다. 이들 신경에 가해진 압력은 고통을 야기 시킨다.

2) **흉부(배부)척추는** 그 다음 12개의 척추골로 구성되어 있다. 그 각각은 옆으로 나온 한 쌍의 늑골을 가지고 있으며, 늑골 외관을 형성한다. 이 부분의 척추에서 나온 신경은 팔 아래쪽, 양손, 그리고 가슴을 지배한다.

3) **요부척추는** 아래쪽의 5개의 척추골로 구성된다. 이곳에서 다리와 발을 지배하는 신경이 척추골 사이에서 나온다.

4) **천골(꼬리뼈 바로위):** 척추골보다 다소 큰 다음 뼈이다.

척추신경을 지탱한다. 이 뼈는 양 엉덩이 즉 일련의 인대와 천장골 관절을 통하여 장골(골반의 한 부분)으로 연결된다. 넓적다리 뼈, 즉 대퇴골은 엉덩이뼈에 연결된다.

5) **미골:** 천골 바로 아래이다. 이것은 직장 바로 근처까지 오는 짧은뼈로서 꼬리뼈라고도 한다.

둘째, 뼈 신경의 질병의 치유 기법

1) **목 부분 치유.** 방법은 두 손을 목 위에 놓고 손가락을 척추 상부에 놓는다(막16:18). 고개를 천천히 왼쪽으로부터, 오른 쪽으로 그리고 뒤로 앞으로 돌려준다. 이는 성령께서 하시는 일을 도와드리는 것이다. 동시에 "예수님의 이름으로 명령한다. 모든 근육과 인

대와 힘줄과 척추골이 제자리로 들어가고 그 약한 디스크가 치료되고 눌린 신경은 자유 하라."고 명령한다.

목 부분 안수의 유의사항은 손바닥은 대동맥을 감싼다. 뇌로부터 몸의 전면으로 내려간 신경 위에 놓여 있다. 목의 양쪽에 주동맥이 있다. 이를 통해 혈액이 뇌로 주입된다. 엄지손가락은 측 두 하안골 관절 바로 위에 놓여진다. 몸의 가장 강한 근육 위이다. 결국 몸의 가장 중요한 세 부위에 손을 올린 결과요, 안수가 된다. 결과로서 기대해도 되는 사실은 이렇다. 목에 생긴 문제들 100%의 통증이 사라진다. 두통, 신경성 귀머거리, 목관절염, 척추 삔 것, 탈출되고 허물어진 악성 디스크, 부러진 목 등이 치유된다. 목 위의 신체 부위의 질병이 치유된다.

① 목 디스크: 환자에게 호흡을 들이쉬고 내쉬라고 하라. 사역자는 목을 손으로 감싸고 성령의 임재를 요청하라. 성령이여 임하소서. 어느 정도 성령이 임재가 되면 목을 앞으로 뒤로 돌리면서 "예수님의 이름으로 명령한다. 모든 근육과 인대와 힘줄과 목 디스크는 제자리로 들어가고 그 약한 디스크가 치료되고 눌린 신경은 자유하라."고 명령한다. 그러면 툭하고 목 디스크가 맞추어지면서 통증이 사라지게 된다.

② 두통: 환자에게 호흡을 들이쉬고 내쉬라고 하라. 사역자는 목을 손으로 감싸고 성령의 임재를 요청하라. 성령이여 임하소서. 어느 정도 성령이 임재가 되면 목을 앞으로 뒤로 돌리면서 "예수님의 이름으로 명령한다. 모든 근육과 인대와 힘줄과 목 디스크는 제자

리로 들어가고 두통을 일으키는 약한 디스크가 치료되고 눌린 신경은 자유 하라.”고 명령한다.

③ 코: 환자에게 호흡을 들이쉬고 내쉬라고 하라. 사역자는 목을 손으로 감싸고 성령의 임재를 요청하라. 성령이여 임하소서. 어느 정도 성령이 임재가 되면 목을 앞으로 뒤로 돌리면서 “예수님의 이름으로 명령한다. 모든 근육과 인대와 힘줄과 목 디스크는 제자리로 들어가고 코와 연결되어 코에 질병을 일으키는 약한 디스크가 치료되고 눌린 신경은 자유하라.”고 명령한다.

④ 목통증: 환자에게 호흡을 들이쉬고 내쉬라고 하라. 사역자는 목을 손으로 감싸고 성령의 임재를 요청하라. 성령이여 임하소서. 어느 정도 성령이 임재가 되면 목을 앞으로 뒤로 돌리면서 “예수님의 이름으로 명령한다. 모든 근육과 인대와 힘줄과 목 디스크는 제자리로 들어가고 목에 통증을 일으키는 약한 디스크가 치료되고 눌린 신경은 자유하라.”고 명령한다.

⑤ 귀: 환자에게 호흡을 들이쉬고 내쉬라고 하라. 사역자는 목을 손으로 감싸고 성령의 임재를 요청하라. 성령이여 임하소서. 어느 정도 성령이 임재가 되면 목을 앞으로 뒤로 돌리면서 “예수님의 이름으로 명령한다. 모든 근육과 인대와 힘줄과 목 디스크는 제자리로 들어가고 귀와 연결되어 귀가 잘 들리지 못하게 하는 약한 디스크가 치료되고 눌린 신경은 자유하라.”고 명령한다.

⑥ 눈: 환자에게 호흡을 들이쉬고 내쉬라고 하라. 사역자는 목을 손으로 감싸고 성령의 임재를 요청하라. 성령이여 임하소서. 어

느 정도 성령이 임재가 되면 목을 앞으로 뒤로 돌리면서 "예수님의 이름으로 명령한다. 모든 근육과 인대와 힘줄과 목 디스크는 제자리로 들어가고 눈에 문제를 일으키는 약한 디스크가 치료되고 눌린 신경은 자유하라."고 명령한다.

2) 어깨부분의 진단과 치유. 가슴 앞과 뒤에 손을 대고 앞으로 뒤로 움직여 준다. 불편한쪽 어깨를 잡고 앞뒤 옆으로 흔들어 준다. 팔이 자라나는 치유는 이렇게 한다. 어깨 신경 계통에 이상이 발생했을 때도 마찬가지이다.

팔과 어깨에 여러 가지 통증을 수반하고 팔 길이가 다르고 한 손이 짧거나 길게 된다. 팔을 내밀게 하고 코를 중심으로 두 손을 모아 보면 어깨가 아픈 사람은 한 손이 짧든지 길든지 하는데 주로 많이 쓰는 손이 길게 마련이다. 이때는 짧은 팔을 명하여 "예수 이름으로 명하노니 짧은 팔을 자라나고 긴팔은 들어갈지어다."하며 자라날 것을 명하면 팔이 쭉쭉 자라난다. 팔이 자라나는 것은 그 자리에서 낫기 때문에 시각 효과가 크며 누구나 다 할 수 있는 쉬운 사역이다.

① 팔이 안 올라간다.: 어깨 부분의 근육이 뭉쳐서 나타나는 현상이다. 사역자는 환자의 뒤에 선다. 양 손 바닥으로 목을 감싸 쥔다. 앞뒤로 흔들어준다. 그러면서 명령하라. 예수 이름으로 명하노니 뭉친 근육은 풀어질지어다. 그러면서 어깨를 앞뒤로 흔들어준다. 뭉친 근육에 불을 집어넣는다. 환자에게 호흡을 들이쉬고 내쉬라고 하면서 3-5분간 불을 집어넣는다. 그러면서 계속 명령하라. 뭉친 근육은

풀어질 지어다. 뭉친 근육은 성령으로 장악이 될지어다. 성령이 장악하면 기침을 하면서 뭉친 근육이 풀리고 팔이 올라가게 된다.

② 팔 안쪽이 당긴다.: 목 디스크 초기 증상으로 나타나는 현상이다. 환자에게 호흡을 들이쉬고 내쉬라고 하라. 사역자는 목을 손으로 감싸고 성령의 임재를 요청하라. 성령이여 임하소서. 어느 정도 성령이 임재가 되면 목을 앞으로 뒤로 돌리면서"예수님의 이름으로 명령한다. 모든 근육과 인대와 힘줄과 목 디스크는 제자리로 들어가고 팔 안쪽을 당기게 하는 약한 디스크가 치료되고 눌린 신경은 자유하라."고 명령한다.

③ 어깨와 목 부분이 아프다.: 이 증상도 목 디스크 초기 증상으로 나타나는 현상이다. 환자에게 호흡을 들이쉬고 내쉬라고 하라. 사역자는 목을 손으로 감싸고 성령의 임재를 요청하라. 성령이여 임하소서. 어느 정도 성령이 임재가 되면 목을 앞으로 뒤로 돌리면서 "예수님의 이름으로 명령한다. 모든 근육과 인대와 힘줄과 목 디스크는 제자리로 들어가고 어깨가 아프고 목 이 아프게 하는 약한 디스크가 치료되고 눌린 신경은 자유하라."고 명령한다.

④ 팔목, 팔굽치: 목 디스크 초기 증상으로 나타나는 현상이다. 환자에게 호흡을 들이쉬고 내쉬라고 하라. 사역자는 목을 손으로 감싸고 성령의 임재를 요청하라. 성령이여 임하소서. 어느 정도 성령이 임재가 되면 목을 앞으로 뒤로 돌리면서 "예수님의 이름으로 명령한다. 모든 근육과 인대와 힘줄과 목 디스크는 제자리로 들어가고 팔목과 팔굽치가 아프게 하는 약한 디스크가 치료되고 눌린

신경은 자유하라."고 명령한다.

⑤ 한쪽 어깨가 내려앉았다.: 척추가 휘어서 생기는 현상이다. 척추 측만증이라고도 한다. 이때에는 이렇게 안수기도를 하라. 사역자는 이때를 손으로 잡고 성령의 임재를 요청하라. 성령이여 임하소서. 어느 정도 성령이 임재가 되면 높은 쪽의 어깨를 살짝 밀면서 "예수님의 이름으로 명령한다. 모든 근육과 인대와 힘줄과 목과 허리 디스크는 제자리로 들어가고 처진 어깨는 정상으로 회복되고 약한 디스크가 치료되고 눌린 신경은 자유하라."고 명령한다. 누우라고 하고 휘어진 중추신경을 바르게 들어가도록 기도한다.

⑥ 팔 안쪽의 통증: 목 디스크 초기 증상으로 나타나는 현상이다. 환자에게 호흡을 들이쉬고 내쉬라고 하라. 사역자는 목을 손으로 감싸고 성령의 임재를 요청하라. 성령이여 임하소서. 어느 정도 성령이 임재가 되면 목을 앞으로 뒤로 돌리면서 "예수님의 이름으로 명령한다. 모든 근육과 인대와 힘줄과 목 디스크는 제자리로 들어가고 팔 안쪽에 통증을 야기 하는 약한 디스크가 치료되고 눌린 신경은 자유하라."고 명령한다.

⑦ 손목, 팔목의 통증: 목 디스크 초기 증상으로 나타나는 현상이다. 환자에게 호흡을 들이쉬고 내쉬라고 하라. 사역자는 목을 손으로 감싸고 성령의 임재를 요청하라. 성령이여 임하소서. 어느 정도 성령이 임재가 되면 목을 앞으로 뒤로 돌리면서 "예수님의 이름으로 명령한다. 모든 근육과 인대와 힘줄과 목 디스크는 제자리로 들어가고 손목과 팔목의 통증을 야기 하는 약한 디스크가 치료되고

눌린 신경은 자유하라."고 명령한다.

⑧ 올라가지 않는 팔: 목 디스크 중기 증상으로 나타나는 현상
이다. 환자에게 호흡을 들이쉬고 내쉬라고 하라. 사역자는 목을 손
으로 감싸고 성령의 임재를 요청하라. 성령이여 임하소서. 어느 정
도 성령이 임재가 되면 목을 앞으로 뒤로 돌리고 재끼면서 "예수님
의 이름으로 명령한다. 모든 근육과 인대와 힘줄과 목 디스크는 제
자리로 들어가고 팔과 연결된 약한 디스크가 치료되고 눌린 신경은
자유하라."고 명령한다.

⑨ 오십견: 혈액 순환이 잘 안되고, 팔을 많이 사용하여 생기기도
한다. 그리고 목 디스크 증상으로 나타나는 현상일 때도 있다. 환자
에게 호흡을 들이쉬고 내쉬라고 하라. 사역자는 어깨를 손으로 감
싸고 성령의 임재를 요청하라. 성령이여 임하소서. 어느 정도 성령
이 임재가 되면 어깨를 살살 앞으로 뒤로 옆으로 돌리면서 "예수님
의 이름으로 명령한다. 모든 뭉친 근육과 인대와 힘줄과 목 디스크
는 제자리로 들어가고 오십견을 일으키는 약한 디스크가 치료되고
눌린 신경은 자유하라."고 명령한다. 그러면서 오십견이 있는 어깨
에 불을 집어넣는다. 그러면서 계속 성령의 임재를 요청하라. 성령
이 완전하게 장악을 하게 되면 기침을 하면서 뭉친 근육이 풀리고
오십견이 치유가 된다.

3) 허리(요추) 부분의 치유. 양다리를 살짝 들고 골반과 허리를
돌려준다. 무릎을 굽히고 돌리고, 펴고 돌리고를 반복한다. 다른 방

법은 엄지손가락으로 뼈마디마디를 누르고 끌어내리면서 기도할 수도 있다. 명령은 "예수 이름으로 명하노니 치골은 제 위치로 돌아오라, 요추의 압박에서 해방될지어다." 디스크는 새로운 디스크가 자라나라고 명령하면 된다. 하부의 요추(다섯 개의 하부 척추)와 천골 부분의 많은 문제들이 치유된다.

① 신장: 허리 디스크 초기 증상으로 신장과 연결된 중추 신경을 압박하여 생기기도 한다. 환자에게 누워서 호흡을 들이쉬고 내쉬라고 하라. 사역자는 양발을 손으로 잡고 성령의 임재를 요청하라. 성령이여 임하소서. 어느 정도 성령이 임재가 되면 골반을 좌우로 돌리면서 "예수님의 이름으로 명령한다. 모든 근육과 인대와 힘줄과 디스크는 제자리로 들어가고 신장에 문제를 야기하는 약한 디스크가 치료되고 눌린 신경은 자유 하라."고 명령한다.

② 방광: 허리 디스크 초기 증상으로 방광과 연결된 신경을 압박하여 생기기도 한다. 환자에게 누워서 호흡을 들이쉬고 내쉬라고 하라. 사역자는 양발을 손으로 잡고 성령의 임재를 요청하라. 성령이여 임하소서. 어느 정도 성령이 임재가 되면 골반을 좌우로 돌리면서 "예수님의 이름으로 명령한다. 모든 근육과 인대와 힘줄과 디스크는 제자리로 들어가고 방광에 문제를 야기하는 약한 디스크가 치료되고 눌린 신경은 자유하라."고 명령한다.

③ 자궁: 골반이 틀어져서 질병이 생기기도 한다. 그리고 허리 디스크 초기 증상으로 자궁과 연결된 신경을 압박하여 생기기도 한다. 환자에게 누워서 호흡을 들이쉬고 내쉬라고 하라. 사역자는 양

발을 손으로 잡고 성령의 임재를 요청하라. 성령이여 임하소서. 어느 정도 성령이 임재가 되면 골반을 좌우로 돌리면서 "예수님의 이름으로 명령한다. 모든 근육과 인대와 힘줄과 디스크는 제자리로 들어가고 자궁에 문제를 야기하는 약한 디스크가 치료되고 눌린 신경은 자유하라."고 명령한다.

④ 전립선: 허리 디스크 초기 증상으로 전립선과 연결된 신경을 압박하여 생기기도 한다. 환자에게 누워서 호흡을 들이쉬고 내쉬라고 하라. 사역자는 양발을 손으로 잡고 성령의 임재를 요청하라. 성령이여 임하소서. 어느 정도 성령이 임재가 되면 골반을 좌우로 돌리면서 "예수님의 이름으로 명령한다. 모든 근육과 인대와 힘줄과 디스크는 제자리로 들어가고 전립선에 문제를 야기하는 약한 디스크가 치료되고 눌린 신경은 자유하라."고 명령한다.

⑤ 허리디스크: 환자에게 누워서 호흡을 들이쉬고 내쉬라고 하라. 사역자는 양발을 손으로 잡고 성령의 임재를 요청하라. 성령이여 임하소서. 어느 정도 성령이 임재가 되면 골반을 좌우로 돌리면서 "예수님의 이름으로 명령한다. 모든 근육과 인대와 힘줄과 디스크는 제자리로 들어가고 허리 디스크를 야기하는 약한 디스크가 치료되고 눌린 신경은 자유하라."고 명령한다.

4) 골반 부분의 진단과 치유. 척추골보다 다소 큰 그 다음 뼈는 천골이라고 하는데 그 뼈는 척추 전체를 지탱하고 있다. 이 뼈는 또한 양 엉덩이 즉 인대와 건과 천장골 관절을 통하여 장골(골반의 한 부

분)로 연결 된다. 골반의 전체 부위에 치유를 베풀기 위해서는 골반의 일을 한다.

① 출산으로 인하여 허리의 통증이 올 때: 골반의 **뼈**가 정상적으로 맞춰 들어가기를 위해 명령하라. 골반돌리기를 하면서 골반이 정상으로 맞추어지라고 명령하라.

② 부인병(여성 생식기에 생기는 증세, 생리통, 자궁 탈수 등): 천골이 정상적으로 들어가고 조직과 신경이 자유 할 것을 명령하며 혈관 세포가 정상 기능을 발휘하며 통증이 떠날 것을 명령한다. 부인병은 거의 모두 골반이 틀어져서 생긴다. 그러므로 골반을 맞추면 치유되는 것이다.

③ 좌골 신경통: 척추에서 넓적다리 사이로 뻗어있는 큰 신경을 따라 통증이 일어나는 증상을 말한다. 요추와 천골이 바르게 조절될 것과 디스크가 제 위치에 가서 신경을 누르는 모든 압력이 없어질 것을 명령한다. 천장골의 위치는 여러 가지로 달라질 수 있다. 가끔 장골(골반 **뼈**)은 천골 위에서 회전되기도 하며, 그 결과 한쪽 다리가 짧아 보일 수 있다. 그렇지 않으면 골반 **뼈**가 제 위치를 벗어나서 두 다리가 더 길게 보일 수도 있다. 그 결과 척추는 굽게 된다(척추 만곡증, 척추 측만증). 천골은 앞으로 기울어 질 수 있는데, 그 결과 척추 만곡증(척추가 만곡하여 앞으로 돌출)이 생긴다. 아니면 뒤로 기울어져서 등이 "군인"의 등처럼 꼿꼿하게 될 수도 있다. 이런 모든 경우에도 양다리를 살짝 들고 골반과 허리를 돌려준다. 무릎을 굽히고 돌리고, 펴고 돌리고를 반복한다. 천골이 제자리로 제 위

치로 돌아갈 것을 명령하면 치유가 된다. 돌출된 부위에 손을 얹고 안수기도를 한다. "허리뼈는 정상으로 돌아갈지어다." "돌출된 허리뼈는 정상으로 들어갈 지어다"

5) 허리디스크에 의한 증상별 치유

① 종아리 부분이 아프다. 허리 디스크 초기 증상으로 종아리와 연결된 신경을 압박하여 생기기도 한다. 환자에게 누워서 호흡을 들이쉬고 내쉬라고 하라. 사역자는 양발을 손으로 잡고 성령의 임재를 요청하라. 성령이여 임하소서. 어느 정도 성령이 임재가 되면 골반을 좌우로 돌리면서 "예수님의 이름으로 명령한다. 모든 근육과 인대와 힘줄과 디스크는 제자리로 들어가고 종아리 부분에 연결된 디스크는 정상으로 들어가라. 종아리 부분에 문제를 야기하는 약한 디스크가 치료되고 눌린 신경은 자유하라."고 명령한다.

② 허벅지 부분이 아프다. 허리 디스크 초기 증상으로 허벅지와 연결된 신경을 압박하여 생기기도 한다. 환자에게 누워서 호흡을 들이쉬고 내쉬라고 하라. 사역자는 양발을 손으로 잡고 성령의 임재를 요청하라. 성령이여 임하소서. 어느 정도 성령이 임재가 되면 골반을 좌우로 돌리면서 "예수님의 이름으로 명령한다. 모든 근육과 인대와 힘줄과 디스크는 제자리로 들어가고 허벅지에 통증을 야기하는 약한 디스크가 치료되고 눌린 신경은 자유하라."고 명령한다.

③ 골반이 빠졌다. 여성들에게 흔히 발생하는 현상이다. 출산 후유증으로 발생하기도 한다. 환자에게 누워서 호흡을 들이쉬고 내쉬

라고 하라. 사역자는 양발을 손으로 잡고 성령의 임재를 요청하라. 성령이여 임하소서. 어느 정도 성령이 임재가 되면 골반을 좌우로 돌리면서 "예수님의 이름으로 명령한다. 모든 근육과 인대와 힘줄과 골반과 디스크는 제자리로 들어가라. 그리고 자궁과 연결된 약한 디스크가 치료되고 눌린 신경은 자유 하라."고 명령한다. 계속적으로 골반을 돌려서 맞춘다. 무릎을 펴고 돌리고 무릎을 굽게 하고 돌리고를 반복한다. 그러면 골반이 정위치로 돌아오고 통증도 순간에 없어진다. 필요하면 축사를 병행한다.

④ 골반이 틀어졌다. 여성들에게 흔히 발생하는 현상이다. 출산 후유증으로 발생하기도 한다. 환자에게 누워서 호흡을 들이쉬고 내쉬라고 하라. 사역자는 양발을 손으로 잡고 성령의 임재를 요청하라. 성령이여 임하소서. 어느 정도 성령이 임재가 되면 골반을 좌우로 돌리면서 "예수님의 이름으로 명령한다. 모든 근육과 인대와 힘줄과 골반과 디스크는 제자리로 들어가라. 그리고 자궁과 연결된 약한 디스크가 치료되고 눌린 신경은 자유하라."고 명령한다. 계속적으로 골반을 돌려서 맞춘다. 무릎을 펴고 돌리고 무릎을 굽게 하고 돌리고를 반복한다. 그러면 골반이 정위치로 돌아오고 통증도 순간에 없어진다. 필요하면 축사를 병행한다.

6) **무릎 부분의 진단과 치유.** 무릎부분의 문제는 두세 가지의 영향으로 발생을 한다. 먼저 오른쪽의 무릎이 아픈 경우이다. 이 경우는 스트레스를 많이 받아서 몸속에 아드레날린이 많이 분비되어 발

생한다. 우리 몸에서 독소가 많이 분비되면 오른쪽에 있는 콩팥이 독소를 받아들이지 않고 밀어낸다.

그러면 이 독소가 갈 곳이 없으므로 무릎관절이나 디스크에 들어가서 무릎 통증을 유발하는 것이다. 이때에는 몸 안에 있는 독소를 인위적인 방법으로 빼내어야 한다. 제일 방법은 사혈 침으로 발가락 끝을 따서 피를 뽑아낸다. 두 번째 방법은 족탕 기를 활용하는 방법이다. 물을 바닷물과 같은 염분상태를 만들어서 하루에 한두 시간 담근다. 우리가 해수욕장을 다녀오면 부기가 빠진다. 이 원리를 집안에서 이용하는 것이다.

오른 무릎이 아픈 사람은 다 같이 독소 때문에 생기는 것은 아니다. 골반이 들어져서 요추를 압박하므로 생기도 한다. 그러므로 오른 무릎이 아프다고 하는 사람은 일단 편안하게 눕게 하여 양발의 정확도를 진단하라. 발이 똑 바르면서 무릎이 아프면 독소의 영향으로 아픈 것이다.

만약에 양발이 틀리다면 골반이 틀려져서 요추를 압박하여 생기는 통증이다. 이제 반대편의 왼 무릎이 아픈 경우이다. 환자를 편안하게 눕게 하여 양발의 정확도를 진단하라. 발이 똑 바르면서 왼 무릎이 아프면 몸 안에 물이 부족하여 아픈 것이다. 이런 유형의 사람들은 거의 바른 체질의 사람들이다. 그리고 물을 먹기를 싫어하는 사람들이다. 사람은 70% 이상이 물로 되어 있다.

몸 안에 물이 부족하여 무릎관절이 아픈 것이다. 반대로 만약에 양발이 틀리다면 골반이 틀려져서 요추를 압박하여 생기는 통증이다. 이때에는 이렇게 치유하라. 양 다리를 살짝 들고 골반과 허리를 돌려준다. 무릎을 굽히고 돌리고, 펴고 돌리고를 반복한다. 허리디스크 부분을 손가락으로 눌러가며 점검하고 기도한다. 그리고 무릎에 손을 얹고 기도를 한다. 그러면 무릎의 통증을 일으키던 세력들이 떠나간다.

7) 발과 다리부분의 진단과 치유

발은 우리 몸의 역학적 기초이고 건강과 불가분의 관계에 있다. 인간의 발은 서 있을 때나, 걸을 때 전신을 지탱해 주는 기초라 할 수 있다. 발에 생기는 여러 가지 원인에 의한 과로나, 무리나, 허약으로 말미암은 발의 신경반사는 목이나 허리 등 전신에 부조화를 일으킨다. 더욱 악화되어 발의 균형을 무너뜨리거나 전신의 신경계통을 압박하고 자극하여 질병을 일으킨다.

발은 신장과 장과 위장과 눈과 코와 관련이 있고, 정력에도 관련이 있다. 특히 폐결핵과 관계가 있어 무릎에 고장이 있으면 인후가 나쁘고 폐가 나빠진다. 또한 입덧에도 관계가 있다. 누워 있을 때 양발이 균형을 이루지 못한다. 한쪽 발이 처져있는 발의 이상이나, 발의 길이가 짧거나, 긴 발의 불균형은 골반의 뼈가 틀어져 있어서 그렇게 되는 것이다. 이런 사람들은 대부분 척추 디스크를 호소한다. 이때는 무릎을 가만히 잡고 골반을 돌리면서 "예수의 이름으로 명하노니 틀어진 다리는 균형을 이룰지어다."명령 하거나, "짧은 다리는 자라나라"고 명령을 한다. 이렇게 하면 틀어진 다리가 조금씩 제자리로 돌아가게 되는 모습을 본다. 순간 짧은 발이 자라는 것을 눈으로 확인하게 된다.

이렇게 균형을 이룬 사람에게 허리의 디스크나 통증을 물어보면 통증이 없어졌다는 간증을 하게 된다. 그러나 어깨나 팔은 아무나 되는데 발은 사역하는 사람에 따라 차이가 있는 것을 볼 때, 사람마다 능력의 흐름에 차이가 있는 것을 볼 수 있다.

① 무릎 관절염: 무릎에 손을 얹고 관절염 귀신이 축출되고 통증은 떠나고 뼈마디가 힘을 얻고 부드러워 지기를 위해 기도한다. 양다리를 들고 골반, 허리를 돌리면서 기도한다.

② 짧은 다리를 늘이는 사역: 양다리의 길이가 다른 경우는 이렇게 사역을 한다. 환자에게 누워서 호흡을 들이쉬고 내쉬라고 하라. 사역자는 양발을 손으로 잡고 성령의 임재를 요청하라. 성령이여 임하소서. 어느 정도 성령이 임재가 되면 양 발목을 잡고 골반을 좌우로 돌린다. 무릎을 펴고 돌리고 무릎을 굽게 하고 돌리고를 반복한다. 그러면 골반이 정 위치로 들어가면서 발길이가 맞아 진다.이렇게 해도 두발의 길이의 차이가 심하면 환자를 눕게 하고 양 발목을 살며시 잡고 "예수님의 이름으로 명령한다. 짧은 다리는 늘어나고, 긴 다리는 들어가라. 짧은 다리는 늘어나고, 긴 다리는 들어가라."고 명령한다.

그러면 순간 2-3cm는 늘어난다. 필요하면 축사를 병행한다."골반을 잡고 있던 더러운 영은 예수 이름으로 명하노니 떠나가라." 명령하면 기침이나 하품으로 악한 기운들이 떠나간다. 그리고 다시 명령한다. "예수님의 이름으로 명령한다. 짧은 다리는 늘어나고, 긴 다리는 들어가라. 짧은 다리는 늘어나고, 긴 다리는 들어가라."이렇게 하면 웬만한 것은 모두 해결이 된다.

③ 오리발(바깥짝다리): 골반 뼈가 밖으로 향해 있어서 안쪽으로 방향을 틀면 된다. "골반 뼈 위에 양손을 얹고 발이 정상으로 될 때까지 골반이 안으로 돌아가라"고 명령한다. 골반 돌리기, 무릎을 굽히고 돌리고 펴고 돌리기를 한다.

④ 비둘기 발(안짝다리): 골반이 밖으로 돌아가라고 명령하면 치유된다. 골반 돌리기, 무릎을 굽히고 돌리고 펴고 돌리기를 한다.⑤ 발의 뒤꿈치가 아프다. 허리 디스크 초기 증세로 잘 나타난다. 환자에게 누워서 호흡을 들이쉬고 내쉬라고 하라. 사역자는 양발을 손으로 잡고 성령의 임재를 요청하라. 성령이여 임하소서. 어느 정도 성령이 임재가 되면 골반을 좌우로 돌리면서 "예수님의 이름으로 명령한다. 모든 근육과 인대와 힘줄과 골반과 디스크는 제자리로 들어가라. 그리고 발의 뒤꿈치와 연결된 약한 디스크가 치료되고 눌린 신경은 자유하라."고 명령한다.

계속적으로 골반을 돌려서 허리 디스크를 맞춘다. 무릎을 펴고 돌리고 무릎을 굽게 하고 돌리고를 반복한다. 그러면 골반이 정 위치로 돌아오고 발의 통증도 순간에 없어진다. 필요하면 축사를 병행한다. 뼈와 신경, 관절에 통증을 유발하는 귀신을 축귀한다.

⑥ 척추 측만증: 가슴이 튀어나온다. 눕거나 엎드리게 하고 튀어나온 부분에 손을 얹고 안수기도하라. 성령의 깊은 임재를 받아야

치유가 된다. 성령의 임재가 되면 "휘어진 허리는 정상으로 돌아올 지어다"하고 명령하라. 쉽게 치유가 된다.

셋째, 뼈, 신경 사역의 실제. 성령의 깊은 임재와 성령의 역사가 있어야 뼈 신경 사역을 할 수가 있다. 이를 위하여 사역자는 많은 시간의 기도와 성령 체험과 그리고 자신의 내면의 상처를 치유 받아야 한다. 하나님의 일은 무슨 일이든지 그냥 쉽게 되지를 않는다. 자신이 변해야 한다. 부단한 지식의 습득과 실습을 통한 훈련과 영성개발이 필요하다.

그리고 뼈 신경치유 사역을 할 때에는 사역자나 피 사역자나 성령이 사로잡아야 치유가 된다는 것을 알아야 한다. 성령이 사로잡지 못하면 치유가 되지 않는다. 성령의 기름 부으심이 약한 곳을 사로잡아 달라고 기도하기를 바란다. 에스겔 37장이 그대로 실현되기를 위해 큰 믿음을 가지고 기도하라. 뼈에게 명령할 때마다 이 뼈 저 뼈가 맞춰지며 움직이고 제자리에 찾아 들어 갈 것을 상상하며 기도하라. 구체적으로 기도하라."예수 이름으로 명하노니 뼈가 움직이며 신경은 살아나며 인대와 힘줄과 건과 조직은 정상적으로 회복될지어다."하며 구체적으로 기도하라.

반복하며 기도하라. 한 번에 치유되지 않는다. 무엇보다 뼈 신경의 질병의 치유는 성령이 환자를 완전하게 장악을 해야 순간 치유되는 사역이다. 한 번에 뼈 신경의 질병이 치유될 정도이면 상당히 숙달된 성령치유 사역자이다. 성령이 보증하여 주는 사역자이다.

한가지 씩 구체적으로 기도하라. 나는 이 사역을 위하여 많은 기도 와 실제 사역을 통하여 치유 원리와 기술을 습득했다. 정말 많은 노 력을 했다. 그러므로 한 번에 되지 않는다고 낙심하지 말고 지속적 으로 사역을 하기를 바란다. 그리하여 뼈와 신경으로 고통 하는 사 람들에게 치유하기를 바란다.

넷째, 받은 치유유지 기법. 심령을 편안하게 유지한다. 말씀생 활을 잘한다. 성령으로 충만 하라. 예배와 기도생활을 성실하게 하 라. 마음을 비우고, 사욕을 버린다. 자기 관리를 잘하여 악한 영이 침입 못하게 한다. 물을 자주 많이 마신다. 적당량의 염분을 보충한 다. 사람은 몸에 0.8%의 염분이 있어야 제대로 건강을 유지할 수가 있다. 손 발 끝에서 사혈을 한다. 소금물에 자주 발을 담근다. 적당 한 운동을 한다. 특히 전도를 한다. 앉는 자세를 바르게 한다. 걸어 가는 자세를 바르게 한다. 주기적인 점검을 한다.

간증: 8년 동안 고생하던 오십견치유. 전북 익산에서 8년 동 안 오십 견과 어깨 근육통증으로 고생하다가 치유 받은 목사님의 이야기이다. 이 목사님이 우리교회에 치유의 능력을 받기 위해서 오셨다. 하루가 지나고 이틀이 지났다. 3일째 되던 날, 내가 오십 견 이나 근육통으로 고생하는 분이 있으면 앞으로 나오라고 했다. 그 랬더니 이분이 손을 들고 앞으로 나왔다. 나와서 나에게 이렇게 말 했다. "목사님 저는 8년 동안 십 견과 어깨 근육통증으로 오른쪽 팔

을 사용하지 못합니다." 그래서 내가 "성령께서 이 시간 치유하여 주실 것입니다."그랬더니 이분이 비웃는 것이다. 8년 동안 이 방법, 저 방법을 다 사용해도 낫지 않았는데 어떻게 금방치유 되냐는 것이다. 내가 아무 소리도 하지 않고 어디가 아프냐고 하니까, 오른쪽 팔이라는 것이다.

그래서 내가 어깨에 손을 대니까, "아~"하면서 괴성을 질렀다. 아프다는 오른쪽 어깨에 손을 얹고 본인에게 호흡을 들이쉬고 내쉬라고 하면서 성령의 불을 집어넣었다. 어느 정도 성령으로 장악이 되었다. 원래 오십 견이나 근육통을 성령의 불을 집어넣어 성령이 장악되면 금방 치유가 된다. 그래서 내가 "목과 어깨를 잡고 팔과 연결된 신경과 인대 디스크는 제자리에 들어갈지어다."하고 명령을 했다. 그러면서 성령의 감동을 받으니 성령께서 어깨를 악한 영이 잡고 누르고 있으니 귀신을 물리치라는 것이다.

그래서 어깨를 잡아서 오십 견을 일으키는 귀신은 정체를 밝힐지어다. 했더니 기침을 하면서 팔을 막 돌리다가 흔드는 것이다. 성령께서 역사하시는 것이 눈으로 보였다. 그래서 성령님 더 강하게 역사하여 주옵소서. 하면서 계속 불을 집어넣으면서 강하게 역사하여 주실 것을 명령했다. 조금 지나니 팔 흔드는 것이 약해지는 것이다. 성령의 권능에 의하여 오십 견을 일으키는 질병의 영이 제압을 당한 보증이다. 내가 명령을 했다."지금 이렇게 팔을 흔들었던 더러운 질병의 영은 떠나갈지어다."하니까 기침을 사정없이 한 동안 했다. 기침이 잠잠해졌다. 그래서 목사님에게 팔을 올려보라고 했다.

그랬더니 어깨통증이 있어 올리지를 못하겠다는 것이다. 그래서 내가 어깨에 손을 얹고 어깨 통증을 일으키는 사기는 예수 이름으로 명하노니 떠나가라. 했더니 막 소리를 지르는 것이다. 그러면서 기침을 했다. 나는 계속 어깨에 손을 얹고 뿌리까지 빠질 지어다. 하면서 명령을 했다.

한 5분 동안 기침을 하다가 멈추었다. 그래서 목사님에게 팔을 올려보라고 했더니 머리위로 쑥 올리는 것이다. 통증이 없느냐고 했더니 어깨에 통증이 조금 있다는 것이다. 그래서 어깨에 손을 얹고 통증은 완전하게 치유될 지어다. 하고 한참 안수를 하고 팔을 올려보라고 하니 잘도 올리는 것이다. 8년 동안 고생하던 오십 견과 어깨통증이 단 10분 만에 치유가 된 것이다. 이분이 치유를 받고 신유은사가 강하게 나타나 사역을 하다가 교재를 사러 왔다. 와서 하는 말이 일년이 지난 지금까지 아프지를 않다는 것이다. 이렇게 축귀는 오십 견과 어깨통증도 치유한다. 축귀가 그냥되는 것이 아니고 성령이 장악을 해야 순간 치유가 된다.

20장 환란과 풍파 고통 순간치유 사역 비결

(마11:28-30)"수고하고 무거운 짐진자들아 다 내게로 오라 내가 너희를 쉬게 하리라. 나는 마음이 온유하고 겸손하니 나의 멍에를 메고 내게 배우라 그러면 너희 마음이 쉼을 얻으리니 이는 내 멍에는 쉽고 내 짐은 가벼움이라 하시니라"

하나님은 우리가 축복을 받으면서 살아가기를 원하신다. 지금 세상에는 상상하고 이해하기 어려운 여러 이유로 어렵고 힘들게 환란과 고통을 당하면서 살아가는 사람들이 많다. 우리는 이런 사람들에게 찾아가 복음을 전하여 새로운 삶을 살아가게 해야 한다.

가문에 대물림된 마귀의 저주가 있는 집안은 대대로 이유모를 마귀의 역사로 인하여 고통을 당한다. 대물림된 마귀저주의 사슬에서 해방되지 못하고 도적질 당하고 죽임을 당하고 멸망당한다. 그러나 예수 믿고 하늘나라가 되면 대물림된 마귀저주의 사슬을 끊을 수가 있는 것이다. 왜, 마귀의 권세가 그리스도의 이름으로 파해졌기 때문이다. 그렇게 때문에 대물림을 끊으려면 예수님의 주권이 우리에게 나타나야만 되는 것이다. 주님의 보혈로 우리를 다스리는 역사가 일어나야 하는 것이다.

그러므로 예수를 믿고 성령을 체험하고 예수 그리스도의 이름과 보혈을 의지하고 성령의 능력으로 대리권 행사를 강하게 믿음으로 행해야만 되는 것이다. "우리 가정에 대대로 역사하는 저주의 영아 내가 나사렛 예수 이름으로 명하노니 떠나가라." "우리 가정에 역사하는 저주의 줄은 끊어질지어다." "우리 가정에서 영원히 떠나갈지어다." 성령의 임재 하에 자꾸 명령해야한다. 그래야 가문에 대물림되는 마귀의 저주가 끊어지기 시작하는 것이다.

첫째, 빈번하게 발생하는 영육의 문제들. 세상에는 이유를 모르는 영육의 문제로 고통당하고 사는 분들이 많이 있다. 영적이면서 정신적인 문제가 발생한다. 어떤 사람들은 밤에 악몽을 꿈이다. 똑같은 꿈을 반복하여 꾸기도 하고, 무섭고 공포스러운 꿈으로 시달리는 사람들이 있다. 그래서 불면증으로 잠을 제대로 자지 못하는 사람들이 많다. 그런가하면 환상이나 환청에 시달리는 사람들도 있다. 귀에 소리가 들리는가하면 무엇인가가 보이기도 한다고 한다. 심지어 책이나 어떤 사상에 영향을 받은 사람들 중에서는 그 책의 실제인물이 나타나기도 한다. 그런가하면 사단의 영향으로 정상적인 생활을 하지 못하는 사람들도 있다. 영적인 눌림으로 집안에서 나오지 못하고 지낸다(마8:28-32).

마음의 병으로 고생하는 사람이 많이 있다. 마음 한 구석이 늘 아프다. 그 아픈 마음이 자신을 가해하지만, 그 자신은 벗어나지를 못한다. 여러 가지 마음의 병으로 고통을 받는다. 무엇인지 모르는 수고하고 무거운 짐을 지고 살아간다(마11:28-30).

과거의 상처가 쉽게 지워지지 않다. 그래서 마치 시한폭탄 같은 모습으로 살아가는 사람들도 많다. 과거의 아픈 경험 때문에 응어리진 가슴을 안고 살아가는 사람들도 많다. 그러다 보니 생활에 문제가 온다. 우울증이나 조울증으로 고통당하는 사람이 너무나 많다. 육신의 문제로 고통당하는 사람도 많다(눅 13:11). 심지어 예수를 믿고 교회에 다니는 사람도 이유를 모르는 질병으로 고통을 당한다. 구원을 받지 못해서 육신의 문제가 있는 것이 아니다. 구원은 받았는데 육신의 문제들이 있다. 그러니 어떻게 해야 할 것인지 답답할 지경이다. 고치려고 해도 고쳐지지가 않다. 사기를 당하여 물질로 고통을 당하고, 가정에 불화가 끊이지를 않고, 하나가 고쳐 질 만하면 다른 일이 터지고, 하루도 평안한 삶을 살기가 어렵다.

이러다 보니 생활에 많은 문제가 노출된다. 그래서 참다못해 돌출행위를 하기도 한다. 집을 뛰쳐나가기도 하도, 사람을 폭행하기도 한다. 괴성을 지르면서 발악을 하는 사람들도 많다(눅9:35-39).

누군가가 조금만 비위를 건드리면 고함을 지르면서 발작을 한다. 어떤 사람은 주먹으로 땅을 치기도 하고 머리로 벽을 박기도 한다. 마치 거라사인의 지방의 군대 귀신들린 사람같이 행동을 한다는 말이다. "배에서 나오시매 곧 더러운 귀신 들린 사람이 무덤 사이에서 나와 예수를 만나니라, 그 사람은 무덤 사이에 거처하는데 이제는 아무도 그를 쇠사슬로도 맬 수 없게 되었으니 이는 여러 번 고랑과 쇠사슬에 매였어도 쇠사슬을 끊고 고랑을 깨뜨렸음이러라 그리하여 아무도 그를 제어할 힘이 없는지라, 밤낮 무덤 사이에서나 산에서나 늘 소리 지르며 돌로 자기의 몸을 해치고 있었더라 (막 5:2-5)"

그것도 모자라면 어떤 사람들은 방황하면서 사고를 친다. 부모님이 걱정하고 염려할 만한 일을 골라서 하는 청년도 있다. 이상한 짓을 해서 부모에게 걱정을 끼치는 사람도 있다. 본드, 마약, 음란, 컴퓨터, 저녁에 나가 방황하고 정말 말로 표현을 못할 정도로 고생을 한다. 이유 없이 사고가 자주 일어난다. 화재 사고, 교통사고, 물에 의한 사고, 천재지변을 잘 당한다. 잘 넘어진다. 아이들이 차사고 잘 당하고, 잘 넘어져서 상처가 잘난다. 걸어가다 인도로 올라온 차에 치이기도 한다. 사업을 하려고 하면 화재사고가 나서 망해버린다. 아이가 잘 놀다가 침대에서 낙상사고로 경기를 하는 등등의 이해하지 못할 사고가 자주 잃어난다.

예수를 믿는 사람들도 이렇게 고통을 당하는 분들이 있는데 하물며 마귀의 종으로 살아가는 불신자들은 오죽이나 하겠는가? 우리 이런 사람들에게 복음을 전하자. 그리하여 참 평안을 찾게 하자. 하늘나라의 참 평안을 누리게 하자. 구원받아 천국가게 하자. 부부간에 의견대립이 아주 심하다. 같이 붙어 있기만 하면 싸운다. 서로 보기 싫어 원수가 되어 마지못해 산다고 하는 부부도 있다.

결혼 한지 5년 이상 되었는데 임신이 되지 않다. 하나님은 분병하게 생육하고 번성하라고 말씀 했다. 내가 지금까지 성령치유 사역을 하면서 체험적으로 말한다면 이는 자궁이 냉하기 때문에 착상이 되지 않기 때문에 임신되지 않는 경우도 있다. 남, 녀의 생식기 문제로 임신이 되지 않는 경우도 있다(남자(무정자),여자(무난자). 임신시기를 맞추지 못할 경우 임신이 되지 않을 수도 있다. 하늘을 보아야 별을 딸 수 있다. 자궁이나 난소 협착증으로 임신되지 않는 경우가 있다. 부부가 서로 검사를 다해도 이상에 없는데 이상하게 임신이 안 되는 경우가 있다. 영적인 무슨 이유가 결부되어 있는 경우도 있다. 남자나 여자의 가문에 문제로 인하여 임신이 되지 않는 경우가 있다. 가문에 대물림되는 악한 영의 역사로 인하여 임신이 되지 않는 경우가 있다. 이는 조상이 무당이나, 절의 중이나, 남묘호랭객교 등등을 했을 경우 임신이 되지 않다. 나의 성령치유 경험으로 보아 예수를 믿으면 임신은 된다. 왜냐하면 성령의 권능으로 신체기능이나 영적인 문제 등의 모든 문제를 해소할 수 있기 때문이다.

학교나 직장에서 따돌림을 당한다. 그래서 엉뚱한 사람들에게 욕하고 핑계를 댄다. 그러나 필자가 지금까지 성령치유 사역을 하면서 체험한 바로는 따돌림을 당하는 문제의 근원은 자신에게 있다는 것을 알아야 한다. 자신에게 역사하는 악한 영이 상대방을 충동하여 따돌림을 당하게 하는 것이다.

가족에 질병이 끊이지를 않다. 한 사람이 낳으면 다른 사람이 아프다. 내가 병원전도 다니다가 경험한 바로는 병원에 입원한 남편

병 수발하던 집사가 남편이 퇴원하니 자신이 입원한 경우도 보았다. 부부가 실컷 싸웠는데 자녀가 아프다. 이런 것은 다 영적인 이유가 있다. 다 예수를 믿고 성령체험하고 강하게 영적인 전쟁을 하면 해결이 된다. 이것을 해도 저것을 해도 되는 것이 하나도 없다. 사기를 잘 당한다. 건물을 임대하면 건물이 경매에 붙여진다. 무엇이 될 만하면 불이 난다. 하는 것마다 실패와 낭패뿐이다. 그래서 이제 무엇을 하려고 하면 겁부터 난다.

둘째, 어떻게 치유 받을 수 있는 가?

1) **보혈의 능력을 믿고 사용해야 한다.** 보혈의 능력은 우리에게 생명 주시고자 대신 피 흘리신 은총이다. 보혈은 성령으로 세례를 받은 성도에게 효력이 있다. 바르게 알아야 한다. 자신의 육성으로 사용하는 보혈은 효력이 없다(히9:12). 예수님의 보혈로 우리의 허물, 죄악을 대신 해결하셨다. 예수님의 피의 고통은 우리에게 나음을 얻게 하셨다. 자기의 피로 우리의 죄를 대신하여 영원한 속죄를 이루신 것이다.

2) **성령으로 세례 받고 충만을 받아야 한다.** 우리 신자가 신앙생활과 봉사를 하는데 있어서 진실로 성령의 역사를 알고 확신하는 만큼, 하나님이 그리스도 안에서 우리를 위해 제공해 주신 능력의 충만함을 얻게 되는 것이다. 하나님의 말씀은 성령의 검이다(엡

6:17). 하나님의 말씀은 성령이 뿌리는 씨요, 성령이 자라게 하는 씨앗인 것이다. 말씀을 통해서 성령의 역사로 성취되는 것이다. 효과적인 신앙생활의 비결은 말씀을 통해 성령의 능력을 아는 것이다. 또 효과적인 봉사생활의 비결은 성령의 능력 안에서 말씀을 사용하는데 있다. 말씀을 게을리 하면서 성령의 역사만을 중요시하면 뿌리 없는 지나친 열광주의를 가져온다. 그러므로 말씀과 성령의 역사가 균형을 유지해야 한다. 말씀을 아는 것과 체험이 같이 가야 한다.

3) **회개해야 한다.** 선조의 죄를 위한 회개 기도는 선조를 대신하여 회개하는 것이 아니라, 그들이 지은 죄 때문에 회개하는 것이다. 회개의 기도는 사단이 선조의 죄를 통하여 우리들에게 저주할 수 있는 법적 근거를 끊기 위한 목적이다.

4) **용서하라.** 용서는 용기이며 선택이다. 용기를 내어 용서를 선택하라. 용서하기로 결단해야 한다. 용서할 마음이 생길 때까지 기다리려 한다면 언제 까지고 용서하지 못한다. 용서는 다른 사람은 그대로 내버려두고 자신의 과거로부터 해방되고자 하는 의지적 결단이며 의식적인 선택이다.

5) **저주의 원인을 찾고 근본을 예수 이름으로 절단해야 한다.** 나

에게 임한 사단의 저주를 끊으라는 것이다.

① 저주를 끊으면 악령들이 작용할 수 있는 법적 권리를 박탈해 버리게 된다.

② 법적인 근거들을 멸한 뒤에 주 예수의 이름으로 귀신들을 쫓아내야 된다.

③ 저주를 끊으면 상황에 따라서 끊음과 함께 바로 회복, 치유, 변화를 경험하는 경우가 있으며, 또 시간이 점차 지나면서 저주를 끊은 효력이 나타난다.

6) 그리고 그곳에 역사하던 귀신을 축사해야 한다.

① 환란과 풍파의 영은 예수의 이름으로 명하노니 내게서 떠나갈지어다.!

② 저주하던 악한 마귀 귀신이 떠나간 자리에 축복의 영이 임할지어다. 절대로 비워두지 말아야 한다. 비워두면 마귀가 다시 들어와 집을 짓게 된다.

7) 지속적으로 축복해야 한다. 반대 영을 공급하여 채우라는 것이다. 절대로 비워두면 안 된다.

① 나는 믿음을 실천하며 또 입으로 시인하여 구원에 이름을 알고 있다. 나는 아브라함의 축복이 나의 것임을 시인한다. 나는 저주 아래 있지 않고 축복을 받았다. 나는 꼬리가 아니고 머리다. 나

는 밑에 있지 않고 위에 있다.

② 나는 들어와도 복을 받고 나가도 복을 받는다. 나는 축복을 받았고 또 하나님께서 앞으로 더욱 축복하실 것이다.

8) 예배와 기도와 말씀생활을 잘하여 항상 성령으로 충만을 받아야 한다.

① 하나님과 가까이 지내야 한다. 하나님 안에 축복이 있다.

② 성령으로 장악해야 한다. 하나님도 성령으로 천지를 장악하고 천지 창조를 했다.

③ 주의 말씀 안에 거해야 한다. 말씀은 우리를 보호하는 울타리이다.

④ 하나님에게 아낌없이 드려야 한다. 영적인 법칙을 알고 적용해야 한다.

⑤ 꿈과 믿음을 가지고 착하고 선하게 살아야 한다. 꿈이 있는 사람과 가정, 나라는 망하지 않는다. 우리 주변 사람들과 좋은 관계를 유지하자. 땅에서 풀면 하늘에서 풀린다.

⑥ 계속 입술로 선포하며 명령하라. 축복의 영이 임할지어다.

21장 조현병 정신병 순간적으로 치유하는 기술

(시 42:5)"내 영혼아 네가 어찌하여 낙망하며 어찌하여 내 속
에서 불안하여 하는고 너는 하나님을 바라라 그 얼굴의 도우심
을 인하여 내가 오히려 찬송하리로다"

하나님은 우리가 조현병 조울병 우울증 공황장애 등 정신과 마
음 신경 질병에서 치유 받고 해방받기를 원하신다. 세상이 날로 복
잡, 다양하여짐에 따라 스트레스를 심하게 받아서 여러 가지 정신
적이고 마음의 병인 신경적인 질환도 많이 발생한다. 앞으로는 더
욱 많은 정신적인 질환이 발생할 것이다. 이 정신질환은 예수 믿고
교회에 다닌다고 예외가 될 수 없다. 그렇다면 얼마나 많은 믿지
않는 사람이 정신적인 문제로 고생하고 있겠는가?

작년 통계에 의하면 우리나라에 60만명이 우울증으로 고생하
고 있다고 한다. 중, 고등학교 학생 5명 중에 2명이 정신 신경성 질
병으로 고생하고 있다는 것이다. 우리는 이런 사람들에게 복음을
전하여 치유받고 하나님 나라의 백성이 되도록 능력 전도를 해야
한다. 정신적인 문제는 예수를 믿고 깊은 영의 말씀과 성령으로 심
령이 장악되어 삶에서 예수를 누리는 성령의 사람이 되어야 예방
이 가능하고 치유를 할 수 있다.

우리가 알아야 할 것은 정신 신경질환은 심리적인 방법이나 정
신과 의사가 치유하는 세상 방법으로는 치유가 불가능하다는 것이

다. 스트레스로 인한 잠재의식의 상처로 발생하는 것이기 때문이다. 잠재의식은 반드시 환자 안에서 성령의 역사가 일어나야 치유될 수 있기 때문이다.

첫째, 정신 신경적인 질병의 발생원인

정신 신경적인 질병에는 ① 단순한 육체적인 원인에 의하여 나타나는 정신병, ② 마음(심리적 요소)의 병에 의하여 나타나는 정신병, ③ 영(정신 영역, 무의식 영역 포함)의 병에 의하여 일어나는 정신병이 있다.

정신 신경질환은 99%이상이 태중에서 부터 받은 자신의 상처와 가문으로부터 내려와 잠재의식에 내재하는 영의 악한 힘이 밖에서 일어나는 스트레스와 충격을 받게 되면 체력이나 영력이 이를 감당하지 못할 때 현재의식을 장악하여 밖으로 나타나는 증상이다.

스트레스나 상처를 받았다고 모두 이런 정신 신경적인 질병이 발생하는 것이 아니라, 태중에서 부터 잠재의식에 잠재했던 악한 요소가 충격이나 스트레스를 감당하지 못할 때 일어나는 것이다. 그러므로 정상적인 영-혼-육의 상태를 유지하는 사람은 정신신경적인 질병이 발생하는 것은 1%에 불과하다는 것이다.

심리적인 질환 중 우리나라 사람에게 가장 많이 발생하는 병이다. 공통적인 질병은 감기인데, 감기는 어린아이부터 성인에 이르기까지 걸리기 쉬운 병이다. 병 중에 가장 기본적인 병이나 모든 병을 일으키는 근원이 되며, 가장 치사율이 높다.

감기는 언제 잘 걸리는가? 감기는 환절기, 기온의 차이가 심할 때, 몸 상태가 나쁠 때(과로) 잘 걸리는데, 정신 신경적인질환 역시 환절기에 많이 걸린다. 기온의 차이가 심할 때, 스트레스로 몸 상태가 나쁠 때, 영적인 상태가 약할 때 발생한다. 정신질환이 발생하는 근본 원인은 유전적인 질환, 상처에 의한 질환, 예상을 못하는 특별한 질환으로 구분할 수 있다. 정신적인 질환은 이미 태에서부터 생기기 시작한다. 이것을 사전에 발견하여 치유하지 못하니 나이 들어 고생하게 되는 것이다.

인간은 삶에 순환, 사이클이 있어야 한다. 밥을 먹은 후에는 소화를 시키고, 일을 한 뒤에는 휴식을 취하는 것처럼 이렇게 긴장과 이완이 조화가 되어야 한다. 그러나 긴장만 있어서도 안 되고 이완만 있어서도 안 된다. 긴장이나 이완된 상태가 계속될 때도 심리적인 문제가 생긴다. 그리고 그 다음에 질병이 찾아오게 된다.

둘째, 마음과 정신의 질병 치유. 정신 질병의 근본적인 원인은 '스트레스로 인한 마음의 상처'와 '죄'이기 때문에 죄와 용서의 처리가 먼저 되어야 한다. 죄의 개념을 율법을 범하는 차원에서만 생각하지 않기를 바란다. 죄란 바로 나 자신의 일부로서, 육을 통하여 나타나는 생각이나 감정이나 의지가 다 죄이다.

육신이 바로 죄이며 육신적으로 사는 것이 죄이다. 영으로 살지 않는 사람은 육신적으로 사는 죄의 대가인 혼의 질병이 오게 된다. 그리고 자신의 죄가 아니더라도 조상의 죄악으로 오는 경우가 많다. 그리고 용서를 해야 한다. 많은 경우 정신적인 질병이 있는 환자는 말 못할 큰 충격을 받은 일이 있다. 나에게 이 충격을 일으킨 사람을 용서해야 한다(롬 7:19~20). 반드시 성령의 역사가 일어나야 한다. 질병을 일으키는 원인이 잠재의식에 있기 때문이다. 일반적인 치유의 절차는 이렇다.

1) 죄를 용서받고 치유를 받으려면 예수를 영접해야 한다. 예수를 영접함으로 성령의 역사로 치유가 이루어지기 시작한다. 모든 치유는 성령의 능력으로 된다. 내면으로 들어오신 하나님의 영은 인간의 능력을 초월하여 나타나는 영적 능력으로 역사한다. 성령의 능력이 이때부터 나타나는 것이다. 그래서 사람은 할 수 없으나 하나님의 영력(형상)이 나타나서 성령이 충만하게 된다. 영력은 나타나는 상태와 조건을 만들어야 나타난다.

2) 성령의 역사가 나타나는 말씀을 듣고 성령의 세례를 받아야 한다. 그 조건과 상태는 여러 가지이지만, 첫째, 의지를 발동시켜야 한다. 의지를 발동하게 하여 성령 세례를 받는 것이 제1의 원리요, 그 다음은 말씀과 성령으로 내적 치유하는 것이 제2의 원리요, 귀신을 추방하는 것이 제3의 원리이다. 그리하여 생각이 바뀌고 마음이 감동되며, 믿음이 생기고 본인의 의지가 발동되어 몸이 움직여지고 행동으로 옮겨지는 과정을 거쳐야 한다. 이 영적 원리는 모든 것에 적용된다.

3) 성령의 인도로 말씀을 잘 알아들을 수 있어야 한다. 성경에서는 내 뜻과 정성과 힘을 다하여 하나님을 섬기라 했고(신 28장), 크게 사모하는 자에게 제일 좋은 길을 보여 준다고 했다(고전 12:31). 예수님은 네가 낫기를 원하느냐고 말씀하셨다(요 5:6). 또한 진정과 신령으로 예배하는 자에게 찾아오신다고 했다(요 4:23).

모든 영적인 일을 진심으로 구하면 얻을 것이고, 찾고 찾으면 찾을 것이며, 두드리면 열린다. 강한 순종과 믿음과 승리의 의지를 발동시키고 행동으로 옮기라. 행동으로 옮기지 못하게 하는 장애요인(죄)은 자신에게 있다. 이것을 깨닫고 제거하라. 귀신의 병과 정신병을 잘 구분해야 한다.

4) 앞의 과정을 거친 다음에 질병의 원인을 성령께 질문해야 한다. 영적인 그림을 그리라는 말이다. 전체의 그림을 보면서 자신의 문제의 원인이 어디에 있는지를 찾아야 한다. 시간이 많이 걸릴 수도 있다. 왜냐하면 성령께서 완전하게 장악을 한 다음에야 원인을 알 수 있고 치유도 되기 때문에 하나님의 시간표를 따라 기다려야 한다. 급하다고 되는 일이 아니다.

5) 성령께서 알려 주는 질병의 원인에 따라 조치를 취해야 한다. 죄는 회개하고, 상처를 준 사람은 용서하고, 가문의 유전은 절단하고 원인을 제거해야 한다. 악한 영의 역사라면 내적치유를 먼저 하고 귀신을 축사해야 한다. 그리고 지속적인 치유를 받아야 한다.

6) **악한 영을 축사하고 내적 치유를 한다.** 축사만하면 안 된다. 스스로 기도하게 해야한다. 물론 말씀을 듣고 자신이 왜 무엇 때문에 이렇게 고통을 당하는 지스스로 깨닫게 해야 한다.

7) **하나님과 영적인 관계를 지속하며 감사한다.** 예배에 참석하여 말씀 듣고 기도하고 스스로 자신 안에 하나님과 관계를 열면서 스스로 설 수 있도록 신앙지도를 해야 한다. 영적 자립능력을 길러야한다. 안수만 하면 자립하는 신앙인이 될 수가 없다. 얼마가지 않아서 제발한다.

셋째, 정신 문제 기적치유 비결. 성령치유 사역을 하다가 임상적으로 경험한 결과는 이렇다. 태중에서나 어렸을 때에 상처가 있던 사람들이 스트레스를 많이 받으니까, 갑자기 간질증상이나 조현병 증상이 나타나는 사람이 있다. 헌소리를 하고 졸도하고 의식을 잃고 간질이 갑자기 발생하니까, 귀신의 영향으로 간질이 발생했다고 단정을 짓는다. 그래서 이 목사님 저 목사님에게 귀신축사를 받으러 다닌다. 이러다가 치유의 시기를 놓쳐서 심각한 상태로 진전이 되기도 한다.

다른 면에서는 영적인 경험이 없는 사람들이 조현병이라고 단정하여 119를 통하여 병원에 입원을 시킨다. 입원을 하면 1개월 이상 입원을 해야 한다. 정신병원에 입원하면 질병이 치유되기는 커녕 병을 더 만들어 나오는 경우가 많다. 초기 상태에서 간질을 하고 발작을 하고 헛소리를 하면서 졸도를 하더라도 잠간만 기다리면 정상으로 돌아오니 놀라지 말고 두려워 말고 성령의 인도를 받아야 한다.

필자는 이런 분들을 다수 치유한 경험이 있다. 우리가 스트레스를 받으면 체력의 소모가 많이 된다. 체력과 영력이 떨어지니 자신 속에 잠재하여 있던 영육의 사기가 드러나는 것이다. 그래서 간질을 하기도 한다. 어떤 분들은 가위눌림을 당하기도 한다. 그래서 영적인 문제라고 단정하고 병원에 입원을 시키거나 축사만 받으려고 한다. 이러다가 시간이 경가되어 사람 노릇을 못하는 사람을 만들기도 한다. 그리고 영적인 분야를 잘 알지 못하는 사역자를 만나 금식도 한다. 그러나 금식은 금물이다. 체력이 소진되어 문제가 발생했는데 금식을 하면은 기름 가마에 불을 붙이는 것과 마찬가지이다. 더 악화된다는 것이다. 이때에는 당황하지 말고 환자를 안정을 시키고 우선 체력을 보강해야 한다. 빠른 시간에 체력을 보강할 수 있는 보약이나 다른 보양 식품을 먹여야 한다. 필자는 영적인 목사를 찾아서 영적인 치유를 받으면서 한약을 먹이라고 한다.

그래서 체력을 회복시켜야 한다. 안정을 취하게 해야 한다. 그러면서 정신적인 문제를 바르게 전문으로 치유하는 사역자에게 가서 치유를 받으면 바로 정상이 된다. 그런데 이와 같은 전문적인 치유를 일반 성도들이나 목회자는 잘 이해하지 못한다. 그래서 영적치유를 받겠다고 일 년 이상 돌아다니면서 이 사람 저 사람에게 안수만 받으면서 돌아다니게 된다. 이러다가 치유의 시기를 놓쳐서 환자가 사람 노릇을 못할 정도로 심각해 질수가 있으니 주의 하지 않으면 안 된다. 이와 같은 초기 간질 증상은 나이에 상관없이 발생할 수가 있다. 어떤 사람은 17세에 발생한다.

어떤 사람은 20세에 발생한다. 어떤 분은 26세에 발생하기도 한다. 어떤 분은 34세에 발생할 수도 있다. 대략 이런 증상이 발생하는 사람의 유형을 보니 집안에 우상의 숭배가 심한 집안의 내력이 있는 가문에서 발생을 한다. 그리고 태중에서나 유아시절에 상처를 많이 발생한 분들이 많이 발생이 된다.

대개 심장이 약하여 잘 발생한다. 그러므로 필자가 강조하는 것과 같이 불같은 성령을 체험하고 내적치유를 미리 받아야 한다. 그러면 성령의 임재로 사전에 상처가 드러나서 치유가 된다. 한번 강조하면 이렇게 초기에 간증 증상 일어난다고 큰일이 나는 것이 아니다. 당황하지 말고 환자를 안정을 시키고 체력을 보강하면서 전문 사역자의 영적치유와 내적치유를 받으면 완치가 된다. 그리고 정신적인 문제를 치유할 때 주의해야 할 것은 다음과 같다.

1) 정신 문제가 있으면 기도가 거의 불가능하다. 마귀가 생각을 지배하여 잡념을 주기 때문이다. 이럴 땐 기도하지 말고 소리를 지르게 하라. "주여, 주여" 또는 찬송을 크게 부르게 하거나 주기도문을 크게 외우게 한다. 또 성경을 큰 소리로 읽게 해야 한다.

2) 스스로가 정신에 문제가 있다는 것을 인정하게 해야 한다. 많은 환자의 경우 자신에게 정신 문제가 있다는 것을 모른다. 또 자신이 정신병자인 줄 모르고 다른 사람을 돕는다고 돌아다닌다. 정신 문제가 있다는 것을 인정하기만 해도 치유는 70퍼센트가 된 것이다.

3) **가족, 보호자가 인정하고 협조해야 한다.** 가족 전원이 환자를 치유하려는 의지로 하나가 되어야 가능하다. 무엇보다 가족의 도움이 절실히 필요하다.

넷째, 치유 시 유의해야 할 사항

1) **병원 치유를 도와야 한다.** 어느 시점까지는 병원 약을 복용해야 한다. 전적으로 의사 말을 따라야 한다.

2) **퇴원한 환자의 환경에 대한 배려가 시급하다.** 적극적으로 보살펴야 한다.

3) **부모, 가족, 친지를 교육해야 한다.** 가족은 최고의 의사이다. 영적 치유 시 최고의 축복이 될 수 있다. 만일 학생이면 학교에서 학생들과의 문제에 관심을 가져야 한다. 가족은 경제 문제를 넘어서야 한다. 적응 훈련이 필요하다. 가족을 불러 세미나를 하며 환자들이 가정과 사회에 적응하도록 해야 한다.

다섯째, 치유 시 특별히 주의해야 할 사항

1) **정신 문제가 있어 육체의 힘으로 발버둥을 치면 치유(축사)가 불가능하다.** 영적인 치유는 환자가 사역자가 말하는 대로 순종하는 상태가 되어야 영적치유를 할 수가 있다. 호흡을 들이쉬고 내쉬면서 기도 할 수가 있어야 한다. 환자가 기도만 할 수가 있으면 치유가 되는 것은 시간 문제이다. 여유를 가지고 환자가 치유 받으려는 의지가 생길 때까지 기다려라. 보호자가 급하다고 사역자가 끌

려가면 안 된다. 환자가 의지를 발휘하지 못하고 발작이나 증상이 심하면 세상 의술을 이용하는 방법이 있다.

2) 이때는 신경정신과에 입원을 시켜서 약물치료를 한 후 어느 정도 안정을 찾은 다음에 데려다가 치유하는 것이 좋다. 이 기간에 부모가 치유를 받게 해야 한다. 부모가 치유되면 자녀는 60퍼센트 치유되는 것이다.

3) 폭력을 가하거나 묶어 놓거나 하면 더욱 강하게 묶일 수 있다. 성령의 능력으로 치유 받은 후에는 마음에 평안함을 느끼게 된다. 이 평안을 유지하는 것은 자신의 책임이다. 오래된 상처나 깊은 상처는 일회적인 치유보다 장기적이고 지속적인 치유를 해야 한다. 성령님과의 교제를 통하여 악한 생각이 들지 않도록 기도 생활을 해야 한다.

진정한 치유란 성령 하나님과의 지속적인 동행이다. 늘 마음에 하나님을 느끼고, 하나님과 동행하고, 하나님을 의지해야 한다. 그렇게 함으로 마음이 점점 맑아지고, 자유해지고, 평안해지는 삶을 살아야 한다. 이런 환자는 성령으로 충만한 교회에서 신앙생활을 해야 한다. 성령 치유 사역을 하는 교회라면 금상첨화일 것이다.

우울증 정신문제 치유에 대하여는 "우울증 정신질병 치유비밀" 책을 참고하기 바란다.

22장 환경 재정의 고통 순간적으로 해결하는 비결

(갈 3:14) "이는 그리스도 예수 안에서 아브라함의 복이 이방
인에게 미치게 하고 또 우리로 하여금 믿음으로 말미암아 성령
의 약속을 받게 하려 함이니라"

에덴동산은 지상 천국이었다. 하나님께서는 천상 천국을 본 따
지상 천국인 에덴동산을 만드셨다. 에덴동산에는 죄가 없었다. 그
러므로 죄로 인한 부끄러움과 하나님과의 교통의 단절이 전혀 없
었다. 아담과 하와는 항상 하나님과 함께 동거, 동행했다. 만물의
생기발랄함과 아름다움은 형언할 수 없이 영광으로 충만했다. 하
나님조차도 보시기에 심히 좋았더라고 말씀하셨다. 사람이 보아서
얼마나 아름답겠는가? 에덴에는 죽음이란 그림자도 없었다. 아담
부부도 모든 생명체도 영원히, 영원히 살도록 만들어졌다. 그런데
이 지상 천국에 상상을 초월한 재앙이 다가왔다. 그것은 아담 부부
가 하나님의 말씀을 거역하고 범죄했기 때문인 것이다. 그 때문에
죄와 사망의 재앙이 임하여 하나님과 사람 사이에 교통이 끊어져
버리고 말았다. 사망은 저주를 가져왔고 온 땅은 저주를 받아 황무
하고 서로 죽이는 살벌한 세상이 되어 버리고 말았다. 그리고 죄
때문에 육체도 늙고 병들고 죽어 지옥에 떨어지게 되었다. 그때 이
후로 지금까지 인간은 태어날 때부터 3대 재앙을 걸머지고 태어난
다. 영적으로 버림을 당한 죄인이요, 환경으로 저주를 받아 가시와

엉겅퀴를 헤치고 살며, 육체적으로 늙고 병들어 죽을 수밖에 없는 운명을 걸머진 것이다. 그리고 한평생 이 재앙에서 벗어나려고 발버둥 치다가 일생을 마치게 되는 것이다. 그러나 우리가 예수를 믿고 하나님에게로 돌아서면 복을 받게 된다.

성경에 보면 하나님의 은혜는 전인적인 복이다. 영혼만 복 주시는 것이 아니다. 하나님의 은혜는 언제나 영혼이 잘됨같이 범사에 잘되며 강건한 전인적인 복을 말씀하고 있는 것이다. 이스라엘 백성이 430년간 종살이를 하다가 모세의 인도를 통해서 홍해를 건너 광야에 들어왔을 때 그들은 수르 광야에서 사흘 길을 걸어가나 마실 물을 얻지 못했다. 목이 말라 죽어 갈 지경이었다. 얼마 후 연못물을 발견했는데 물이 써서 마실 수 없었다. 그때 모세가 부르짖어 기도하니 하나님이 한 나뭇가지를 지시하셔서 그 나뭇가지를 꺾어서 물에 던지니 물이 달아졌다.

이것은 상징적인 의미가 깊다. 쓴 물은 우리 영혼을 의미하는 것이다. 죄악으로 말미암아 죽은 쓴 연못물이 되어서 온갖 더러운 벌레가 득실거리게 된 것이다. 우리 영혼 그 자체는 쓴 연못물이 되어서 쓸모없게 되어 버리고 만 것이다. 마실 수 없다. 그런데 나뭇가지를 꺾어 던지니 달아졌다. 이 나뭇가지는 십자가를 상징하는 것이다. 예수님의 십자가를 끌어안으면 우리의 쓴 연못물 같은 영혼이 변화되어서 달아지고 마는 것이다. 새롭게 중생하게 되는 것이다. 하나님과 교통하게 되고 영생을 얻게 되는 것이다. 그리고 그 자리에서 하나님께서는 이스라엘 백성들에게 치료의 언약을 주셨다. 하나님 말씀에 귀를 기울이고 말씀대로 행하면 애굽에서 내린 모든 질병을 하나도 내리지 않게 해 주겠다고 말씀하신 것이다. 우리는 세상에서 가난으로 고통당하는 사람들에게 예수를 전해야 한다. 그래서 예수를 믿고 성령의 권세로 가난을 물리치고 하늘의 복을 다 받으며 살아가게 해야 한다.

첫째, 물질로 고통당하는 증상. 먼저 불신자와 대화하면서 생활로 나타나는 증거를 찾아내기 바란다. 이것을 반드시 기억해야 한다. 예수를 믿으면 가난에서 해방된다. 하나님은 복 주시는 하나님이시다. 가난의 뒤에는 마귀가 역사하고 있는 것이다. 그리고 우리가 바르게 알아야 할 것은 짧은 기간의 가난은 하나님의 연단이라고 볼 수 있다. 그러나 늘 가난한 것은 마귀의 역사가 분명하다. 성령의 임재 가운데 불신자와 대화를 하면서 가난의 원인을 진단해 보기 바란다.

1) 물질 문제로 늘 어려움과 고통을 당하는가?

"너희가 많이 뿌릴찌라도 수입이 적으며 먹을찌라도 배부르지 못하며 마실찌라도 흡족하지 못하며 입어도 따뜻하지 못하며 일군이 삯을 받아도 그것을 구멍 뚫어진 전대에 넣음이 되느니라"(학 1:6). 재물에 하나님의 보호가 없기 때문에 마귀가 역사하여 구멍 뚫린 전대가 되는 것이다. 그래서 늘 물질 문제로 고통을 당하는 것이다.

2) 채무가 없어지지 않고 자꾸 늘어만 가며 부채에 억눌려 사는 가? "여호와께서 너를 위하여 하늘의 아름다운 보고를 열으사 네 땅에 때를 따라 비를 내리시고 네 손으로 하는 모든 일에 복을 주시리니 네가 많은 민족에게 꾸어줄찌라도 너는 꾸지 아니할 것이요"(신 28:12). 하나님이 함께하시면 꾸어 줄지라도 꾸지 않는 자가 된다. 만일 당신의 채무가 늘어난다면 당신에게는 하나님의 보호가 약하고 마귀의 역사가 강한 것이다. 원인을 찾아 치유해야 한다.

3) 벌기는 잘 버는데 물질이 모이지 않는가?

"너 하늘아 이 일을 인하여 놀랄찌어다 심히 떨찌어다 두려워할 찌어다 여호와의 말이니라 내 백성이 두가지 악을 행하였나니 곧 생수의 근원되는 나를 버린 것과 스스로 웅덩이를 판 것인데 그것은 물을 저축지 못할 터진 웅덩이니라"(렘 2:12~13). 마귀가 역사하니 물질이 자꾸 새 나가는 것이다. 성령의 임재하에 말씀으로 원인을 찾아 해결해야 한다.

4) 사고나 질병으로 물질이 자꾸 새어 나가는가?

"너희가 많이 뿌릴찌라도 수입이 적으며 먹을찌라도 배부르지 못하며 마실찌라도 흡족하지 못하며 입어도 따뜻하지 못하며 일군이 삯을 받아도 그것을 구멍 뚫어진 전대에 넣음이 되느니라"(학 1:6). 마귀의 역사로 사고나 질병이 발생하여 물질이 새어 나가게 하는 것이다. 원인이 없는 문제는 없다. 말씀과 성령으로 원인을 찾아서 해결해야 한다. 그냥 두면 계속적으로 마귀가 역사한다.

5) 사업이나 장사 등 되는 일이 없는가?

"네가 악을 행하여 그를 잊으므로 네 손으로 하는 모든 일에 여호와께서 저주와 공구와 견책을 내리사 망하며 속히 파멸케 하실 것이며"(신 28:20). 하나님의 자녀가 하는 사업은 하나님의 사업이다. 그렇기 때문에 하나님의 자녀가 하는 일은 안 될 수가 없다. 만약에 하는 일이 잘되지 않는다면 분명한 원인이 있다. 성령께 문의하여 원인을 찾아 사업이나 직장 생활을 방해하는 세력들을 예수의 이름으로 박살내기 바란다.

6) 꿈에 돌아가신 조상이나 부모가 거지 행색을 하고 나타나는가? 한 여성이 나에게 이런 상담을 해 왔다. "목사님, 얼마 전에 꿈을 꾸었는데 돌아가신 우리 시아버지가 거지가 되어 우리 방문을 열고 들어오려고 하시는 거예요. 그걸 보고 꿈에서 깨었어요." 그래서 나는 이렇게 대답해 주었다. "그것은 조상으로부터 전이되는 거지의 영입니다. 댁의 가정 경제 형편이 지금 어떻습니까?" "어머! 목사님 말씀이 맞아요. 거지가 되었어요. 남에게 빌려다가 먹고 사는 형편이에요." "빨리 영적인 전쟁을 하십시오. 조상 대대로 전이되는 가난의 영과 일전을 하셔서 몰아내시기 바랍니다.

그렇지 않으면 가난이 떠나가지 않습니다." 그래서 그분이 성령을 체험하고 예수 이름으로 한 1년 동안 거지의 영과 영적 전쟁을 한 결과 지금은 모든 물질의 문제가 풀려 잘 지내고 있다. 우리는 이것을 알아야 한다. 꿈에 거지 모습으로 나타난 시아버지는 진짜 시아버지가 아니다. 대대로 빌어먹게 하던 거지의 영이 시아버지 모습으로 나타난 것이다. 왜냐하면 미혹하기 위해서 그러는 것이다. 자손들에게 환영을 받으면서 활동하려고 그러는 것이다.

죽은 사람의 영은 천국이 아니면 지옥에 가 있다. 나오지 못한다. 우리는 무속 같은 이론에 속지 말아야 한다. 이것은 성경에 어긋나는 잘못된 이론이다. 절대로 현옥되지 말아야 한다. 누가복음 16장 23~26절에 보면 이렇게 기록되어 있다. "저가 음부에서 고통 중에 눈을 들어 멀리 아브라함과 그의 품에 있는 나사로를 보고 불러 가로되 아버지 아브라함이여 나를 긍휼히 여기사 나사로를 보내어 그 손가락 끝에 물을 찍어 내 혀를 서늘하게 하소서 내가 이 불꽃 가운데서 고민하나이다 아브라함이 가로되 얘 너는 살았을 때에 네 좋은 것을 받았고 나사로는 고난을 받았으니 이것을 기억하라 이제 저는 여기서 위로를 받고 너는 고민을 받느니라 이뿐 아니라 너희와 우리 사이에 큰 구렁이 끼어 있어 여기서 너희에게 건너가고자 하되 할 수 없고 거기서 우리에게 건너 올 수도 없게 하였느니라"(눅 16:23~26).

꿈에 나타난 시아버지는 타락한 천사가 가장하고 나타난 것이다. 만약에 이런 경우에 처한 사람이 있다면 예수를 믿게 하고 강하게 영적인 투쟁을 하게 하기 바란다. 그래야 가난의 문제가 풀린다. 모든 문제에는 이유가 있다. 그 원인을 찾아 해결하면 문제는 해결된다. 하나님은 성도들에게 복을 주시는 하나님이시다.

둘째, 왜 물질의 고난을 당하는가?

1) 하나님을 멀리하고 우상을 숭배하기 때문에

① 오므리의 아들 아합의 아내 이세벨이 우상을 숭배하여 이스라엘에 기근이 찾아왔다. "유다 왕 아사 제 삼십 팔년에 오므리의 아들 아합이 이스라엘 왕이 되니라 오므리의 아들 아합이 사마리아에서 이십 이년을 이스라엘을 다스리니라 오므리의 아들 아합이 그 전의 모든 사람보다 여호와 보시기에 악을 더욱 행하여 느밧의 아들 여로보암의 죄를 따라 행하는 것을 오히려 가볍게 여기며 시돈 사람의 왕 엣바알의 딸 이세벨로 아내를 삼고 가서 바알을 섬겨 숭배하고"(왕상 16:29~31).

이로 인하여 온 나라 백성이 3년간 기근으로 고생하게 된다. 한 나라의 왕의 아내가 우상을 숭배하니 전 나라에 기근이 찾아왔다. 이로 보아 조상의 삶이 자손들에게 반드시 어떤 종류의 영향, 즉 죄의 결과를 끼친다는 것이다. 인류의 조상 아담과 하와의 범죄를 통해 전 인류는 죄인이 되었다. "이러므로 한 사람으로 말미암아 죄가 세상에 들어오고 죄로 말미암아 사망이 왔나니 이와 같이 모든 사람이 죄를 지었으므로 사망이 모든 사람에게 이르렀느니라"(롬 5:12), "한 사람의 범죄를 인하여 사망이 그 한 사람으로 말미암아 왕노릇 하였은즉 더욱 은혜와 의의 선물을 넘치게 받는 자들이 한 분 예수 그리스도로 말미암아 생명 안에서 왕노릇 하리로다"
(롬 5:17). 그러나 예수를 믿으면 걱정하지 않아도 된다. 우리는 예수 그리스도를 믿는 하나님의 자녀들이다. 예수를 믿는 자는 "예수 그리스도로 말미암아 생명 안에서 왕노릇 하리로다"라고 말씀하고 있기 때문이다.

② 다른 사람들에게 고통을 주어도 기근을 당한다. 기브온 족속과의 계약을 어긴 사울 때문에 다윗 때에 전 민족이 3년 동안 기근을 당하였다. 사무엘하 21장에 보면 다윗의 시대에 해를 거듭하여 3년 기근이 있으므로 다윗이 여호와 앞에 간구한다. 그러자 여호와께서 "이는 사울과 피를 흘린 그 집을 인함이니 저가 기브온 사람을 죽였음이니라"고 말씀하신다.

그래서 다윗이 기브온 사람을 불러 그들에게 물어본다. "내가 너희를 위하여 어떻게 하랴 내가 어떻게 속죄하여야 너희가 여호와의 기업을 위하여 복을 빌겠느냐." 그러자 기브온 사람들이 다윗에게 다음과 같이 아뢴다. "우리를 학살하였고 또 우리를 멸하여 이스라엘 경내에 머물지 못하게 하려고 모해한 사람의 자손 일곱을 내어 주소서 여호와의 빼신 사울의 고을 기브아에서 우리가 저희를 여호와 앞에서 목매어 달겠나이다." 다윗은 사울의 후손 일곱을 기브온 사람의 손에 넘겼으며, 기브온 사람은 그들을 산 위에서 여호와 앞에 목을 매어 달아서 그들 일곱 사람이 동시에 죽게 했다. 그러자 하늘에서 비가 내리기 시작했다고 기록되어 있다. 성도가 다른 사람의 마음에 상처를 주어도 기근을 당할 수 있다. 그러므로 모든 사람들과 거룩함과 화평함을 좇아 살아야 한다.

2) 조상들의 잘못으로 인한 악한 영의 역사. 재정적인 고통, 압박과 가난 등 짧은 기간의 궁핍은 하나의 연단이라 할 수 있지만, 항상 가난한 것은 마귀가 주는 고통일 수 있다. 예수를 믿는다 하면서 늘 가난하게 지낸다면 원인을 찾아서 해결해야 한다(학 1:6).

3) 조상들이 이웃이나 하나님에게 심어 놓은 것이 없을 경우(고후 9:6). 될 수 있으면 많이 심기를 바란다.

4) 하나님과의 관계를 열지 못한 이유. 하나님은 내 백성이 지식이 없어 망한다고 하셨다. 지식은 하나님을 아는 지식이다. 하나님을 아는 지식이란 이론으로 아는 것이 아니고 체험적으로 아는 것을 말한다. "내 백성이 지식이 없으므로 망하는도다 네가 지식을 버렸으니 나도 너를 버려 내 제사장이 되지 못하게 할 것이요 네가 네 하나님의 율법을 잊었으니 나도 네 자녀들을 잊어버리리라"(호 4:6).

5) 악한 영의 방해로 우환질고(사고, 질병, 재해)가 끊이지 않아 물질이 새어 나가므로(학 1:6). 사고나 질병이나 재해가 끊이지 않는다면 성령의 임재하에 배후 원인을 찾아내서 해결하게 하기 바란다.

6) 게을러서 오는 결과. 게으르면 가난한다. "우리가 너희와 함께 있을 때에도 너희에게 명하기를 누구든지 일하기 싫어하거든 먹지도 말게 하라 하였더니"(살후 3:10). 게으름도 마귀의 역사일 수 있다. 원인을 찾아서 끊어내기 바란다.

셋째, 물질의 문제를 해결하기 위하여. 먼저 예수를 영접해야 한다. 그리고 하나님의 말씀을 믿어야 다. 가난한 것은 하나님의 뜻이 아니라는 것을 믿고 가난을 자신의 대에서 청산하려고 의지적인 노력을 해야 한다. 먼저 가난의 원인이 어디에 있는지를 살펴봐야 한다. 아무런 잘못도 없는 하나님만 탓하지 말고, 또 조상 탓만 하지 말고, 말씀과 성령으로 바르게 진단해야 한다. 그리고 진단하여 발견된 원인에 따라 조치를 취해야 한다. 성도와 하나님과의 관계(영의 통로)가 열리면 가난은 떠나가는 것이다.

가난은 하나님의 뜻이 아니기 때문이다. 그러므로 두말 할 필요 없이 예수님이 말씀하신 대로 그 나라와 그 의를 먼저 구하는 것이다. 하늘나라를 위하여 구하면 이 모든 것을 네게 더하시리라 하셨다. 모든 방향을 하님을 영화롭게 하는 데 맞추어야 한다.

그리고 하나님의 영광을 위하여 물질을 구하고 가난을 청산하려고 해야 한다. 그러므로 우리 예수 믿는 사람은 먼저 하늘나라를 구하고, 우리의 구원자이신 예수 그리스도를 구할 것은 당연한 이치인 것이다. 그런데 하늘나라와 하늘 의를 구하면서 우리의 생각이 달라져야 한다. 우리의 생각이 패배의식과 가난의식으로 꽉 들어 차 있으면 하나님께서 그 부정적인 마음에 절대로 복을 내리실 수 없다.

이러므로 우리 마음이 가난의식이나 패배의식에서 놓여남을 받고 이 마음이 하나님의 축복 속에 있어야 된다. 성경은 "지킬만한 것보다 더욱 네 마음을 지키라 생명의 근원이 이에서 남이니라"고 말씀하고 있다. 그러므로 우리의 마음을 완전히 청소하고 마음이 긍정적으로 되기 위해서 예수 그리스도의 은혜를 알아야 하는 것이다. 고린도후서 8장 9절에 기록한 말씀대로 "우리 주 예수 그리스도의 은혜를 너희가 알거니와 부요하신 자로서 너희를 위하여 가난하게 되심은 그의 가난함을 인하여 너희로 부요케 하려 하심이니라"고 말씀하신 것이다. 예수님께서 하늘의 그 말로 다할 수 없는 부요를 버리시고 인간 생활로 내려오신 것은 인간 세상에서 마귀의 역사로 가난에 허덕이는 우리를 부요케 만들기 위해서라고 말씀하고 계신 것이다. 예수님은 우리를 영적으로 부요케 만드실 뿐만 아니라, 우리의 현실적인 생활을 부요케 만들기 위해서 이 땅에 오셨다고 말씀하셨다. 그러므로 이 예수를 구주로 모신 사람들은 그 마음을 부요의식으로 꽉 채워 두어야 한다. 예수님을 믿으면서 '나는 늘 못산다', '나는 늘 가난하다'는 생각으로 채워 놓는다면 그리스도의 모든 사역의 목적을 파괴해 버리고 마는 것이다. 예수님은 부요하신 자로서 우리를 위해서 가난하게 되셨다고 말씀하신 것이다. 우리로 하여금 저의 가난하심으로 인하여 부요케 하려 하심이라고 말씀하고 있는 것이다.

또한 갈라디아서 3장 13~14절은 아담과 하와가 가져온 저주를 예수께서 담당하고 청산해 버렸다는 사실을 너무나 분명하게 말하고 있다. "그리스도께서 우리를 위하여 저주를 받은바 되사 율법의 저주에서 우리를 속량하셨으니 기록된바 나무에 달린 자마다 저주 아래 있는 자라 하였음이라 이는 그리스도 예수 안에서 아브라함의 복이 이방인에게 미치게 하고 또 우리로 하여금 믿음으로 말미암아 성령의 약속을 받게 하려 함이니라."

하나님은 아브라함과 이삭과 야곱에게 창대한 물질적인 복을 주신 것이다. 하나님은 그리스도 예수를 믿는 사람은 이 아브라함의 복이 이 땅에 사는 동안에 우리에게 미치기를 원하시고 계신 것이다. 이러므로 우리의 생각을 바꾸어야 한다. 우리는 아브라함의 자손들이요, 아브라함의 복을 누리고 살아야 하는 것이다. 그렇기 때문에 우리의 마음속에 있는 가난의식이나 패배의식을 그리스도의 은혜로 완전히 내어 쫓아 버려야만 하는 것이다.

만약에 마귀가 역사하여 가난이 대물림되고 있다면 가난을 대물림하는 원수를 성령의 임재 가운데 예수 이름으로 끊고 몰아내야 한다. 그리고 우리는 십일조의 언약을 굳세게 부여잡는 사람이 돼야 된다. "사람이 어찌 하나님의 것을 도적질하겠느냐 그러나 너희는 나의 것을 도적질하고도 말하기를 우리가 어떻게 주의 것을 도적질하였나이까 하도다 이는 곧 십일조와 헌물이라 너희 곧 온 나라가 나의 것을 도적질하였으므로 너희가 저주를 받았느니라 만군의 여호와가 이르노라 너희의 온전한 십일조를 창고에 들여 나의 집에 양식이 있게 하고 그것으로 나를 시험하여 내가 하늘 문을 열고 너희에게 복을 쌓을 곳이 없도록 붓지 아니하나 보라 만군의 여호와가 이르노라 내가 너희를 위하여 황충을 금하여 너희 토지 소산을 멸하지 않게 하며 너희 밭에 포도나무의 과실로 기한 전에 떨어지지 않게 하리니 너희 땅이 아름다와지므로 열방이 너희를 복되다 하리라 만군의 여호와의 말이니라"(말 3:8~12).

이와 같이 우리가 십일조의 언약을 반드시 지킬 때 하나님께서는 하늘의 복을 반드시 주겠다고 약속하신 것이다. 그러므로 우리는 가난으로 고통당하는 사람들에게 능력 전도를 해야 한다.

그래서 가난을 자신의 대에서 청산하고 재정의 복을 받아 하나님 나라 확장에 물질을 사용하는 성도가 되도록 해야 한다. 그것이 하나님의 뜻이다. 하나님은 예수를 믿는 우리가 다 잘되기를 원하신다. 그런데도 가난의 대물림으로 대대로 고통을 당한다면 말씀과 성령으로 바르게 진단하여 조치를 취해야 하는 것이다.

막연하게 가만히 앉아서 '나는 예수를 믿었으니 예수님이 가난을 떠나보내 주시겠지' 하는 안일한 생각을 버리기 바란다. 불같은 성령을 적극적으로 체험하고 성령의 권세와 예수 이름으로 가난의 원인을 찾아 끊고 몰아내야 한다. 자세한 것은 내가 써서 출판한 "물질 축복 받는 비결"을 참고하라. 우리는 가난이 왜 오는 것인지를 바르게 인식하고 가난으로 고생하는 사람들을 대상으로 능력 전도를 해야 한다.

23장 고질병 순간치유 집회를 인도하는 비결

(행4:28-31)"하나님의 권능과 뜻대로 이루려고 예정하신 그 것을 행하려고 이 성에 모였나이다. 주여 이제도 그들의 위협함을 굽어보시옵고, 또 종들로 하여금 담대히 하나님의 말씀을 전하게 하여 주시오며, 손을 내밀어 병을 낫게 하시옵고, 표적과 기사가 거룩한 종 예수의 이름으로 이루어지게 하옵소서 하더라. 빌기를 다하매 모인 곳이 진동하더니 무리가 다 성령이 충만하여 담대히 하나님의 말씀을 전하니라."

하나님은 병든 자를 치유하여 주기를 원하신다. 하나님의 치유의 은혜를 사모하는 분들을 집회에 초청하여 집회를 하면 치유의 효과가 크다. 성령치유 집회를 열어서 강력한 성령의 역사를 일으키고 사역을 하면 많은 인원들을 치유할 수가 있다. 많은 사람이 모였으므로 성령의 역사도 강하게 일어난다. 별별 희한한 성령의 역사가 다 나타난다. 모인 사람들에게 성령의 역사를 체험하게 하고 믿음도 자라게 할 수가 있다.

첫째, 대중별 치유사역의 특성. 개인별 치유사역에 비하여 장점과 단점이 있으며 여러 가지 특성을 지닌다. 준비를 잘해야 하고 체험이 필요하다. 무엇보다도 성령의 역사가 일어나도록 집회를 인도하는 것이 관건이다.

1) 가장 큰 단점은 개인별 치유사역에 비하여 치유 시간에 제한을 받는다.

① 질병의 원인에 대한 개인적인 관찰과 진단의 시간을 가질 수 없다. ② 질병의 원인이 되는 장애 요인을 개별적으로 제거 할 기회가 없다. ③ 개인적인 질병에 대한 구체적인 치유의 기도 시간을 가질 수 없다. ④ 개별적인 사후조처를 취할 수 없다.

2) 장점으로는 치유의 역사가 가장 강력하게 나타난다.

① 대중이 모인 곳에는 성령의 역사가 강하게 나타나기 때문이다.

② 대중이 모인 곳에는 주님이 증거해 주시기 때문이다.

③ 분위기는 믿음을 유발시키고 성령으로 충만케 하며 한사람의 치유사건이 일어나면 다른 사람에게도 확신의 믿음이 고조되어 치유사역이 용이하다. 그러므로 단점을 보완하고 장점을 살려 나갈 수 있는 방법을 취해야 한다.

3) 일반적인 방편은 말씀과 찬송과 기도를 통하여 해결해야 한다.

① 말씀을 통해 질병의 원인을 스스로 깨닫도록 하여야 한다.

② 말씀을 통해 치유의 장애 요인을 스스로 제거하도록 하여야 한다.

③ 말씀 가운데 간증과 실증(환자를 불러내어 현장에서 치유하는 것)을 통하여 믿음을 유발시킨다.

④ 찬송으로 심령의 속박을 풀고 성령으로 충만케 한다.

⑤ 기도로 신앙을 고백하고 죄를 고백할 수 있는 기회를 부여한다.

⑥ 대중의 영적 분위기는 치유사역의 성패를 좌우한다. 어떻게 이러한 영적 분위기를 연출해 나가느냐가 사역자의 능력의 문제와 직결된다. 말씀의 능력은 물론이지만 말씀의 핵심이 치유냐, 축귀냐, 축복이냐, 은사냐, 은혜냐, 집회의 목적에 따라 어디에 강조를 두느냐가 중요하다. 신유는 신유와 관련된 말씀을 증거해야 한다.

둘째, 구체적인 치유사역의 방법. 치유를 위한 특별예배를 드리고 난 후 통성 기도나 찬송기도를 30~40분간 격렬하도록 뜨겁게 부르짖는다. 이러한 뜨거운 기도라야 성령이 강하게 임하며 성령에 깊이 사로잡히어 성령 안에서 진심으로 기도 할 수가 있다.

제1의 방법: 실제적인 도움이 되도록 개인별 치유시간을 더 가질 수 있도록 계획한다. 이를 위해 가능하다면 개인적인 면담시간을 절약하기 위해 미리 면담카드를 제출케 하여, 집회 시간 전에 검토하여 활용하거나, 강단에 불러 올렸을 때 시간을 절약하는 방법도 있다. 카드를 보면서 기도한다. ○○집사 간에 있는 질병은 치유될지어다. 이때 본인의 손을 환부에 얹게 한 후에 기도한다. 헌금을 할 때 봉투에다가 병명을 적어서 내게 하여 보면서 불러내어 기도하는 방법도 있다. 그리고 돌아다니면서 안수기도하면서 치유할 수도 있다. 헌금을 한 사람부터 치유사역을 해야 한다.

왜냐하면 헌금을 했다는 것은 사모하는 마음으로 치유 받고자하는 마음의 문이 열렸다는 표시이다. 그냥 불러내어 하는 것보다 훨씬 치유가 잘 된다. 신유를 체험하려면 마음이 열려야 한다.

제2의 방법: 질병별로 한꺼번에 일으켜 세우고, 조용히 가슴에 자신의 손을 얹거나, 환부에 손을 얹게 하고, 자신이 죄를 고백하는 시간을 갖도록 한 후에 간절하게 사모하는 마음을 갖고 사역자가 하는 치유의 기도에 동참하게 한다. 예를 든다면 악한 영에게 눌린 자들을 일어서게 한 후에 "환자들에게 자 호흡을 들이쉬고 내쉬기를 바랍니다." 그러면서 "성령이여 임하소서. 성령이여 사로잡으소서."한 다음에 어느 정도 성령의 임재가 장악하면 명령한다. "예수 이름으로 명하노니 더러운 영들은 기침으로 하품으로 떠나갈지어다."하며 권세 있게 명령한다.

그러면 여기저기서 기침을 하면서 소리를 지르면서 악한 영들이 떠나간다. 심장병이 있는 자들을 일어서게 한 후에 사역한다. "환자들에게 가슴에 손을 얹고 호흡을 들이쉬고 내 쉬기를 바랍니다." 그러면서 "성령이여 임하소서. 성령이여 심장을 사로잡으소서."한 다음에 어느 정도 성령의 임재가 장악하면 명령한다. "예수 이름으로 명하노니 심장병을 일으키는 질병의 영들은 기침으로 하품으로 떠나갈지어다."하며 권세 있게 명령한다. 그러면 여기저기서 기침을 하면서 소리를 지르면서 심장병을 일으키던 악한 영들이 떠나간다. 주의할 것은 의자 앞에 일어서게 해야 한다. 성령의 권능으로 뒤로 넘어졌을 때 머리가 상할 수도 있기 때문이다. 이런 방법으로 성령께서 감동하시는 대로 환자를 불러 세워서 사역을 한다. 그러면 말로 표현할 수 없는 성령의 역사가 일어난다. 많은 병자들이 치유가 된다. 가시적인 효과도 대단하게 일어난다.

제3의 방법: 가장 보편적인 방법은 성령께서 임하시도록 간절하게 기도한 후(행4:30,요11:41), 성령이 임하는 현상이 일어나면 성령이 강하게 임하는 자에게 먼저 안수한다. 청중에게 숨을 들이쉬고 내쉬면서 성령의 임재를 받아들이도록 조치한다. 그러면서 사역자는 계속적으로 성령의 역사를 요청하라.“성령이여 임하소서. 역사하소서. 환부를 사로잡아 주옵소서.” 한 후에 성령의 임재가 사로잡은 사람을 안수하여 치유한다.

제4의 방법: 치유대상자를 강단으로 불러 올린 후, 강단에서 앉거나 누워서 안수하고 기도한다. 세워서 하는 방법도 있다. 이때에는 반드시 환자 뒤에 넘어질 때 받아주는 보조 사역자를 두어야 한다. 사람이 적으면 개인적인 기도 시간을 갖고, 많으면 간단하게 안수하며“예수님의 이름으로 명하노니 ○○병은 고침을 받을 지어다”하거나, 질병에 따라 ‘명령’의 기도를 한다. 몸이 아픈 부위를 만지면서 즉시 치유되고 움직이라고 명령한다. 주로 세워서 하게 되는데 넘어지는 것 때문에 거부 반응이 있을 수 있다. 세워서 하는 것이 본인의 임상 결과로 보면 치유의 효과가 크다. 세워서 사역을 할 경우는 꼭 뒤에서 받아주는 사역자를 두는 것이 좋다. 넘어질 때 받아주어야 하므로 뒤에 세우는 것이다. 세워서 치유 사역을 하는 것에 거부감이 있을 때는 미리 이 사실이 두려워 할 일이 아니라고 주지시키는 것이 좋다. 꼭 세워서 치유를 할 필요는 없다. 나는 앉거나 누워 있으라고 하고 안수를 한다. 그래도 치유가 잘된다. 그러므로 성령치유 사역자는 환경과 상황에 맞추어서 사역을 하면 된다. 꼭 한 곳에 고정 시킬 필요는 없다. 머리에 안수하더라도 안수하는 시간은 3분 이상 준다. 누워서 기도를 받게 하는 방법도 치유효과가 크다. 의지가 꺾어진 상태이기 때문에 성령의 능력이 잘 전이된다.

나오는 순서는 가능하면 치유가 가능한 사람부터 먼저 나오게 한다. 가능한 2일 이상 집회에 참석하고 헌금을 하여 마음이 열린 사람부터 나오게 한다. 대부분 기도하지 않거나 성령의 기름부음이 전혀 일어나지 않는 사람부터 나오는 것이 보편적인데 이렇게 되어 치유의 역사가 힘들거나 어려워지면 사역자도 위축되고 다른 사람들에게도 불신앙을 심어 준다. 그러므로 기도하는 가운데 성령이 임한 여러 가지 모습을 드러내는 사람이나 치유가 가능하다고 분별되는 사람부터 먼저 나오라고 하여 기도 해준다.

이렇게 치유가 가능한 자들이 치유되는 것을 보면 다른 사람들에게 믿음을 고조시키고 분위기는 영적으로 충만해진다. 이러한 분별은 치유사역에 종사하게 되면 영적인 안목이 늘어나고 영분별의 능력은 예민하게 발전한다. 이러한 자들을 선별할 수 있는 성령의 가르침을 체험하게 된다. 첫째, 예수님이 치유하시거나 질병을 지고 가는 모습을 본 자가 있느냐고 물어 보고 있다면 나오게 한다. 둘째는 지식의 말씀으로 사역자에게 보여준 치유 대상자를 나오게 한다. 세 번째는 기도를 뜨겁게 부르짖는 자를 나오게 한다. 기도 시간에 주목하여 본 다음에 지명하여 불러낸다. 그 다음은 꼭 자신의 질병이 치유 된다는 믿음의 확신을 가진 자나 성령의 감동이 통하는 자를 나오게 한다. 그냥 나오라고 하면 성령이 장악도 못한 사람이 나온다.

제5의 방법: 5~7명씩 같은 종류의 질병이나 기도 받을 자를 나오게 하여 한 사람 한 사람 간단하게 아픈 부위를 질문하고 상태를 파악한 후 한꺼번에 일렬로 앉게 하거나 눕게 하거나 하여 사역을 하라. 이 때 사람 한 사람 한사람 안수하며 기도한다. 이 때 귀신이 발작하는 사람이 있다면 이 한 사람에게 너무 많은 시간을 빼앗기지 말고, 귀신의 발작은 그대로 두고 다른 사람들을 안수하고 기도한다. 다른 사람을 기도한 후에 다시 가서 기도해 주면 된다.

제6의 방법: 청중을 모두 의자 앞에 일으켜 세우거나 기도 받기를 원하는 자는 그 자리에 일어나게 하여 은혜 찬송을 부른 후 묵상기도 가운데 성령이여 임하여 주시 옵소서, 기도한 후, 조용히 성령의 임재와 기름부음의 시기를 기다린다.

성령이 역사하는 현상이 임하면 넘어지기 시작하고, 넘어지면서 여러 가지 영적 특이한 현상들이 나타나기 시작한다. 이 때 치유

사역자 팀이 있다면 함께 참여하여 성령의 인도하심을 따라 함께 사역하면 더욱 많은 사람들을 상대 할 수 있다. 이때에 사역자에게 임하는 영감이나 말씀은 재빨리 포착하여 주저 없이 선포하여 하나님께 영광을 돌리는 것이다.

제7의 방법: 모두 의자 앞에 일으켜 세우고 묵상기도 가운데 성령의 임재를 기다린다. 눈을 감으라고 한다. 호흡을 들이쉬고 내쉬라고 한다. 시간이 지나면 성령과 악령의 능력대결의 현상이 일어나고 귀신이 발작하기 시작한다. 이때 발작하는 자에게 가서 귀신의 쫓아내거나 강단으로 데리고 나와 귀신을 쫓아낸다. 귀신의 발로가 잠재의식에서 잠복되어 있다가 의식수준에 떠오르게 되고 밖으로 보이게 악 영의 발작 형태가 나타나게 된다. 이 때 여러가지 방법으로 축사한다. 좌우지간 성령의 강력한 임재가 중요하다.

셋째, 영육 질병 치유사역의 실제

1) 하나님의 창조 사역을 접목 시키라. 질병으로 인하여 파괴되고 손상된 육체의 기능을 정상적으로 회복시킬 권리가 우리에게 있음을 기억하라(마10:1). 예수의 이름으로 환부가 회복되며 파손된 것들이 살아나는 믿음을 가지라.

2) 성령님을 앞세워라. 성령님의 역사에 앞서 가지 마라. 손을 머리와 환부에 얹는다. 성령의 기름 부으심을 기다리라. "성령이여

임하소서, 기름 부으소서."성령님께 질병의 원인을 물어보라. "성령이여 나타내소서"분별이 오면 구체적으로 치유사역에 임하라. 원인이 사단의 역사면 귀신을 먼저 쫓아내라. 원인이 혼적 요소면 내적 치유를 병행하라. 치유명령은 단순하며 단호하게 하라. 치유를 상상하며 기도하라.

나사렛 예수의 이름으로 명하노니 "위는 깨끗함을 받을 지어다. 파손된 위는 새 힘을 얻어 새로운 조직이 생겨날 지어다. 위는 정상적인 활동을 할 지어다"나사렛 예수의 이름으로 명하노니 "간에 붙어 있는 저주의 세력은 당장 떠나갈 지어다. 간에서 결박을 놓고 식도를 통해 빠져나갈 지어다. 간은 힘을 얻을 지어다 새로운 조직은 생겨날 지어다." 반복하며 안수하며 기도하라. 안수를 하면 할수록 성령께서 깊게 장악을 하신다. 치유는 개인의 신앙상태에 따라 다를 수 있다. 어떤 환자는 한 번의 기도를 통하여 치유되지만, 어떤 환자는 지속적인 기도가 필요할 때도 있다. 치유기도에서 중요한 것은 성령의 감동을 받아야 된다.

치유기도 시 성령이 깊고 강하게 사람들을 사로잡으면 여러 가지 역사가 일어난다. 넘어지는 자는 그대로 방치하지 말고, 누운 채 이마나 가슴에 또는 환부에 안수하면 회개가 일어나는 자나 방언이 터지는 자가 생기고, 신령한 은사를 받게 되거나, 치유의 역사가 일어나기도 한다. 혹은 잠복되어 있던 귀신이 표면 의식에 떠오르거나 발작하기도 한다.

이때에는 안수하거나 명령하여 귀신의 정체를 들추어내고 축귀한다. 혹은 입신으로 들어가는 경우도 많이 있기 때문에 이럴 때는 여러 가지 특별한 사역을 통하여 질병의 정확한 진단이나 불치의 병을 치유하거나 문제를 해결하는 사역을 할 수가 있다.

반응이 없는 사람도 있는데, 이러한 사람은 마음을 열지 않았기에 굳어진 마음으로 심령상태가 성령님이 역사할 수 있는 영적인 상태가 이루어지지 않는 초심자이다. 이것을 영적인 차원에서 설명하면 능력 받거나 치유가 일어나지 아니할, 여러 가지 문제나 이유가 하나님과의 관계에서 남아 있기 때문에 하나님의 응답의 때가 덜 된 사람이다. 성령님이 장악하실 때까지 기다리는 수밖에 없는 것이다. 사역자 힘으로 질병을 치유할 수가 없는 것이다.

또는 치유사역자의 편에서도 성령의 역사나 능력의 흐름이 약하거나 나오지 않는 경우도 있을 수 있다. 이렇게 반응이 없는 사람은 다음 항목을 참조하여 문제 해결을 시도한다. 특별한 방법으로 사역한다. 특별한 방법이란 숨을 들이쉬고 내 쉬고를 반복하게 한다. 또, 배에서 나오는 소리로 주여! 주여! 하게 하고, 명령하여 영을 뜨게, 깨어나게, 정신없게 등등.

이러한 사역들이 개별적인 사역과 단체적인 사역 간에 차이가 있으며, 거의가 짧은 순간에 이루어지는 현상이나 사역들이다. 때로는 동시에 혹은 좀 더 많은 시간을 필요로 하면서 이루어지는 경우도 있다. 나타나는 현상이 조용하게 이루어지는 경우나, 혹은 요란하게 법석을 떨거나, 발작하거나, 흐느껴 울거나, 울부짖는 경우나, 또는 웃거나, 헐떡거리거나, 여러 가지 현상이 나타난다.

이러한 현상은 하나님의 능력 아래에서 일어나는 현상이지만, 성령의 역사로 말미암아 회개의 역사가 일어나는 경우도 있고, 여러 가지 은사가 임하는 경우도 있지만, 억압된 잠재의식이 발로되거나 폭발하는 경우도 있으며 때로는 악령의 발작 현상도 있다. 몸부림을 치거나 울부짖거나 헐떡거리는 경우는 잠복된 귀신이 외부적으로 드러나는 현상으로 이때에 사단이나 귀신이 축귀되어 지는 현상 중에 하나이다.

다섯째, 시공간의 치유사역. 성경에는 시공간은 초월하는 치유의 기적이 기록되어있다. 먼 거리에 떨어져 있는 공간적인 치유사역은 백부장의 하인(마8:5-13)과 왕의 신하의 아들(요4:46-54)이 고침을 받았다. 지금도 전화상으로 기도하여도 치유가 잘된다. 그리고 대리로 안수를 받아도 치유가 된다. 그러나 다 되는 것이 아니다. 한번은 본 교회에 와서 치유 받은 경험이 있는 자만이 전화로 치유가 된다.

내가 여러 사람들을 전화로 기도하여 보았는데 본 교회에 한번이라도 왔다가 간 성도가 치유가 잘되었다. 전화로 기도해도 악한 영이 떠나가고 질병이 치유가 된다. 나는 미국에 있는 성도도 전화로 기도하여 질병을 치유한다. 요령은 이렇게 하는것이다. 바로 앞에 있는 것으로 생각하고 성령의 임재를 요청하라. 환자에게 호흡을 들이쉬고 내쉬면서 기도를 들으라고 하라. 계속 임재를 요청하면서 역사하실 것을 요청한다. 성령이여 임하소서 사로잡으소서.

성령께서 사로잡으면 환자가 숨을 몰아쉬면서 이상한 소리가 나오기도 한다. 기침을 하기도 한다 그러면 예수이름으로 명하노니 ○○질병은 떠나가라. 하면서 명령한다. 앞에 있는 것으로 생각하고 담대하게 명령하라. 눈으로 보는 것과 같이 명령하면서 담대하게 치유 사역을 하라. 담대함을 보고 성령께서 역사하니 치유가 되는 것이다. 성령치유 전문 사역자가 되려면 좌우지간 많이 사역을 해 보아야 한다.

간증: 질병을 치유 받고 성령의 권능이 나타나요. 충만한 교회로 인도하여 주신 주님의 사랑과 은혜에 감사드립니다. 3년 전에 계단에서 떨어져 뇌를 다친 후, 다친 곳의 통증과 함께 기억이 끊기곤 했습니다. 그런데 충만한 교회 치유집회에 참석하여 말씀과 성령의 역사에 은혜 받고 목사님의 정성어린 안수기도 후, 통증도 사라지고 기억력도 회복이 되었습니다. 늘 몸의 통증과 알레르기성 비염으로 인하여 약을 복용하고 있었는데, 불안수시 깊은 입신을 통해 성령으로 전인격이 장악이 되면서 말끔하게 치유가 되었습니다. 또한 성령의 깊은 임재(입신)에 들어갈 때 성령께서 심장을 붙드시고 온몸으로 피를 강하게 펌프질하여 내보내면서 온몸의 막힌 부분들을 뚫으시는 것을 경험하게 되었습니다. 심장이 강해졌다는 것을 수시로 느낍니다. 또한 성령의 깊은 임재 때 나의 전인이 목사님께서 명령하는 대로 순종을 하는 것을 경험하게 되었습니다. 이를 통해 목사님의 입술에 권세가 주어져 있음을 체험

하게 되었습니다. 그리고 목사님이 하시는 치유사역에 예수님의 인정과 지지가 함께하고 있음을 체험적으로 알게 되었습니다. 또한 안수를 받을 때 세상에서는 도저히 체험할 수 없는 기쁨과 평강과 희락이 넘쳐나고 모든 일에 자신감도 생겨나고 믿음에 믿음이 더하여 지며, 온 가족이 영적으로 하나가 되며, 성령으로 가정이 장악되는 것을 느끼고 있습니다.

(고후 5:17)"그런즉 누구든지 그리스도 안에 있으면 새로운 피조물이라 이전 것은 지나갔으니 보라 새것이 되었도다"를 날마다 고백하며 지내고 있습니다. 또한 사모님의 예언 기도할 때 '아멘'으로 받을 때 매임과 문제가 풀어짐을 경험하기도 했습니다.

치유 사역 장소에 오시는 분들 가운데 마음 문을 열기만 하면 크고 놀라운 은혜를 체험할 수가 있을 텐데 자신의 아집과 편견과 자아를 내려놓지 못함으로 인해 도중에 포기하는 분들을 볼 때 참으로 안타까운 마음도 들었습니다. 저는 이렇게 치유를 받아 성령의 권능이 나타나 강 목사님과 같이 치유사역을 합니다. 많은 환자들을 치유하였습니다. 정말로 기적 같은 일입니다.

(히4:2)"저희와 같이 우리도 복음 전함을 받은자이나 그러나 그들은 바 말씀이 저희에게 유익되지 못한 것은 듣는 자가 믿음을 화합지 아니함이라"주님만 바라보며 주님의 심장으로 영혼들을 향해 한결같은 사랑으로 섬기시는 목사님 사모님 사랑하며 존경합니다. 그리고 저를 치유하고 권능을 주어주신 하나님 감사합니다. 서울 ○○교회 박○○목사

24장 강력한 순간치유 능력을 유지하는 비결

(요14:12)"내가 진실로 진실로 너희에게 이르노니 나를 믿는 자는 나의 하는 일을 저도 할 것이요 또한 이보다 큰 것도 하리니 이는 내가 아버지께로 감이니라."

신유의 능력을 강하게 하려면 깊은 영의기도를 하여 심령에서 성령의 불이 올라와야 한다. 쉽게 설명 한다면 마음의 기도와 말씀의 묵상으로 영을 강하게 해야한다는 말이다. 성령님과 지속적인 관계를 유지해야 한다. 이는 성령의 인도에 순종하는 방법과 사역을 지속적으로 하여 자신에게서 성령의 능력(신유능력)이 끊어지지 않도록 해야 한다. 무엇보다도 하나님과 관계를 열어야한다. 신유의 주관자는 성령님 이시다는 것을 한시도 잊지 말아야 한다.

첫째, 치유 사역자로서의 준비. 치유 사역자로서의 준비는 영의 치유, 귀신들림의 치유, 과거 상처의 치유, 육신의 치유 등의 모든 치유에 있어서 동일하게 적용된다.

1) 사역자는 성령의 기름 부으심을 느끼고, 성령에 의하여 인도함을 받으며, 특별한 사람이나 환경에 관하여 말씀하시는 성령의 음성을 들을 수 있도록 성령 충만을 구하여야 한다.

2) **효과적으로 자신이 사역에 사용되기 위하여 사역자는 깊은 기도와 금식이 필요하다.** 특별히 여러 사람들을 대상으로 하는 사역이나, 가족 구성원중의 일부의 구원을 위하여 사역하거나, 혹은 어느 특정 가정의 특별한 필요성에 대하여 사역할 때는 더욱 그러하다.

3) **사역자는 성령께서 사용하실 수 있는 깨끗한 그릇으로 준비되어야 한다**(고린도전서 3:16-17). 사역자는 자신에게 깨달아지는 죄를 고백하여 용서함을 받아야지 그렇지 않으면 다른 사람들에 대하여 사역을 할 때에 사탄은 그 죄들을 고소하고 정죄하게 된다. "너희가 하나님의 성전인 것과 하나님의 성령이 너희 안에 거하시는 것을 알지 못하느뇨 누구든지 하나님의 성전을 더럽히면 하나님이 그 사람을 멸하시리라 하나님의 성전은 거룩하니 너희도 그러하니라(고전 3:16-17)"

4) **모든 신비술에 관여한 것을 깨뜨리고 회개하여야 한다.** 이 신비술에 관여한 것이 사역자 자신에 의한 것일 수 있고, 혹은 사역자의 가족이나 조상일 수 있다(출애굽기 20:5). 이 문제를 제대로 다루지 않으면 사역자나 사역을 받는 자에게 성령이 역사하는 것에 주요 장애가 될 수 있다. 해결하지 않으면 계속해서 문제를 야기한다. 인생 제반사에 알게 모르게 문제를 일으킴으로 반드시 해야 한다.

5) **사역자 자신의 삶이 다른 사람들에게 간증거리와 본이 되어**

야 한다. 사역자는 성령의 열매(갈라디아서 5:22-23)가 날마다의 생활에서 보여 져야 한다. 그리고 하나님께서 사역자 자시에게 행하신 것과 그로 인하여 사역자가 어떻게 변화되었다는 것을 사람들에게 설명할 수 있도록 준비되어야 한다.

6) 사역자는 인류에 대한 하나님의 엄청난 사랑과 연민을 깨달아야 한다. 사역을 받는 자는 이 하나님의 사랑과 연민에 대하여, 그리고 사역자가 하나님 앞에 바른 자세를 가지고 있는 가에 대하여 매우 빠르게 감지하게 된다.

둘째, 은사가 신앙의 척도가 될 수 없다. 은사가 나타난다고 다된 것이 아니라는 것이다. 은사가 신앙의 척도가 될 수 없다는 것을 명심하라. 하나님은 은사가 있는 사람을 사용하는 것이 아니고, 성령의 열매가 심령에서 나오는 사람을 사용하신다. 하나님은 은사보다도 인격의 성숙을 측정하신다. 그러므로 항상 성령님이 앞서시게 하고 겸손해야 강해진다. 우리는 타인의 신앙의 정도를 은사의 나타남의 유무로 판단하여 버릴 때가 많다. 과연 그럴까? 병을 고치는 은사나 방언의 은사만 은사이고 다른 은사는 은사가 아닌가? 그 같은 은사를 행해야만 신앙이 좋고 그렇지 않으면 신앙이 별 볼일이 없는 것인가? 내가 갖고 있거나 그렇지 않으면서도 다른 사람이 갖고 있는 은사를 신앙의 판단의 기준으로 생각한다면 어떻게 될까? 외형 중심의 성도가 될 수 있다.

1) 성령의 은사는 동등하다. 성령의 은사는 여러 가지이다. 성령의 은사는 원어로 보면 카리스마는 가리스마타(karismata)는 복수형이다. 은사는 단수가 아니라 복수이다. 사도바울은 "큰집에는 금과 은의 그릇이 있을 뿐이 아니요, 나무와 질그릇도 있어 귀히 쓰이는 것도 있고 천히 쓰이는 것도 있나니"(딤후2:20)라고 말씀하신다. 큰 집은 교회이고 그릇은 성도를 의미한다.

성령은 은사의 주관자이시다. 주방에서 주방장이 음식에 따라 그릇을 정하여 식탁에 내어놓듯이 주방장은 성령님이시다. 그가 원하시는 데로 우리 성도들에게 나타나는 것이 바로 은사이다. 그런고로 그 나타난 은사는 같은 성령님의 역사로 차이가 있을 수 없다. 모두 동등하다.

성령의 은사는 균등하게 배부되는 것이 아니라 성령님의 뜻대로 상이하게 분배되는 것이 사실이다. 그러다가 보니 차별이 있는 것처럼 생각하는 것이다. 달란트 비유를 보면 이해가 될 것이다. 그런고로 우리는 나에게 은사가 없다고 해서는 안 될 것이다. 은사를 발견하고 개발하고 훈련시키지 못하였기에 땅 속에 묻혀 있는 것과 같은 상태이다. 모든 은사에 있어서는 결과에 동등하다고 교회 학자인 한스킹 박사는 말씀하셨다. 고린도전서12:20-22를 보면 더욱 확실하여 지는 것이다. 우월감도 열등감도 다 잘못임을 알아야 한다. "이제 지체는 많으나 몸은 하나라 눈이 손더러 내가 너를 쓸데없다 하거나 또한 머리가 발더러 내가 너를 쓸데없다 하거나 하지 못하리라. 이뿐 아니라 몸의 더 약하게 보이는 지체가 도리어

요긴하고 우리가 몸의 덜 귀히 여기는 그것들을 더욱 귀한 것들로
입혀 주며 우리의 아름답지 못한 지체는 더욱 아름다운 것을 얻고
(고전12:20-23)"

2) 은사는 도구이다. 성경은 누구든지 저를 즉 예수님을 믿으면
멸망하지 않는다고 선언하신다. 바울은 "그러므로 사람이 의롭다
하심을 얻는 것은 율법의 행위에 있지 않고 믿음으로 되는 줄 우
리가 인정하노라"(롬3:28)고 고백하는 것이다. 믿음으로 말미암
아 우리는 하나님과 화평을 이루어 하나님의 자녀가 된 것이다(롬
5:1). 신앙으로 구원을 얻는 다는 것은 구원은 선물이라는 것이다.
은사도 선물인 것이다.

성령은 은사의 분배자이시다. 교회를 세우기 위하여 교회의 덕
을 세우기 위하여 선물로 은사를 주셔서 그 은사를 활용하여 역사
가 일어나길 원하시는 것이다. 은사를 사모해야 한다(고전14:12).

성령의 은사는 교회의 건덕을 위한 도구이다. 성령으로 신앙을
판단하면 성령으로 성령을 난도질하는 것과 다를 바가 없다. 은사
는 결코 신앙을 심판하는 전가의 보도가 되어서는 안 되는 이유가
여기에 있는 것이다. 나는 이렇게 말한다. 성령의 은사를 가지고
첫째, 자신을 치유한다. 둘째, 가정을 치유한다. 셋째, 교회를 부흥
성장 시키는 일에 은사를 사용해야 한다.

3) 은사는 말씀 아래 있다. 성령의 은사는 말씀 아래 있어야 한

다. 왜냐하면 은사는 그 자체에 절대적 권위가 있는 것이 아니다. 교회의 건덕을 위한 도구로써 말씀에 매여 있어야 하기 때문이다. 만일 말씀에 매여 있지 않다면 그러한 은사들은 지나친 열정과 광신에 빠져 궤도를 이탈하고 마는 것이다.

그래서 바울은 데살로니가교회에 "성령을 소멸치 말며 예언을 멸시치 말고"라고 격려한 다음에"범사에 헤아려 좋은 것을 취하고 악은 모든 모양이라도 버리라"(살전5:19-21)고 경고하였던 것이다. 고린도 교회는 은사가 넘쳐 사분오열되었던 것이다. 그래서 바울은 그들에게 은사를 말씀 아래 두도록 권면하였다."만일 누구든지 자기를 선지자나 혹 신령한 자로 생각하거든 내가 너희에게 편지한 것이 주의 명령인줄 알라"(고전14:37)고 권면하였던 것이다.

① 말씀에 순종할 때 은사는 과대망상에서 벗어나게 된다. 자기를 절대시하는 그래서 남을 도외시하는 남의 신앙을 심판하는 것에서 벗어날 수 있다.

② 말씀에 순종할 때 은사는 독선에서 벗어나 분파작용의 과오를 범하지 않는다. 카리스마는 교회 안에서 지위나 권력을 얻기 위한 수단으로 사용되기 쉽다. "그리스도께서 어찌 나뉘었느뇨 바울이 너희를 위하여 십자가에 못박혔으며"(고전1:13). 그렇다. 모든 지체는 나누어질 것이 아니라 한 몸을 이루어야 한다.

③ 말씀에 순종할 때 은사는 개인주의에서 생기는 무질서와 혼란에서 벗어나게 된다. 은사는 혼란과 무질서를 야기하기 쉽다. 서로 자기의 것을 나타내려는 이기주의가 작용하기 때문이다. 바울

은 이에 대하여 "하나님은 어지러움의 하나님이 아니요 오직 화평의 하나님이시니라"(고전14:33)하였다. 은사는 말씀에 따라 자기의 위치를 지킬 때 질서가 이루어지는 것이다.

④ 말씀에 순종할 때 은사는 완성에 이르게 된다. 바울은 "너희는 더욱 큰 은사를 사모하라"(고전12:31)고 하였다. 그 큰 은사가 바로 아가페의 사랑이다. 아가페는 은사를 무기로 사용하는 그 사람 자신을 무장시키는 정신이다. 아가페의 사랑으로 무장한 사람은 은사를 그 목적에 알맞고 정당하게 쓸 수 있는 성숙한 영적 사람이다. 성령의 은사는 이러한 성숙한 영적 사람에 의하여 완성에 이르게 되는 것이다.

셋째, 신유사역자가 겸비해야할 내용.

1) 치유 받은 간증이 있어야 한다. 다른 사람들을 전도하기 위하여 사역자는 사역을 받는 사람들과 나눌 수 있는 신앙 간증이 필요하다. 사역자는 예수 그리스도에 대한 살아 있는 간증이 되어야 한다. 사역을 받는 사람들이 사역자가 그리스도를 영접함으로써 있게 된 중대한 변화를 볼 수 있어야 한다.

2) 사역자는 항상 성령을 따라가야 한다. 성령께서는 구원받을 자들을 사역자에게로 이끄신다. 그들은 육체적 치유라든가 슬픔, 우울증과 같은 정서적 문제, 직장이나 가정의 문제 등, 어떤 도움을 필요로 하고 있다. 이러한 상황에서 사역자는 자연적인 사랑이

나 지원을 넘어서 예수 그리스도에 의하여 제공된 영원한 생명의 사실을 제시해 줄 수 있는 기회가 된다. 이와 같이 날마다 성령의 인도하심에 민감하면 예수 그리스도의 복음에 대하여 마음 문을 여는 대상자들을 만나게 된다.

3) **배우자에게 본이 되어야 한다.** 만일 구원받지 못한 배우자에게 복음을 전하려면, 사역자의 삶의 뚜렷한 변화 속에는 그 배우자가 필요로 하는 그 무엇이 있다는 것을 보여 줄 수 있어야 한다.

4) **항상 성령께서 사역자와 함께 계시는 것을 믿어야 한다.** 사역자가 복음을 증거 하려 할 때에 필요한 말을 할 수 있도록 사역자에게 성령께서 생각들과 영감들을 주신다는 사실을 기억하여야 한다. 성령께서는 예수 그리스도를 맞아들이기에 가장 적절한 시기를 사역자들에게 보여 주실 것이다. 그러므로 사역자는 성령의 인도하심에 민감하여야 한다. 많은 위대한 사역자들은 날마다 주님께서 구원받을 영혼들을 만나게 해달라고 기도하게 되고 그것을 기대하기 때문에 그와 같은 일이 자연스럽게 일어나게 된다.

5) **성령의 인도를 받아라.** 사람들에게 복음을 전할 때에는 성령께서 보여주실 때까지 기다렸다가 성령의 지시가 있을 때에 사역자가 그들을 위하여 기도하는 것을 원하는가 물어라. 성령의 인도하심이 있는 경우에 모든 사람들이 이 제안을 받아들인다. 이들에

게 기도를 따라 하도록 하면서 예수 그리스도를 그들 삶의 주님으로 모셔드리는 기도를 하게 한다.

6) **전도된 사람을 교회로 인도하라.** 예수를 영접하고 은혜로 치유 받은 사람이 물세례(침례)를 받지 않았다면, 가까운 교회에 나가 물세례(침례)를 받도록 하고 하나님의 말씀에 일치한 생활을 하도록 훈련받도록 한다. 반드시 교회 구성원이 되게 인도하라.

넷째, 신유의 능력이 강해지기 위해 실천해야할 일들

1) **마음이 항상 새로움을 받도록 하라.** 새로움이란 성령으로 충만하라는 것이다. 주님이 부여한 동기를 생각하라. 주님은 하나님의 사랑과 자비에 동기를 두었다. 사역은 오락이 아니다. 병자에게 인상을 주려는 것이 아니다. show가 아니다. 이것은 하나님의 사랑이다. 하나님의 간절한 마음을 이해하고 감동 받아야 한다.

2) **예수 그리스도의 이름으로 치유할 것을 모두 배우라.** 배울 것이 많다. 기도는 간단한 것 같으나 기도해보면 그것이 간단한 것은 아니다. 고로 치유사역을 위하여 성경을 공부하는 것이 중요하다. 예수님의 치유사역을 공부하라. 사도행전에서 제자들의 치유사역을 공부하라. 믿을 만한 학자들의 책자들을 통하여 공부할 필요가 있다. 우리 충만한 교회에 신유와 축사와 내적치유 등등 치유와 영성에 관련된 책과 교재가 많이 있다. 테이프도 많이 있다. 부지런히 읽고 들으면서 자신의 것을 만들어야 한다. 치유사역자는 세상

의 의사보다 더 박식해야 한다. 부지런히 배우고 체험하라.

3) 훈련받을 기회를 많이 찾고 구하라. 예수님은 가르치시고 훈련하셨다. 배우는 것이 중요하지만 훈련가운데 얻어내는 것이 중요하다. 저절로 치유사역자가 되는 것이 아니다. 치유사역자는 훈련으로 만들어지는 것이다. 그렇기 때문에 훈련받을 기회가 있으면 어떤 기회이든지 최선을 다하여 참석하여 자신을 온전히 헌신하여 훈련하도록 해야 한다. 환자 안수를 많이 해보아야 한다.

4) 성령께서 매일 매일 새롭게 하시길 매일 매일 기도하라.

신유는 하나님께서 성령님의 능력으로 하시는 것이다. 병을 우리가 고치는 것이 아니다. 성령께서 역사 하시는 것이다. 고로 그분이 어떻게 계속 역사 하시는가가 중요한 것이다. 많은 사람들이 성령의 역사를 경험한다. "당신은 성령님의 음성을 듣습니까? 인도함을 느낍니까?" 성령님의 능력과 은사를 경험하여도 보혜사로 인도 받고, 그 같은 경험이 없으면 안 되는 것이다. 성령님의 음성을 듣고 느끼고 안도함을 받으려고 훈련하고 기도해야 한다.

5) 나서서 병자를 위하여 기도하라. 위험을 감수하라. 큰 대적은 불신앙 이다. 불신은 하나님의 능력을 막는다. 겨자씨만한 믿음이면 되는 것이다. 믿느냐? 하신다. 믿음이 있으면 능치 못하심이 없다. 믿음을 가지고 실제로 나가서 그 일을 행하여야 한다. 병자를

고치는 것은 열정이 담긴 사랑이다. 구원과 치유는 함께 가는 것이다. 최대한 많은 환자를 대산으로 안수를 해보아라.

6) 은사를 최대한 활용하라. 성령께서 주신 신유의 은사를 할 수만 있으면 많이 사용하려고 하라는 것이다. 은사는 사용할 수록 깊고 강해지는 것이다.

① 가정에서 자녀나 부모 배우자의 질병이 기도하라. 받은 은사를 시험하라. 자신의 자녀는 자신이 고치려고 해야 한다.

② 교회에서 병자를 기도해야한다. 담대함을 가지고 사용하라. 상황이 주어지면(환자가 나타나면) 담대하게 사용하라.

③ 병원 등 환자가 있는 곳에 가서 기도한다. 두려워 말라. 하나님이 함께 하신다. 받은 신유은사를 적극적으로 사용하라.

④ 필요하면 중한 환자는 가정에 출장하여 기도해주어라. 영혼을 사랑하는 마음으로 하라. 하나님의 역사가 같이 할 것이다. 주신 신유의 은사를 영혼구원에 사용하려고 노력하라.

7) 성령 충만과 깊은 기도를 하라. 항상 성령 충만한 것은 아니다. 고로 의지적으로 성령 충만을 구해야한다. 치유사역자는 기계적인 사역에서 벗어나야 한다. 기계적인 사역이란 일련의 순서에 의한 사역을 말하는 것이다. 성령의 인도에 순종하는 사역이 되도록 해야 한다. 깊은 영의기도가 습관이 되어야 한다. 기도가 성령 충만이고, 기도가 신유이다. 기도없이 신유 사역하지 마라.

8) 온전하게 순종하는 자가 되라. 치유의 능력을 나타내려면 어떻게 해야 하는가, 많은 분들이 능력 있는 목사에게 안수 한번 받으면 뻥 뚫려서 능력이 나타나는 것으로 알고 있다. 지금도 순진한 목회자가 성령의 권능을 순간 받으려고 성령의 불의 역사가 있다는 기도원이나 교회에게 7년 이상씩 상주하면서 성령의 권능을 받으려고 한다. 그래도 받지 못하는 것이 사실이다. 그런데 필자가 그동안 사역을 하면서 체험한 바로는 그렇게 해서 능력이 나타나지 않는 다는 것이다. 나타나더라도 순간이지 영구적이 되지 못하더라는 것이다. 하나님께서는 자신이 사용할 사역자를 그런 식으로 양성하지 않으신다. 이는 성경에 나오는 아브라함이나, 야곱이나, 요셉이나, 모세나, 여호수아나, 엘리야나, 엘리사등, 믿음의 선진들의 예를 보면 잘 알 수가 있을 것이다. 실제로 체험하면서 깨닫게 하시면서 자신이 없어지고 하나님만 나타나게 하신다. 온전하게 순종하게 하신다. 그래서 아브라함은 25년이 걸렸으며, 야곱은 20년, 요셉이나, 다윗도 13년씩 걸린 것이다. 권능을 나타내는 원리를 바르게 알고 불필요한 시간을 낭비하지 말기를 바란다. 뿌린 대로 거두는 법칙이다. 하나님께 마음과 시간과 물질을 많이 투자하면 보다 빨리 영적인 수준에 도달이 가능한 것이다. 무엇이든지 쉽게 되는 것은 탈이나게 되어 있는 것이다. 성수대교나 삼풍백화점을 상기하시면 쉽게 이해가 되실 것입니다. 성령의 인도를 받으면서 정로를 걸어야 하나님께서 함께하는 권능있는 자가 된다.

간증: 사모하던 신유의 은사를 받다. 저는 허리에서 부터 얼굴까지 반신불수가 되어 12월 20일부터 4월 25일 충만한 교회에 오기 전까지 반신불수가 되어 거동을 못하며 집안에서 지냈습니다. 그러다가 저의 친한 친구 목사님들이 충만한 교회에 가면 치유가 된다는 말을 듣고 차에 실려 충만한 교회 성령치유 집회에 참석하여 은혜를 받았습니다. 그런데 참석한 첫날부터 강한 성령의 불을 받고 온몸이 불덩어리가 되더니 몸이 뒤틀리기 시작을 했습니다. 악한 귀신들이 발작을 한 것입니다. 그러면서 수많은 귀신들이 발작을 하면서 떠나고 소리를 지르면서 떠나갔습니다. 저는 이때까지 내가 허리디스크와 죄골 신경통으로 이렇게 되었지 악한 영의 역사로 이렇게 되었다고는 꿈에도 생각을 하지 않고 병원 치료만 하였습니다. 한마디로 영적인 무지한 이였습니다. 그러다가 성령님의 인도로 충만한 교회에 와서 성령의 불을 받고 치유되기 시작하다가 며칠 지나니 저 혼자도 걸을 수가 있었습니다. 그래서 제가 손수 운전을 하면서 열심히 다녔습니다. 그러다가 여러 가지 성령의 은사와 은혜를 체험했습니다. 특히 신유의 은사와 예언의 은사가 강하게 나타납니다. 질병의 배후에도 영적인 세계가 결부되어 있다는 것을 체험적으로 알게 되었습니다. 차차로 치유가 되면서 영안이 열리고 사람들을 보면 그 사람의 심령이 읽어지는 지식의 말씀의 은사가 나타나고 안수기도하면 강요셉 목사님 같이 성령의 역사가 강하게 나타납니다.

그래서 다시 목회를 시작하니 교회가 점점 부흥이 되었습니다.

몇 개월 다니면서 치유를 받으니 이제 몸도 완치가 되었습니다. 남편도 너무나 좋아하는 것이었습니다. 정말 하나님은 못하시는 것이 없으십니다. 저를 치유하신 하나님에게 영광을 돌립니다. 그리고 매시간 안수하여 주신 목사님에게도 감사를 드립니다.

성령집회실황 테이프 교재안내. 충만한 교회는 지방에 계시는 분들을 위하여 성령치유 집회 CD와 교재를 33종류를 비치하고 있습니다. 과목별 CD는 12시간을 녹음하여 12개입니다. 가격은 전화로 확인 바랍니다. 교재는 과목당 만원입니다. 필요하시면 주문하여 영성을 깊게 하실 수가 있습니다. 교재를 보며 CD를 들으면 현장에서 집회를 참석한 것과 같은 효과가 있습니다. CD를 들으면서 치유를 체험했다고 간증하는 분들이 많습니다.

전화는 02-3474-0675. 신청은 번호를 알려주시면 됩니다. 메일주소는 kangms113@hanmail.net 를 이용하여 신청이 가능합니다(필요CD/교재번호. 주소. 전화전호. 우편번호).

*과목별 상세한 내용은 홈페이지 www. ka0675.com 에 들어오셔서 확인 바랍니다. 홈피에 보시면 계좌번호와 과목별 상세목록을 확인하실 수 있습니다.

이 책을 통해 예수님이 땅끝까지 전파 되기를 소원합니다.
(출판으로 인한 이익금은 문서선교와 개척교회 선교에 사용합니다.)

신유은사와 고질병 순간치유

발 행 일 l 2017.01.10초판 1쇄 발행

지 은 이 l 강요셉

펴 낸 이 l 강무신

편집담당 l 강무신

디 자 인 l 강요셉

교정담당 l 강무신

펴 낸 곳 l 도서출판 성령

신고번호 l 제22-3134호(2007.5.25)

등록번호 l 114-90-70539

주   소 l 서울 서초구 방배천로 4안길 20(방배동)

전   화 l 02)3474-0675/ 3472-0191

E-mail l kangms113@hanmail.net

유   통 l 하늘유통. 031)947-7777

ISBN l 978-89-97999-53-8 부가기호 l 03230

가   격 l 16,000원

이 책의 내용은 저자의 저작물로 복제,복사가 불가합니다.
복제와 복사시 관련법에 의해 처벌을 받게 됩니다.